SAMURAI
AN ILLUSTRATED HISTORY

武士图文史

从公元12到19世纪，用图片和文字记录一个阶层的兴衰

影响日本社会的700年

[日] 吴光雄（Mitsuo Kure）◎著

陈烨◎译　萧然◎校译

金城出版社
GOLD WALL PRESS
·北京·

图书在版编目（CIP）数据

武士图文史：影响日本社会的 700 年：彩印精装典藏版 /（日）吴光雄
(Mitsuo Kure) 著；陈烨译. —北京：金城出版社有限公司，2020.8
书名原文：Samurai: An Illustrated History
ISBN 978-7-5155-1908-1

Ⅰ. ①武… Ⅱ. ①吴… ②陈… Ⅲ. ①武士－历史－日本 Ⅳ. ① K313.03

中国版本图书馆 CIP 数据核字 (2019) 第 221447 号

武士图文史：影响日本社会的 700 年

WUSHI TUWENSHI: YINGXIANG RIBEN SHEHUI DE 700 NIAN

作　　者　[日] 吴光雄
译　　者　陈　烨
校　　译　萧　然
责任编辑　朱策英
责任校对　李晓凌
责任印制　李仕杰
开　　本　710 毫米 × 1000 毫米　1/16
印　　张　30
字　　数　503 千字
版　　次　2020 年 8 月第 1 版
印　　次　2020 年 8 月第 1 次印刷
印　　刷　小森印刷（北京）有限公司
书　　号　ISBN 978-7-5155-1908-1
定　　价　168.00 元

出版发行　**金城出版社有限公司**　北京市朝阳区利泽东二路 3 号　邮编：100102
发 行 部　(010) 84254364
编 辑 部　(010) 64271423
投稿邮箱　gwpbooks@yahoo.com
总 编 室　(010) 64228516
网　　址　http://www.jccb.com.cn
电子邮箱　jinchengchuban@163.com
法律顾问　北京市安理律师事务所　(电话)18911105819

译序

在亚洲，只有少数几个文明有千年以上历史的国家，日本就是其中之一。在日本漫长的历史中，有一段特殊的时期，就是侍（Samurai）主导的武士阶层统治时期。侍在日本历史中是一类特殊的阶层，不能简单地译成“武士”，至今对于“侍”这个词内涵的解释，仍然存在一些争议。无论如何，从侍崛起的平安时代到侍消亡的明治时代，约 700 年的时间伴随着无休止的征战和杀戮，在日本历史上留下了浓墨重彩的一笔。当时，闭关锁国的日本其实发展出属于自己的封闭式文化。虽然之后日本通过明治维新，经历了阵痛走上全新的开放式发展道路，但从某种程度上来说，这段极具特色的侍文化，构成了日本大和民族的精神内核，是其文化内涵的重要组成部分，对每个日本人都有着潜移默化且根深蒂固的影响。要了解日本，应该从其文化本源着手；而了解日本文化，则绝对不应该忽视侍时代这段历史。

不过，对这段历史的解读仍然有着不同的声音。本书作者试图另辟蹊径，从一个全新的角度来看待日本的侍阶层，揭开了一直以来笼罩的浪漫主义面纱，竭力为读者还原历史原貌，以更为客观的态度来审视这段传奇的历史时期。

本书分成两大部分，第一部分按照时间顺序从侍的崛起、发展、繁荣、鼎盛到衰落，完整地描绘出了一幅发展图谱，一目了然地勾勒出历史的线条，以“长镜头”的方式进行宏观叙述。第二部分则从远景拉到了近景，侧重于诸如桶狭间合战、川中岛合战、严岛合战等著名历史事件的细节展示，以及“九州之雄”龙造寺隆信、“越后之龙”上杉谦信等著名侍的人物特写。每一章节都娓娓道来，语言平实质朴却精彩再现了历史细节。

除了上述历史主线外，作者还从多个侧面来介绍与侍相关的方方面面，其中铠甲的介绍最具特色。侍在日本存在的几百年时间，伴随着无数的厮杀，种类繁多的甲胄不断出现。本书详细讲解了日本甲胄体系中最具代表性的几种大铠、腹卷、胴丸、当世具足等。多幅精美和珍贵的古迹照片以及素描作品的展示，令读者大饱眼福。所有这些铠甲几乎都被完好地保存在日本的各大博物馆和神社中，从照片上来看，色泽鲜艳，形态完整，令人称奇。

日本古代铠甲和武器的数量及其保存完好度，可谓世界之最。有人说，这是武士道精神的体现；也有人说，日本是一个非常重视血源的民族，因为铠甲和武器是武士家族的传家之宝，成为高贵血源的象征，所以才会被广泛收藏并完好保护。不过，这些铠甲防护力远远比不上其艺术价值，可以说每件铠甲都是一件工艺品。例如，铠甲头盔的前立就很有特色，全世界独此一份。

除此之外，作者还通过大量精美照片展示了日

本侍的要塞、武器以及侍阶层的女性、信条和行为准则，特别是重新阐释了其精神内涵，试图更正人们一直以来的误解。这些侧写，让侍的形象更加立体、生动且饱满。本书仿佛一扇窗，让读者得以一窥那段历史；它又好似一把钥匙，让读者得以迈入了解日本文化和精神的大门。

陈　烨

2019 年 11 月于石头城

目录
CONTENTS

序言　/001

前言　/005

第一部分

武士年代：历史脉络与重要事件　/011

第 1 章　武士阶层的崛起　/012

第 2 章　平氏的荣盛　/029

第 3 章　源平之争　/040

第 4 章　北条摄政时期　/065

第 5 章　元军远征　/085

第 6 章　镰仓幕府倒台和皇室复兴　/109

第 7 章　室町幕府　/126

第 8 章　应仁之乱和下克上开始　/146

第 9 章　征伐的时代：织田信长与丰臣秀吉　/169
第 10 章　丰臣秀吉的统治　/211
第 11 章　关原合战：巅峰决战　/231
第 12 章　大阪之战　/268
第 13 章　岛原之乱　/282
第 14 章　德川幕府　/290
第 15 章　龙马：现代日本的先驱　/305

第二部分

战国风云：经典战役和代表家族 /339

第 16 章　桶狭间合战：1560 年　/340

第 17 章　九州之熊：8—16 世纪　/359

第 18 章　中国地方之箭：1498—1571 年　/386

第 19 章　上杉谦信与武田信玄：16 世纪中期　/406

第 20 章　关东的混乱局势：15—16 世纪　/424

大事年表　/447

术语解释　/453

参考文献　/455

译名对照表　/458

序言

在约700年的时间里，侍一直都是日本社会的领导阶层，但该阶层在历史舞台上出现的时间仍然存在争议。他们是脱胎于贵族武士阶层，抑或需支付报酬的职业武士阶层？他们起源于京都，还是关东地区？学者们仍在研究，以回答这类基础问题，并用怀疑的目光不断审视人们早已理所当然接受的诸多事实。本书中，笔者竭力触及这些新问题，因为这些问题影响着我们对侍的看法。尽管本书篇幅有限，无法涵盖侍阶层发展的整个历史，但笔者仍希望读者能有所收获，从新视角看待日本的侍，重新认识被浪漫主义曲解的武士世界。

诚然，历史都是由赢家书写，同欧洲一样，日本历史的记载也由统治者操控。由此，即使我们要评估当代文献，也需要格外谨慎。房间隔断上留下的江户时代的印记、素描和油画都生动刻画出侍的日常生活和战争生涯，但这些来自19世纪的信息却并非了解那些中世纪史实的可靠来源。只有镰仓时代遗留下来的一些画卷，对13至14世纪侍的生活和战斗场景提供了较为可靠的描述。笔者在书中收录了一些古画，极具艺术价值，但笔者更为关注的是这些古画作为历史资料是否具有可信度。另外，承蒙柏书房出版公司的允许，笔者很高兴在书中公

南北朝时期的侍指挥官，身穿大铠[1]短甲。靫[2]袋被一块白布覆盖。头盔上有一个阳伞似的錣[3]（护颈），一对高高的锹形立物[4]（犄角），以及一组向后折叠的吹返[5]。[6]

布了几十张笹间良彦博士提供的精美插图，他对侍文化的深厚学养确保了这些侍形象的可信度。

日本神社中的铠甲都得到了完好的保存，因为侍以前都会将铠甲供奉在这里，为接下来的胜利进行祷告或感恩（当然，在紧急情况下，他们会将铠甲取回再次使用）。尽管气候潮湿，侍的铠甲还得以完好保存的原因之一在于这些铠甲都上了漆，能起到与一种现代“高科技”玻璃纤维复合材料一样的保护作用，唯一的问题就是不能暴露在阳光下。书中收录了很多铠甲照片，都是保存完好的原件。

书中还描述了侍所使用的武器，但对内容有所取舍，以便读者不会因为繁复细致的解释和变化不一的武器类型而茫然无措。日本人热衷于建立“流派”，他们创造了多个不同的武术流派，甚至还建立了一些不同的火绳枪[7]射击技巧流派。读者其实大可不必劳神劳力地长篇大论去细究这些派别，简而言之就是，武器的使用方式很多。

城堡是侍时代的标志，在现代日本的大城市中仍然可见。但自1869年日本皇权复辟之时，所有的城堡都被下令摧毁，只有少数几个留存下来。除了这少数几栋建筑外，今天游客们看到的城堡都是利用现代技术重建的复原物。修建在山上的防御要塞早就被摧毁且遗忘，只留下了地质遗迹。与更为古老的历史遗迹不同的是，日本完全不重视对中世纪要塞的发掘工作，未来在这方面需要加大研究力度。

注释

[1] 大铠，是日本所特有的盔甲形式，也是日本人引以为傲的极具有民族特色和艺术价值的文化遗产。它大约诞生于平安中期，到镰仓末和室町初达到大成。室町幕府后期，因为战争的频繁化和平民化，火药武器的引进等种种原因，大铠的地位逐渐被胴丸、腹卷和具足等所代替。——除特殊说明之处外，本书注释均源于中文版译者，而原

注则源于外文版图书，编注则源于中文版编者。后同。

[2] 鞬，是装箭的袋子。

[3] 錣，是头盔中保护脖子的部分。

[4] 锹形立物，就是头盔上的一种装饰。大铠时代，最常见的装饰是前立，最常见的前立是“锹形”。锹形种类样式很多，初期多为狭长形，装在雕镂精美的锹形座上面，后来锹形座干脆被做成兽头或犄角状。

[5] 吹返，头盔上加装的两个斜面，据说是有预防流矢的作用。

[6] 本书各类历史重演照片均摄于20世纪90年代前后的日本各地。其中，没有明确来源的照片均由本书作者拥有版权，其他照片则分别注明出处。全书有关服装、铠甲、人物、场景等线条图，皆由笹间良彦博士（Dr Sasama Yoshihiko）授权使用，承蒙柏书房（Kashiba Shobo）翻拍加工。——原注

[7] 火绳枪，是靠燃烧的火绳来点燃火药，在火器发展史上具有里程碑的意义，是现代步枪的原型。火绳枪的出现改变了战争形态，使人类的战争从冷兵器时代进入到热兵器时代。

前言

“侍”是携带武器、为日本贵族阶层服务的一类人。这个词首次出现在平安时代的文献资料中，此前这类人都被称作“物夫”（mono-no-fu）或“武士”（bushi）。“物”指的是东西，“夫”就是人的意思；也就是说，“物夫”是一些与东西打交道的人，这里的“东西”指的就是武器。“武士”一词的意思是“战斗的人”。平安时代的一份有关职业类型的文献资料中，曾将武士与诸如作家、大夫、歌者、舞者等专业人士并列其中。

正如近期的一项研究所指出的那样，侍既不是土地所有者，也不是武装的农民，他们最初就是职业战士。京都的中央政府曾一度致力于瓦解控制本州岛北部的虾夷人[1]（即蛮族）的顽固抵抗，并从不断积累的经验中逐渐认识到，由征召入伍的士兵组成的旧式军队几乎发挥不了什么作用。这些蛮族都是些骁勇善战的骑兵战士，为了征服他们，京都政府不得不重组军队，从关东地区招募善于骑射的士兵。

为何关东地区能有如此骑术精湛的骑手？因为公元6世纪和7世纪时，朝鲜半岛战事不断，当时京都的日本君主也参与其中。日本对殖民地任那[2]的统治于公元562年瓦解，对百济王朝[3]的殖民统治也于公元660年结束。此后，许多人从朝鲜半岛来到日本避难。由于难民数量过多，京都的日本政府开始担心难民可能造成影响，从而将这些人转移到关东地区东部的低地（今日本东京地区）。这些移民群体中，有些素以养马为生，其中有些甚至是中亚地区游牧民族的后裔。因这些骑射手在该地区定居，而被认定是物夫的祖先，这种想法并不突兀。这种对侍阶层发展壮大原因的推测很受欢迎，但不乏诸多矛盾之处。例如，事实证明，侍使用的是一种长弓，而非亚洲游牧民族惯用的内弯短弓，骑的是未阉割的种马而非阉马。

奈良时代，日本政府曾从各个令制国[4]征召20岁至30岁的男性。每个令制国都有一个1000名士兵和军官组成的军团。这些军官被称作“军毅”，隶属于当时各令制国统治者国司[5]。但是，这一制度在公元792年被废除（少数几个令制国除外），一种全新的制度健儿制[6]被引入。以这次改组整顿为契机，日本政府想要减轻支撑整个国家经济的农民所背负的兵役重任，于是开始征召善于骑射的富家子弟。

这些人是否就是后来的侍？考虑到最初的侍战术主要基于骑射，而在此前的日本历史并无骑兵存在的证据，所以我们自然就认为，这些士兵与之前天皇的传统军队完全不同，所以是侍的起源。

有文献资料提及一种被称作“傀儡师”的人，像吉卜赛人一样在日本国内游荡。他们在停留之处做玩偶表演和杂技，以娱乐人们，这类人中的女性则以做妓女为生。他们还有另一个显著的特征——他们都是上等的骑射手。因此，我们也不难想象，当时的指挥官可能因为不堪虾夷人之扰，而使用傀儡师为雇佣兵。但他们是否使用长弓呢？

我们还有另一个有趣的发现，虾夷人擅长骑射[7]，且因此享有盛名。不仅从战场上的接触可以看到，还可从与虾夷人的贸易往来和社会交流方面看出，京都政府军队在作战方式上已发生了改变。后来，日本政府曾利用被俘或收服的虾夷人作为雇佣军，抗击古代中国和朝鲜[8]。

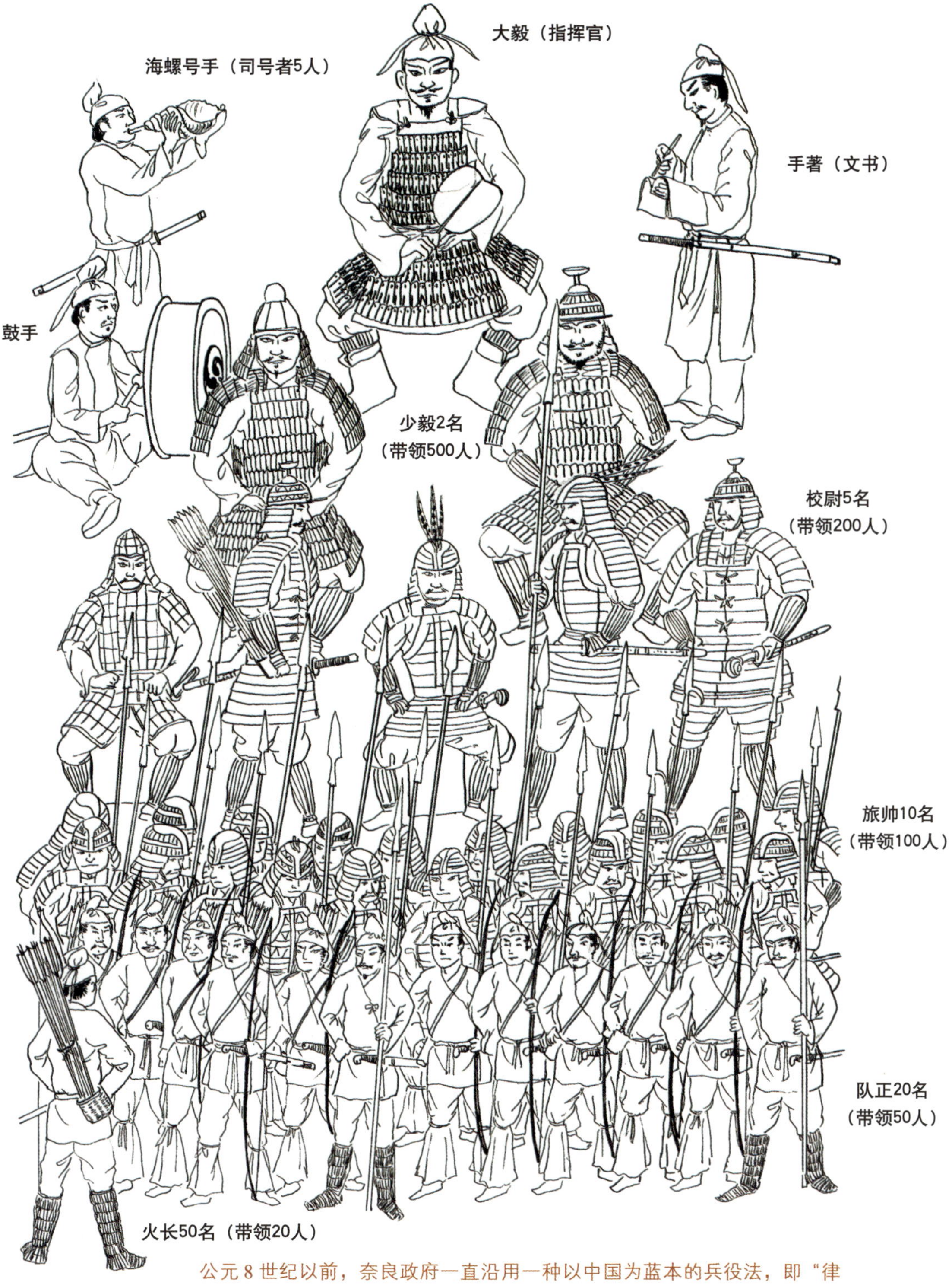

公元 8 世纪以前，奈良政府一直沿用一种以中国为蓝本的兵役法，即“律令”——根据该法征召 20 至 30 岁男丁到令制国的军队中服役。平安时代，千人军团的组织结构如上图所示。（图源：笹间良彦博士）

在不断讨论有关侍起源的过程中，最近有些研究者提出了新的观点，认为侍隶属于当时为京都政府服务的武士贵族。他们分析了相关时代的一些文献资料，认同侍崛起于当时天皇朝廷之中的说法。[9]的确，从字面来看，“侍”就是“服务”的意思。但我们必须明确的事实是，关东地区和东北地区[10]的北部都是盛产良驹之所，良驹成群，优秀骑手也层出不穷。因此，一支由来自关东地区的侍组成的精悍军团可以迅速进入日本的历史篇章，也不足为奇。

需要补充的一点是，一项关于大铠的研究很快表明，这种铠甲诞生于战场而非天皇毫无硝烟的朝廷之上。诸如袖[11]、喉轮[12]、胁立（右肋护甲）等各种铠甲元素，都逐渐出现并添加到铠甲之上，目的是要为战斗中愈加暴露出来的破绽提供防护。

注释

[1] 虾夷人，也译作阿依努人，住在北海道、库页岛和千岛群岛。日本古代根据其地理分布分为东虾夷、西虾夷、渡岛虾夷、渡觉虾夷等。“虾夷”一词带有贬义，直译是“毛人、囚俘、蕃人”的意思。

[2] 任那（369—562），朝鲜半岛南部的日本古代统治机构，由大和部落中的邪马台人建立，后被朝鲜半岛的新罗收编。

[3] 百济王朝，是原本居于古代中国东北的扶余人南下在朝鲜半岛建立的国家，统治范围在该半岛西南部，北与高句丽接壤，东与新罗为邻，公元 660 年被大唐联合新罗攻灭。

[4] 令制国，又称律令国，是旧时日本在律令制下所设置的地方行政区划，自奈良时代开始实施，直到明治初期的废藩置县为止。国相当于中国古代地方单位的州、道，抑或是行省的行政单位，有时也被称为“日本六十余州”。

[5] 国司，日本历史上管理地方行政组织的长官，最早产生于奈良时代，其意义、

职责与权力在之后的时代中也有所变化。

[6] 健儿制，是公元 8 世纪日本政府新推行的征兵制度，导致了兵役成为贵族的专利，进而使得军队素质一落千丈。

[7] 见《日本后记》。——原注

[8] 当时，中国处于东周和春秋时代，而朝鲜处于传疑时期。

[9] 见高桥吉崎于 1999 年出版的《武士的出现与武士道的素质》。——原注

[10] 东北地区，南接关东地区，西南接中部地区，北隔津轻海峡与北海道相对。

[11] 袖，铠甲中保护手臂和肩膀的肩甲，而中国的甲胄则称之“披膊”。

[12] 喉轮，保护咽喉部位的铠甲部件。

PART 1
THE CENTURIES OF THE SAMURAI

第一部分

武士年代

历史脉络与重要事件

第1章

武士阶层的崛起

公元 794 年后，日本皇都从奈良迁至京都，贵族阶层享受了皇权统治下 150 年的兴盛时期。但是，天皇政权派驻各地的行政主官国司却不断压迫着令制国的人民。繁重的税赋引发了多次反叛活动，同时也迫使小农户不得不依附于聚集了更多财富、势力强大的当地大家族。京都朝堂上的贵族阶层与不断累积财富且一向否认自己为贵族（本书所研究的各个时期中，这种区别十分重要）的令制国土地所有者之间的关系一直很紧张。

自公元 10 世纪之初，这些令制国的土地所有者就开始组建私人军队。他们雇用了大量职业士兵，还从农民、手工业者、小镇居民中招募士兵，并实施训练。军队的组建使得这些地主阶层在各自所在地区的地位越发举足轻重，在与贵族阶层的接触中更加自信。到这个时期为止，兵役和治安一直是中央政府的特权和责任。京都政府所任命的法官要负责解决纠纷，如果一方的行为被认定为非法，法官就要惩罚该家族，然

前九年合战的战役场景图。1051 年，安倍家在陆奥国（东北地区）发动叛乱，源赖义和儿子源义家被派往北方镇压起义活动。左四是源赖义，左二是源义家。源义家头盔上高耸着犄角状的装饰品。据推测，这幅卷轴画可能完成于公元 13 世纪或 14 世纪。绘画者描绘的是镰仓时代的铠甲。（图源：东京国立博物馆）

后没收其所有财产。但是，现实通常与理想状况相距甚远，这一点也不足为奇。

私人军队使得这些当地的财富大亨具有一定程度的独立性，于是他们开始频繁地发动小规模战事以拓展或守卫自己的财产。在京都以东，远离该首都城的关东平原，大面积的稻田中经常爆发小规模冲突、夜间突袭、伏击以及抢劫活动。在这种背景下，今天人们普遍对侍阶层采取一种全新且不再充满诸多浪漫色彩的评价，也不难理解。他们不过是一群“黑手党”[1]，为家庭、土地、战利品而战，却鲜有为荣誉而战者。

在社会最上层，激烈的竞争仍然是一种基本规则。与朝廷关系亲密的权贵家族不择手段地争取相对优势。由于皇室女眷母家的权谋策划，天皇权威遭到削弱。在皇室中，藤原家成为最有权势的家族，通过摄政操控着皇权。该家族志得意满，正如藤原道长[2]在一首诗歌中所吟诵的那样，“我的世界宛如满月之日，永无衰退亏损之时”。

当时，皇室的所有财富都来自大米种植的收入，皇室还从位于乡村的采邑中获取资源，同时还享有免除税赋的特权。他们在当地的财产由地方官来管理，由私人军队来履行管辖权。位于这个权力金字塔底端的是农民，他们担负着繁重的税赋，渴求得到保护，不再被要求缴纳大量财产。

天庆年间的承平之乱

公元935年，关东国司平将门杀了伯父平国香。到公元939年为止，他已夺取了整个关东地区的政权，并自称“新皇”。

与此同时，在京都另一方向的濑户内海，藤原纯友在当地组织了私人海军，发动叛乱。这两次针对中央政府的大规模叛乱活动，最初使得皇室贵族不得不祈求天助。但最终，其他的武士家族平息了这两次被认为是侍阶层扮演重要角色的叛乱。它们是侍阶层向贵族阶层权威发起的挑战，但从历史的角度来看，这些叛乱活动十分不成熟。侍家族都追逐私利，逐渐分崩离析，组织不够强大，无法长期对抗皇权力量。然而，这些叛乱愈发昭示了谁有潜力成为未来真正的掌权者。

一段时期内，地方的叛乱活动似乎逐渐偃旗息鼓。但同时，在各令制国之外，封建领主和封臣之间的关系却开始呈现出新特点。地豪家族和其家臣之间的效忠关系得以强化，两者之间不再是雇佣关系。

侍家族中最重要的两家是平氏和源氏，平氏传自桓武天皇，源氏则传自清和天皇。平氏成员以家族名“平”出名，而与源氏相关的侍都以“源”为姓。（在日语中使用不同的字，是因为早期日文书面语中汉字的不同读法[3]，“平氏”和“源氏”是日语中“平”和“源”两字的中文读法。）平氏的权力基础在关东地区，而源氏的势力范围在大阪。

行军中的平将门。公元 935 至 940 年的战争中，他的军队占领了关东地区。他麾下的士兵分为两类：宗兵和藩兵。前者是一直跟随平将门的忠实家臣；后者主要是农民，通常在战斗之后就会返回各自的家园，且在稻谷种植和收获季节里不会跟随他参与战斗。这些农民并不可靠，在形势不利之时就会逃跑。旗帜上写着四个字：火、雷、天、神。（图源：笹间良彦博士）

公元1028年，平将门的侄子平忠常在关东发动叛乱。朝廷的反应非常迟缓，4个月后才派出了镇压叛乱的大军。4年战事后，源赖信[4]从山梨县[5]被征召入皇家平叛大军。最后，平忠常投降。这次叛乱事件之后，源氏一族与关东地区的侍家族关系更加紧密。

在京都的朝堂之上，有影响力的侍家族都被要求为天皇和其他贵族宅邸担负守卫职责。“侍”一词来自日语“候う”这个词，意思是为贵族服务或随侍。由此，一些侍家族开始与贵族建立起密切的联系。但在朝堂之上，侍的地位非常卑微，通常遭到贵族蔑视。

前九年之役和后三年之役[6]

位于本州岛北部的东北地区原来就不受京都政府的控制。公元1051年，虾夷蛮族后人、陆奥国[7]的安倍赖时发动起义，反对天皇。朝廷任命源赖信的儿子源赖义为讨伐大军将军，北上平息叛乱，安倍赖

战役前的宴会。源赖义（上座最右）、源义家（上座中间）和他们的家臣已披挂整齐，在前往战场之前设宴共聚。（图源：东京国立博物馆）

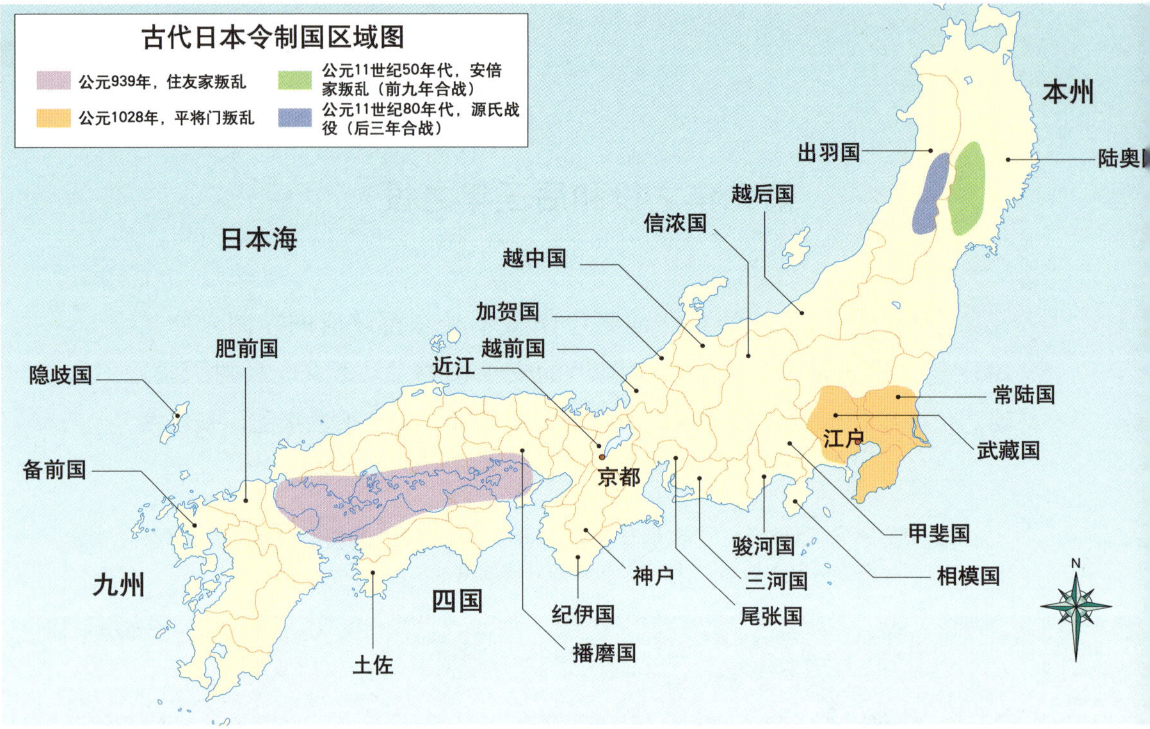
古代日本令制国区域图
公元939年，住友家叛乱
公元1028年，平将门叛乱
公元11世纪50年代，安倍家叛乱（前九年合战）
公元11世纪80年代，源氏战役（后三年合战）
本州
出羽国
陆奥
越后国
信浓国
日本海
越中国
加贺国
越前国
近江
肥前国
隐岐国
常陆国
江户
武藏国
京都
备前国
甲斐国
相模国
神户
三河国
九州
四国
纪伊国
尾张国
骏河国
播磨国
土佐
N

时很快投降。但数月后，因源赖义对安倍家族的压迫，安倍赖时再次发起叛乱。这一次，源赖义及其子源义家用了6年的时间才平息了安倍一族的叛乱，因为镇压行动受制于寒冷的气候、深冬的大雪、人员与马匹的匮乏以及粮草供应不足等困难。最后，源赖义与出羽国[8]的清原武则结盟，也因为后者的介入，前九年之役得以凯旋。清原武则获封“护国大将军”，并接管了安倍家族的所有封地。

这场战争的结果于源氏一族来说并无大益。自此之后，源氏一直寻

1083年，后三年之役中西张四郎之死。他羞于被看作胆小鬼，吃了很多米饭，喝了很多清酒，然后冲向敌方，却被击中咽喉，悲惨地死去时，食物从他的伤口中喷洒出来。（图源：东京国立博物馆）

叛乱者北条贞时送信给源赖义，称此时正值菊花节（九月九日），他们应该边饮菊花清酒边赏花。但是，这不过是北条贞时耍弄的伎俩，他的军队此时已发动对源赖义军队的进攻。双方交战了一整天，但均未能取得决定性优势。注意看右上战鼓和右下盾牌的细节——这些都具有镰仓时代彩绘的特征。（图源：东京国立博物馆）

金為行
宗任
金為基

11 世纪 80 年代，后三年之役中的一次遭遇战。源义家（右侧）正向隐藏在茂密草丛里的敌人发动进攻。因为他留意到从草丛中惊飞起的小鸟，所以敌方策划的伏击行动暴露了。从马鞍上使用弓箭来迎战步兵被称作“骑射”。（图源：东京国立博物馆）

找机会除掉清原家。21 年后的 1083 年，源赖义的儿子源义家出任陆奥国（今岩手县）大将军。他插手清原家纷争，最终铲除该家族。可是，朝廷认为他这不过是解决个人私怨，因此没有对其封赏。当时，战争结束后封赏家臣十分重要，领主与家臣间的关系主要取决于前者对后者的付出给予多少回报，家臣也正是依靠从封赏的稻田中获取的收入厉兵秣马、为主人效力。

源义家打了胜仗，却未从朝廷获得一寸土地，不得不将私人地产送给追随者。尽管如此，此举让他声名鹊起，许多其他的侍家族为其捐赠土地，希望成为其家臣。但在朝廷贵族看来，源氏家族虽然组织有序，却仍然是一介草莽。

公元5至10世纪的铠甲

最早的日本铠甲出现在古坟时代[9]。人们唯有研究古代皇陵中的陶俑和陪葬品，获取足够资料进行推测，才能进行复原这些铠甲。总体来说，这个时代的铠甲深受中国的影响，我们很难发现任何类似后期铠甲那样较为明显的日本特色。

古坟时代的日式铠甲，以薄片结构为特色，用皮绳将约 800 个薄片穿在一起。这种铠甲类似于中国唐宋时代的薄片甲，铠甲的风格在日本被称作“稽古[10]风”。穿戴者从头上套入，像雨披一样，将前后两片铠甲在身体两侧束扎。单个薄片被称作“札”，是此类日式铠甲的基本元件。札的形状不同于罗马鳞甲[11]以及后来欧洲铠甲上的类似元件，铠甲上的元件会被拉长，然后打上多个洞眼，便于从几个方向束紧，形成坚实的板状甲。这种风格的铠甲大概是由蒙古人或其他在马背上战斗的草原游牧民族所创造。至于此类铠甲究竟是由当时的日本统治阶层从北部的亚洲主大陆引进而来，还是由土生土长的日本人借鉴异域战斗技巧以及装备风格而成，仍然备受争议。

到公元 8 世纪，札变得更小、更窄，一件遮挡住躯干和臀部的铠甲需要 1500 个札片才能制作而成。这种方法显然过于耗时，因此人们采用了一种新的生产工艺，仍然沿袭中国唐代模式——不将札片之间穿联起来，而是将札片逐个粘贴在一件打底衣上，这样一来，不仅节省了时间，还深受北方游牧族的欢迎，因为这样可以抵御严寒。

日式铠甲的另一种重要的风格，被称作“短甲风”或“反古风”。这类铠甲是由铆接在一起的块状金属和金属截面制作而成，与同类外国胸甲的不同之处在于其带有肩板，这意味着当时的士兵已经意识到要保护自己免受后方的袭击。显然，此时的士兵也需要防御来自前方的攻击，但在这个区域使用过大的金属片很可能会妨碍胳膊进行必要的自由移动。

古代日本有两种截然不同的头盔，分别对应的是“稽古风”和“反古风”。与前者相关的是眉庇[12]即一种带有水平帽檐的头盔，后者则是一种鸟嘴状头盔即翔鹤式头盔。眉庇是由小札片构造而成，带有一个围板，前额还有个帽舌，这与罗马式头盔中的帽舌具有同样的功能，即防御头部遭受自上而下或斜角的攻击。相反，一些翔鹤式头盔的特点是在盔体前部伸出一个很大的“鹦鹉嘴”，这些都是由铆接的三角形金属块和环形带制作而成。翔鹤式

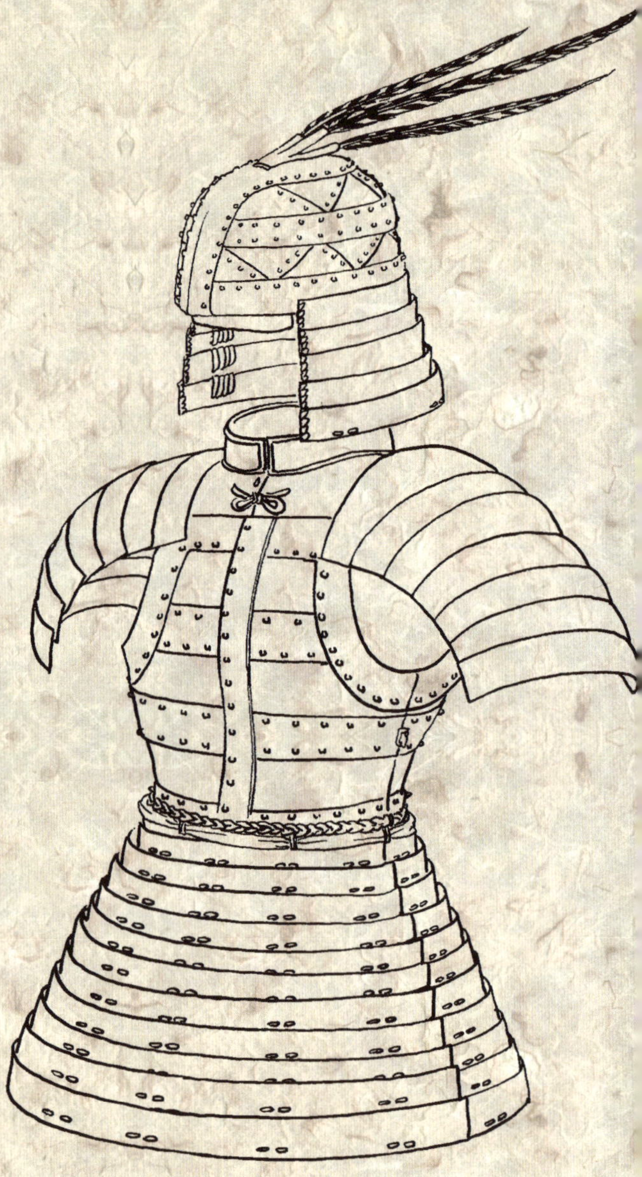

反古风短甲，在古代日本（公元4至5世纪）被称作“短铠”。翔鹤式头盔，也就是前部的半球状头盔前部带有一个“鸟嘴”，形成一个屏蔽式盔甲铠甲与头盔。这种铠甲与头盔组合很常见。有时，考古挖掘还会发现，稽古风胸甲和翔鹤式头盔组合在一起的样子。（图源：笹间良彦博士）

头盔制作工艺简单，耗时短且较为廉价，因此风靡一时。后来，这种风格的头盔通常会和反古风铠甲融合在一起。稽古风和反古风这两种头盔加上札片所做的裙状护颊甲和护颈甲，使防护功能得以加强。

配有眉庇式头盔的稽古风薄片铠甲（公元4至5世纪）。据推测，这是一套骑马者的甲胄。（图源：笹间良彦博士）

注释

[1] 黑手党（mafiosi），发源于意大利的秘密社会组织，从事杀人、抢劫、绑票等职业性犯罪活动，内部有各个帮派，头目对帮派实行家族式统治。

[2] 藤原道长（966—1027），日本平安时代的公卿、权臣，关白藤原兼家第五子，太政大臣藤原道隆之弟。

[3] 日语中，“平氏”有两种读音：Heishi 和 Taira；“源氏”也有两种读音：Genji 和 Minamoto。因此，作者在这里解释了不同读音的原因。

[4] 源赖信（968—1048），平安时代中期的武将。1028 年，藤原氏曾派他去镇压在日本东部爆发的叛乱。

[5] 山梨县，是日本本州中部的一个县。

[6] 前九年之役，与后三年之役（亦称“后三年合战”）合称“奥州十二年合战”，又称“前九年合战”，是平安时代后期以奥州（东北地方）为主要舞台的地区性战争。战争的结果是安倍氏被消灭，清原氏独霸东北地方。

[7] 陆奥国，日本古代的令制国之一，属东山道，又称奥州。其范围大概包含今天日本的福岛县、宫城县、岩手县、青森县和秋田县东北的鹿角市与小坂町。

[8] 出羽国，古代日本令制国之一，属东山道，又称羽州，其范围大概包括今天日本的山形县及秋田县，但不包含秋田县东北隅的鹿角市和小坂町。该国是为了对抗虾夷而设立，明治元年（1868 年）12 月 7 日又被分割为羽前及羽后两国。

[9] 古坟时代（250—538），又称大和时代，日本继弥生时代之后的时代，因当时统治者大量营建古坟而得名。

[10] 稽古，在日语里指的是日本传统艺术，如茶道、花道、合气道等。

[11] 鳞甲，是世界上使用最广泛的一种铠甲，主要利用小片金属加工而成。古代各文明国度的军队，都曾出现有鳞甲的身影。

[12] 眉庇，是古代头盔上额头部的装饰物。

第2章

平民的荣盛

奈良时期（公元 710 至 784 年）以及平安时期（公元 794 至 1192 年），日本西部地区处于皇权统治之下，皇都最初建在奈良，后来迁至京都。为摆脱奈良逐渐强大的宗教组织势力的影响，桓武天皇将皇室搬离奈良。这一体制的最顶端是天皇，贵族阶层构成了官僚体系，以天皇的名义进行统治，所有土地都归国有。政府任命令制国地方官，以收取米税（当时用大米的标准称重单位“石”计税，1 石大约相当于 5 蒲式耳 [1]，足够一人一年的口粮）。日本东北部，特别是关东地区最北部的土地，实际上是一片“无人区”。在这片区域，虾夷人常常起义反抗京都政府派来的臣属。

对农民来说，米税是个沉重的负担。许多国司因挪用税收而暴富，故平安时代后期，国司的贪婪在各地区不时引发叛乱。而富裕的贵族阶层则会在自己的采邑中采取一些保护农民的措施，所以农民不愿意接受当地官僚的剥削，极力想要依附于这些采邑。结果，这些采邑的面积不断扩大。但从根本上来说，不断积累的私人财产却违背了现有的律令制[2]，因为私人财产的增加意味着国有财产的减少。由此，后白河上皇下旨废除贵族制地产，将其重新纳入国有财产。

上皇制度的存在是平安时代后期的一个特点。从一定程度上来说，这种制度可以将皇权中受限、仪式化的一面与其获取行政主动权的机会区分开来。天皇总是与保守习俗密切相关，一直以来都无法适应变化的时代。因此，天皇会正式废除自己象征性的地位，将其传给自己的儿子。顶着“上皇”头衔的退位天皇其实在政治社会中仍享有权力——这一点有时也存在争议，但毕竟这是一个动荡变化的时代。表面上来看，

上皇成了“与世无争”的“法皇”，但实际上他仍然住在御所里。这些皇家寓所和官邸都被称为“院”，许多退位的上皇会在这里发布法令，且与在位天皇的旨意一样具有权威性。

上皇会召集侍组织守卫御所，这些武士驻扎在御所北部，被称为“北面武士”，意即“北面的侍”。随着上皇权力的增加，侍组织为了攀

1159 年 12 月，在京都，源义朝领导了一次政变，迫使二条天皇从他的皇宫御所逃出，乘坐牛车，伪装成一名女子。检查牛车的士兵都配备弓箭。（《平氏物语》卷轴画，源自东京国立博物馆）

1159年12月，在京都，源义朝和藤原信赖对已退位的后白河上皇的三条皇宫发动突袭，并将其点燃。在图中央偏右处，两名士兵正将一个倒地敌人的头颅割下。砍头的惯例由来已久，后来又持续了500年。(《平氏物语》卷轴画，源自东京国立博物馆)

“夜袭三条”，即 1159 年，源义朝和藤原信赖对三条皇宫发动的夜间突袭。皇室女眷欲极力从痛苦中解脱，只得纷纷跳入井中。(《平氏物语》卷轴画，源自东京国立博物馆)

1159年，二条天皇从夜间突袭中逃脱后，在位于碌原[3]的平清盛[4]的宅邸中避难。在这里，平氏的侍们拜见了天皇的父亲后白河上皇。（《平氏物语》卷轴画，源自东京国立博物馆）

附上皇而开始相互争斗。能够获得这一职位，也是受皇家器重的标志。因此，不出意外，朝廷之中，天皇、上皇和法皇之间紧张的气氛和纷争开始升级，为其效力的贵族也分为多个派别，且都组建了支持自己的侍集团。这个时期，所有的主动权仍然完全掌握在朝廷的贵族阶层手中，侍家族只是他们利用的工具。

1156年，后白河天皇突袭了崇德上皇的宅邸，并将其打败。两人早就为了继位问题存在争议。后白河天皇知道崇德上皇在密谋政变，便先发制人。这一事件史称“保元之乱”[5]，由此引发了朝廷内外的嫌隙。权倾一时的藤原家族也分裂成多个派别，“院”的贵族阶层也是如此。平氏和源氏两个侍家族也出现了分裂：曾并肩战斗、打败了崇德上皇的源义朝[6]和平清盛在此次事件后，成为死敌。（宗族和世仇之间联姻，从而在各家族之间造成致命的分歧，也不足为奇。）平氏一族原本是伊势国[7]和伊贺国[8]的统治者，源氏日益增长的军事实力让他们倍

感威胁，于是接近已退位的后白河上皇，希望对其施加影响来对付自己的敌人。

1159年12月，平清盛前往熊野神社。接下来的一个月，源义朝和藤原信赖[9]发动政变，架空了二条天皇[10]，并活捉了他的父亲后白河上皇。平清盛迅速赶回京都，聚集部队。后来，十几岁的二条天皇假扮女子，乘坐一辆牛车偷偷从皇宫溜出，后白河上皇也从源氏手中逃脱。平氏打败了叛乱分子，在战斗中歼灭了一些人，战后处决另一些人。源义朝不满周岁的孩子们得到赦免，然后被流放。其中一子源赖朝[11]被流放到了伊豆国[12]（今神奈川县）。后来，源赖朝成为第一个建立了幕府将军政权的侍。

此时，平氏似乎享有更多的安全保障和繁荣，其经济基础就是与中国宋朝进行贸易往来。他们占据了濑户内海和通往中国北部的西国北部（今九州岛），对海上贸易的控制为其带来了巨大财富。

1167年，平清盛被任命为太政大臣[13]（相当于今天的日本首相），是当时朝廷中最位高权重的贵族职位。他将自己的女儿平德子许配给了高仓天皇[14]，自己也攀上人生巅峰。这位异军突起的侍并没有使用自己的权力改革旧式贵族政府体制，而是享受着权力带来的荣华，继续沿袭贵族的生活方式。

注释

[1] 蒲式耳，一种定量单位，好像我国旧时的斗、升等计量单位。不同国家以及不同农产品之间，蒲式耳与千克的转换是有区别的。

[2] 日本律令制，是基于律令的社会制度。它是古代日本的中央集权制度的体现，是仿效中国唐朝的法律体系编撰施行的。在日本，律令制也叫“律令体制”“律令制度”。虽然律令制在古代东亚很普遍，但真正仿效中国建立起完整制度的仅有日本。日本的律令制借鉴自隋唐制度，之后中国的制度发生了变化，而日本的制度没有随之改变。

[3] 碌原，是幕府将军驻京都代表的宅邸所在地。

[4] 平清盛（1118—1181），刑部卿平忠盛之子，平安时代末期权臣，日本历史上首个军事独裁者，也是武家政权的鼻祖。

[5] 保元之乱，1156年7月爆发的日本内战，对阵双方为后白河天皇和其支持者平清盛、源义朝等，以及崇德上皇和其支持者平忠正、源为义。

[6] 源义朝（1123—1160），日本平安时代末期武将，东国武士集团首领。源氏名将，统领关东群豪，在保元之乱中为朝廷立下大功，后因发起平治之乱而以叛臣身份留名史册。他是杰出的政治家源赖朝和著名军事家源义经的父亲。

[7] 伊势国，属东海道，又称势州，范围大概在今天三重县的中央部分，不包括东部的志摩半岛、西部的上野盆地及南部的熊野地方东隅。

[8] 伊贺国，属东海道，俗称伊州、贺州，范围大概在今天三重县西北部的上野盆

地一带。

[9]　藤原信赖，平安末期院近臣。因得后白河上皇的信任，成为院别当。1159 年，与源义朝发动政变（史称“平治之乱”），举兵幽禁上皇及二条天皇，杀死通宪，进居皇宫。平清盛火速归京破叛军，信赖被斩。

[10]　二条天皇（1143—1165），日本第 78 代天皇，名守仁，后白河天皇雅仁长子，母为藤原经实之女源懿子。

[11]　源赖朝（1147—1199），日本平安时代末期至镰仓时代的武将、政治家。镰仓幕府首任征夷大将军，也是日本幕府制度的建立者。

[12]　伊豆国，古代日本分国之一，属东海道，又称豆州。伊豆国的领域大约包含静冈县东部的伊豆半岛及东京都所属的伊豆诸岛。

[13]　太政大臣，日本律令制度下的官位，位居太政官四大长官（太政大臣、左大臣、右大臣、内大臣）之首，与左大臣、右大臣并称“三公”，中国唐朝称相国，与今日本首相的职权相当。

[14]　高仓天皇（1161—1181），日本第 80 代天皇，名宪仁，后白河天皇雅仁第七子。

第3章

源平之争

1160至1170年，“与世无争的上皇”后白河一直是个在幕后操作的权谋政治家。最初，他利用平氏的军事优势，镇压了大量的叛乱活动，但随着时间的推移，他开始反对权倾朝野的暴发户平氏一族。1177年，他针对平氏策划的一次阴谋暴露了。参与这次阴谋的贵族（主要是后白河上皇的随从）和一位僧侣都被处决。平氏和后白河之间的关系也跌入谷底。平清盛逮捕了这位上皇，废除了院政。这一挑衅的做法助推了反平氏运动的发展。接下来，便是1180至1185年平氏和源氏军队间长期、血腥的对峙，史称“源平合战”（取自“源氏”和“平氏”中文读音的第一个音节）。

1180年，年事已高的源赖政[1]仍然是平氏朝廷的一员，在后白河上皇三子以仁王[2]的怂恿下，他开始集结军队反对平氏一族。在他集结第一支军队之前，他的小部队就在宇治川的一座桥梁上遭到攻击，全军覆没。以仁王被杀，源赖政切腹自杀。（顺便说一下，“切腹”这一做法只是在此事件发生的 10 年前才在文献中首次出现。）但以仁王摧毁平氏的呼声仍然具有影响力，现在已影响到分散在各地的源氏家族。第一个反对平氏的就是源义朝的儿子源赖朝，并得到了北条时政[3]的帮助。可不久后的 1180 年 8 月，他们就在石桥山被击败[4]。源赖朝逃往千叶[5]，因为他在那里养了很多封臣。同年 10 月，他和追随者进入镰仓[6]，宣布该城为自己的大本营。镰仓位于海岸沿线，三面环山，因此十分难攻。源赖朝的父亲源义朝曾在那里生活过，此地对源氏家族来说有着特殊的意义。此时，源赖朝的弟弟源义经[7]也从鞍马山逃出，加入他的麾下。

1180 年 9 月，源赖朝的堂弟源义仲[8]因为以仁王的呼吁也揭竿而起。他在自己长大的木曾山[9]养了一支军队。木曾义仲（他喜欢用“木曾”作姓，而不是“源”）既是一位骁勇的战士，也是一位能力卓越的将领。1183 年 6 月，义仲在俱利伽罗峠[10]打败了平氏军；8 月，在平氏将领逃往九州、带走了年幼的安德天皇不久后，义仲进入京都。此举不仅让仍在镰仓的源赖朝十分意外，也让平氏一族震惊不已。

木曾义仲对于朝廷内复杂的权斗毫无兴趣，他的军队一直忙于四处劫掠京都的平民。当年 11 月，木曾义仲的军队曾尾随平氏军进入后者在濑户内海的令制国，但在水岛[11]被挫败。夺取了首都京都之后，在乡野长大的木曾义仲似乎并不知道接下来怎么做，他与堂兄源赖朝的关系也开始恶化。后白河上皇敦促源赖朝继续向京都挺近，赶走自己的堂弟。虽然源赖朝不是一位出色的将军，但要弄阴谋诡计却无人能出其右。他没有自己去，相反将骁勇善战的弟弟源义经派去了京都。1184 年初，源义经在宇治川击败了木曾义仲的军队，义仲也在拼死前往粟津的路途中被杀。[12]

就在源氏家族内斗之际，平氏已经卷土重来，再次聚集兵力。此时，平氏军队已返回福原（今神户市），重新在那里驻扎。1184 年 3 月，源义经大胆运用骑兵战术，占据有利位置，在一之谷赢得了第二次

12 世纪平安时代最古老的侍画像，出现在《伴大纳言绘词》[13] 卷轴画中。这幅画绘制于 1164 年，图中有 4 名侍身穿大铠，手持弓箭。即使他们是检非违使 [14] 的贴身侍卫，在京都执勤时也不被允许带刀。图中央偏右着红白相间衣服的骑马者就是检非违使，注意他的佩刀是治安官权力的象征。（图源：出光美术馆）

“奔赴镰仓”。镰仓幕府修建从关东地区各地前往镰仓的路，以便侍可以快速集结。（图源：笹间良彦博士）

镰仓时代，一名侍接到主人来信。一旦他接到召集令，就必须尽快加入军队，就算在进食，也必须放下筷子，立刻上马。他的仆人稍后会赶到集合地点，带来他的铠甲、武器和其他马匹。

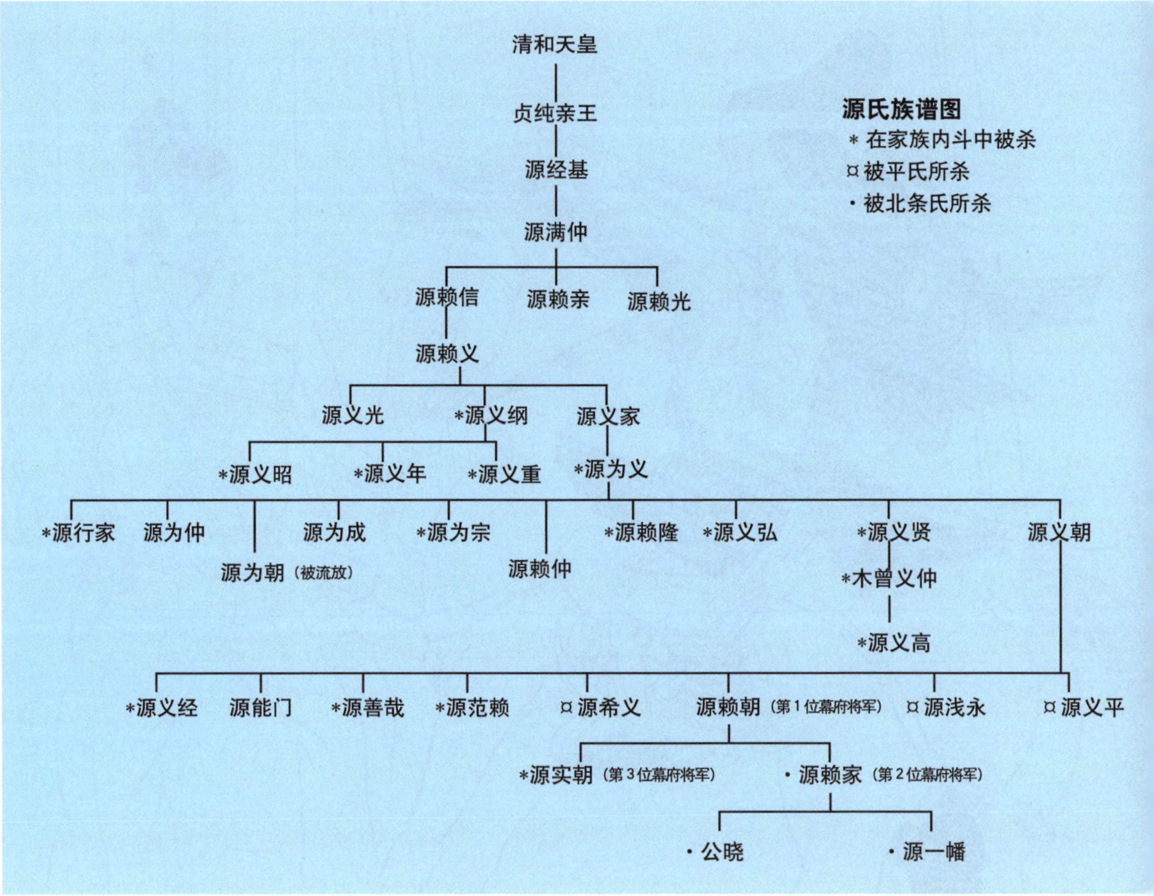

胜利。平氏撤退至濑户内海的矢岛，在那里他们再次遭遇失败，但他们的海军实力却使得源义经的军队再无斩获。源义经用了 1 年时间建起了自己的海军，与平氏抗衡。1185 年 4 月，双方爆发了终极海战，地点就在一个叫作坛之浦的海滩附近。[15] 最后，这次战争以平氏的败北告终，输的一方中许多人宁可选择投海自尽也不愿被俘，连尚在襁褓中的天皇 [16] 也被挟在母亲臂弯中溺死。有人认为，这些受过良好教育、有教养的贵族是故意寻死，意味着一个旧时代结束，而另一个新时代开始——这个新时代就是侍军阀的时代。

被家臣簇拥的骑马侍。1185 年，著名武士熊谷次郎直实[17]带着他的儿子和旗手在神户的一之谷攻打平氏。他的队伍中只有三类人：这个时期只有骑马的侍算士兵，步兵不算士兵。当时的作家说到 200 人的军队时，其意思是包括步兵在内约有 600 名士兵。侍通常需要备用马匹，因为大铠多少限制了马上的战斗。如果马匹受伤或死亡，家臣会给侍一匹备用的马。图中手持薙刀[18]的人（处于前景位置）头戴主人的头盔，战争开始时，他要将头盔递给主人。有时，家臣在行军中会穿着主人的铠甲，如果出现紧急情况，再呈递给主人。战国时代，集合名册不仅囊括侍，还有足轻、劳工和供应搬运工，所以一支军队中真正的战斗力量不足整体的三分之一。（图源：笹间良彦博士）

尽管源平合战看起来是平氏和源氏两个家族之间的纷争，但实际上两者之间的分歧远不止这么简单。在双方争斗之初，北条家族和其他侍集团都隶属平氏阵营，他们的职责在于监视流放伊豆的源赖朝。当源赖朝挑起反叛大旗之时，他的军队大多来自平氏家族。事实上，源赖朝已经和来自平氏封臣家族的北条政子成婚，他倚重的是平氏的侍，而非关东地区北部的源氏家族。源氏家族内部鲜有和谐，纷争不断，宗族内的血腥争斗司空见惯。由此，当京都的平氏政权被推翻之后，关东地区的平氏家族开始支持镰仓幕府，即第一个侍政府。

镰仓幕府

源赖朝听取了势力庞大的封臣家族的建议，留在镰仓，未将大本营迁往京都。他最擅长的一直都是战略筹划。现在，他专心构建政府组织，以控制侍阶层。最初，“幕府”这个词源自中文，意思是“远征战役中将领的总部”。此时，这个词意指军政府中的席位，广义上就是指政府本身：“镰仓幕府”这个词在英语中也能找到类似的表述。

1180 年，源赖朝建立了问注所[19]，一个管理侍阶层财务问题的政廷。1184 年，他又建立了幕府的财政部——公文所，并任命和田义盛[20]为该机构长官。1192 年，源赖朝自称“征夷大将军”，这也是一个陈旧且临时性的头衔，意思是“镇压蛮族总指挥”。但事实上，这位将军此时已成为一位永久的世袭军事独裁者，与名义上的天皇平起平坐，甚至手握更多实权。

那些追随源赖朝的封臣都依赖于自己与他的私人关系。作为对他们长期为其作战以及不断对其履行兵役义务的回报，他承认了他们对土地（无论是新土地或继承的土地）的所有权。对侍阶层土地所有权的承认以前都是天皇的权责。此时，局势已变，幕府所制定的条款明确了将军

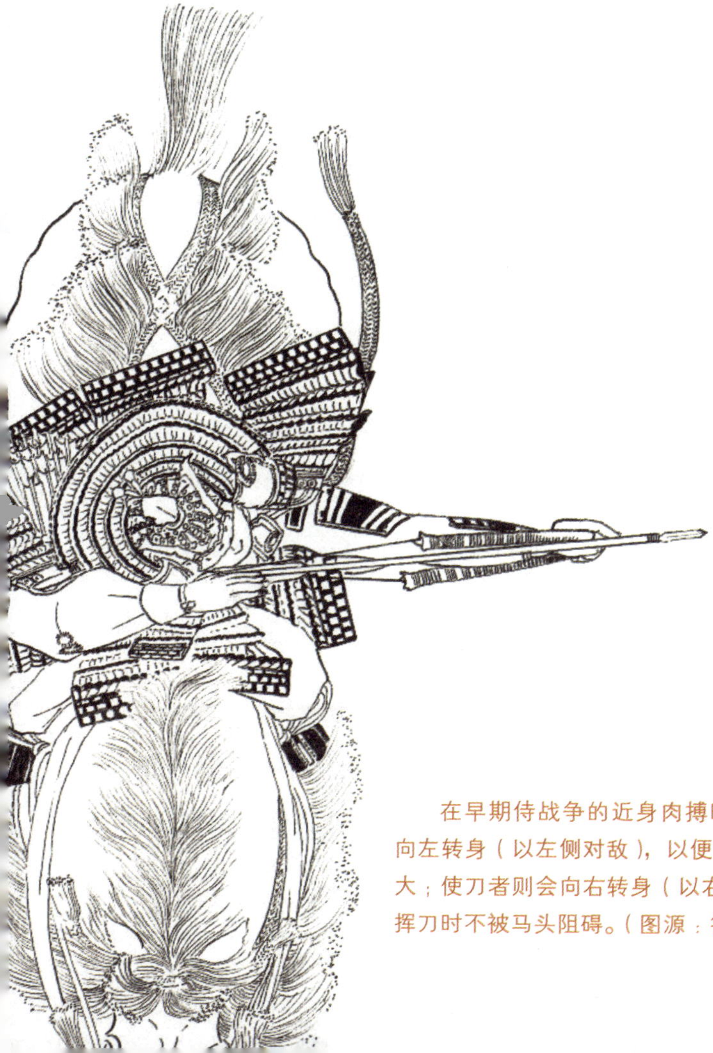

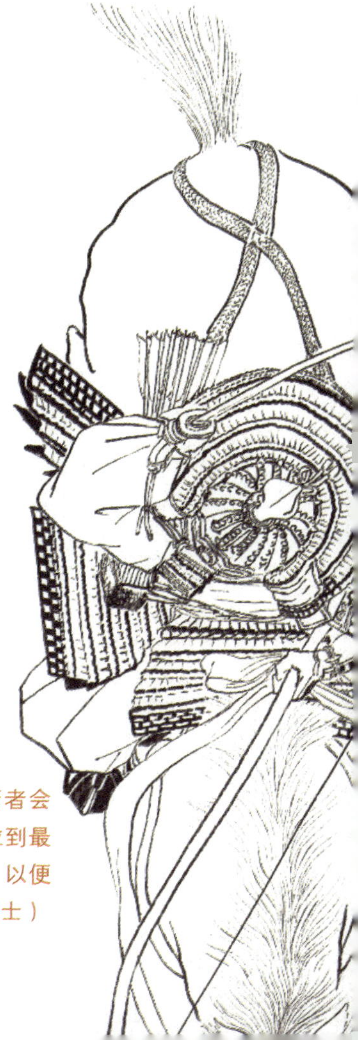

在早期侍战争的近身肉搏时，使弓箭者会向左转身（以左侧对敌），以便可以将弓拉到最大；使刀者则会向右转身（以右侧对敌），以便挥刀时不被马头阻碍。（图源：笹间良彦博士）

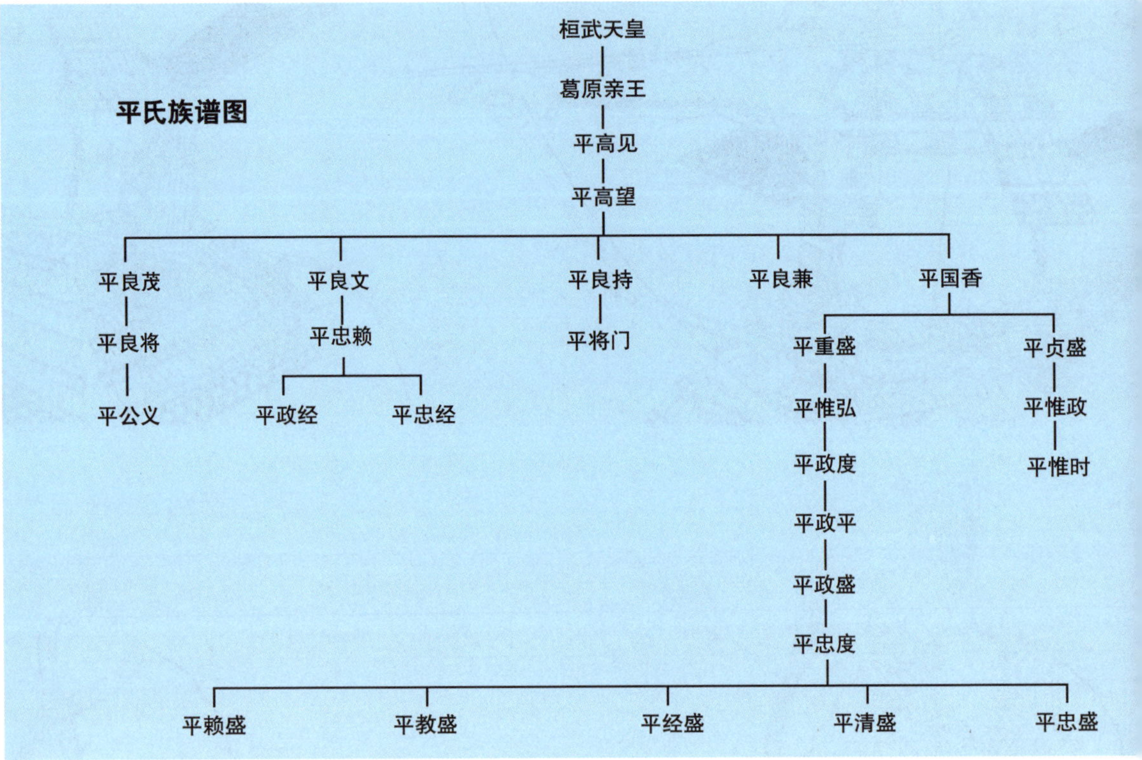

和其封臣（即“被授权的侍阶层”，也称作“御家人”，详见后文注释）间彼此支持和履行义务的关系。但源赖朝身边的侍阶层旧臣却因为改革将他们的权力从个人身上转移到了整个机构而深感不安，他们希望能够得到源赖朝本人的保证。

源义经的溃败

源义经是日本历史中一位备受喜爱的传奇人物（关于他的故事中，最夸张的讲法说他实际上就是蒙古的成吉思汗）。源义经取得对平氏的

平安后期的大铠，属于三岛海军的将领河野通信，他在源平合战中跟随源义经。札片是由皮革和金属混合制成。裙甲——草折的两片侧板比前板和后板都长，可以在骑马时保护大腿。（图源：大山祇神社）

一位海军长官在指挥舰队。1185 年，在坛之浦之战中，双方的舰队都聚焦在一个狭窄的海峡中。与西方古典时代一样，舰船通常被当作一种可让士兵使用陆战武器交战的平台而已。在坛之浦之战中，源氏将军源义经因为敌方一名侍的步步紧逼，连续 8 次从一艘船跳到另一艘船上。

胜利之后，返回京都，然后在后白河法皇的朝廷中获得了一席之地。他将土地分给家臣，以回报他们在战争中的努力，他甚至派军队前去平息九州的侍叛乱。源赖朝认为源义经此举破坏了自己的特权，因为将土地分配给侍的这种权力只属于侍阶层的领袖，也就是源赖朝自己。源义经是一位才能卓越的将领，与当时的其他侍统帅相比，他的战术总是不走寻常路。他长期待在鞍马山，最亲近的家臣都是山里人，有僧人也有逃犯。用现代的眼光来看，源义经对平氏军的突袭行动是理性的（可能有些不计后果），后来的胜利证明他是正确的。但对 12 世纪一直恪守战争传统的侍来说，源义经的举动令人不齿。因此，源赖朝离间那些曾经追随源义经参加反平氏战争的封臣，在最终将源义经击垮之时，支持后者的只有少数几个封臣。

法皇对源义经的影响力让源赖朝惶惶不安，他担心总有一天这个弟弟会在诡计多端的法皇的怂恿下揭竿而起反对自己。他将源义经从京都召到镰仓，以便对其进行持续不断的监视。他永远都无法再次信任自己的弟弟，也无法原谅他。源义经别无选择，只能劝说后白河法皇发布诏令消灭源赖朝。但为时已晚，源义经只得在藤原家的帮助下，北上逃到了奥州城（东北地区）。

后来，源赖朝宣布源义经为逃犯，胁令皇室发动全国的守护（军事和政策组织）逮捕他。他不仅想要实现逮捕弟弟的短期目的，从长期来看，他还想将自己的军权扩展到全日本。1189 年，源义经遭到了为其提供庇护的藤原泰衡的袭击，最后被杀或自杀。结果，藤原良平也因为背叛遭到了报应。当年不久后，他受到了源赖朝的攻击，理由是他曾为源义经提供庇护。这一次，源赖朝一如既往地提前谋划，他发动这次远征的真实目的其实是夺取那块发现金矿的宝地。

源赖朝剿杀了他英勇的弟弟，因此直至江户后期仍然臭名昭著。不过有趣的是，在整个侍时代，他的行为却被认为合情合理。两人之间的争斗，是因为老谋深算的源赖朝嫉妒年轻耀眼的雄才源义经，还是一种冷酷的权术呢？

公元8世纪末至12世纪的铠甲

公元 8 世纪，奈良政府下令停止生产两款早期风格的铠甲，因为这两类铠甲过重且制作工艺复杂。从遗留下来的文献资料中可以发现，日本政府当时从中国唐朝进口铠甲，并且为驻守南部的军队制作了 200 至 250 套铠甲。从这些铠甲的相关描述中可知，其与当时中国的铠甲装备类似。根据文献资料记载，这些铠甲都是“衣甲”，也就是将矩形的皮质甲板缝在棉质衣服上。由于有机材料会进行分解，所以目前并未挖掘出任何有关此类铠甲的遗迹。

尽管这段过渡时期的考古材料匮乏，无法证实文献证据的真伪，但我们仍然可以推测出，从这些铠甲和头盔向着后期大铠风格转变的整个过程。鸟嘴状头盔演变成了严星兜[21]风格的头盔，这是用较大且可视的铆钉头做成的一种放射状金属结构的头盔。护颊前部可以向外、向后翻动，成为翅膀状的吹返。“稽古风”胸甲的左侧永远闭合，整个铠甲在右侧束扎。束扎铠甲较薄弱的一侧会增加一种被称为“胁盾”的甲板来保护。

保护锁骨和腋窝前部的铠甲后来就变成了分开垂下的甲板，原来被称作“旃檀板”，意思是它们都被粘在胸甲或胴的前部。后来，这个词用汉字来表示，发音相同，但意思出现了变化。改变后的意思是：较大的右手侧甲板仍然被称作旃檀板，而较长、较窄的左手侧甲板被称作“鸠尾板”（“鸠尾”的意思是鸽子尾巴，看起来外形的确神似）。这两类甲板的形状和构造反映了各自不同的功能。旃檀板面积更大，但构造更为灵活。以前的侍都在马背上使用弓箭战斗，射箭时右胳膊需要更多活动空间，同时也会更多地暴露出右侧腋窝。

大铠风格的铠甲，在马背上战斗时有很多优点。其主要目的就是防御敌人的弓箭。头盔上垂下来的较大的錣（护颈），可以防御来自背后

公元 8 世纪，奈良政府似乎已将铠甲从反古风和稽古风变成一种将甲板附着在布质服装上的“衣甲”，其原因可能是这样更易于生产。但任何考古发现都无法为此提供相关证据。（图源：笹间良彦博士）

的攻击，吹返则保留了之前护颊的一些功能。下垂的肩甲（也被称作“袖”），都是些较大的甲板，可以将胳膊覆盖到肘部，在侍不携带盾的情况下发挥盾的功能。铠甲里面，肩部和腋窝前部都被上述的旃檀板和鸠尾板保护起来。身穿腿甲骑马时，为了方便起见，从胴甲底部垂下来的草折被分成 4 片。铠甲的全部重量约 60 磅（大约 27 至 28 公斤），马鞍可以减轻肩膀上的负担，还可以在骑马时支撑铠甲底部。如果侍必须徒步战斗，这样的全套甲胄过于沉重，无法持久作战。

札片都是由硬化的皮革或金属制成，然后涂上漆以保护其不受日本潮湿的夏日气候影响，因为金属质地的薄片如果受潮会生锈或易于

平安时代后期的头盔，带有特色鲜明、较大的穿透性铆钉头。护颈以相对垂直的角度悬挂下来，这也是早期头盔的另一特征。（图源：严岛神社）

平安时代的铠甲。这是一种“赤糸威大铠”——用红色绪连缀而成。其在明治时代被修复，当时还在右侧加了胁盾——镰仓时代，这种部件还未曾出现。（图源：东京国立博物馆）

折损。它们的尺寸越来越小，平安时代中期（大约公元 10 世纪），标准的尺寸是 3 英寸 × 1.2 英寸（约 7.5 厘米 × 3 厘米）；到镰仓时代中期（大约公元 13 世纪）时，尺寸已缩减到 2.75 英寸 × 0.95 英寸（7 厘米 × 2.4 厘米）。每个札片上都被刺出两或三排小眼，用来穿皮绳，将彼此束扎在一起。有时，金属和皮革札片被交替使用来制作甲板，通常在最为重要的防御部分才会使用金属札片。这些札片被束扎在一起，相互重叠，这样制作而成的甲板的大多数区域都可以提供一层以上的保护。如果通过此类重叠形成三层保护，这样的铠甲被称作“无盾甲”，意思是“不再需要盾牌”。

侍通常要戴乌帽子[22]，然后在外面套上头盔。在盔钵的顶部，有一个直径 4 厘米的洞，这样不仅可以通风，还可以将武士的顶髻穿过头

盔，以保持头盔平衡。这一点很重要，因为最初的头盔内部没有任何衬垫，只能通过下颌的束带以及顶髻将其固定在头部。但是，在镰仓时代（13 至 14 世纪），侍开始用松散的方式来处理他们的头发，头盔上这个洞的实用性不复存在。另外，盔顶上的这个大洞，使得侍向前冲且头部向前倾斜之时，易于遭受弓箭的攻击。最终，这个洞被放弃，到了室町时代（15 世纪），这个洞再次被采用，仅仅作为一种附着在头盔外部的装饰。

总体来说，这个时代的铠甲都做得很长，有一种说法称之为“身披长甲”。然而，战斗风格的渐变要求对铠甲进行改进。

平安后期的胴丸[23]前后及局部细节图（见左右两页）。此时，胴丸由下层士兵使用，但这副铠甲向我们展示了其精致的装饰、较长的袖和七片式草折，所有这些都表明该铠甲是为较高阶层的侍而制作。（图源：笹间良彦博士，参考大山祇神社实物所作）

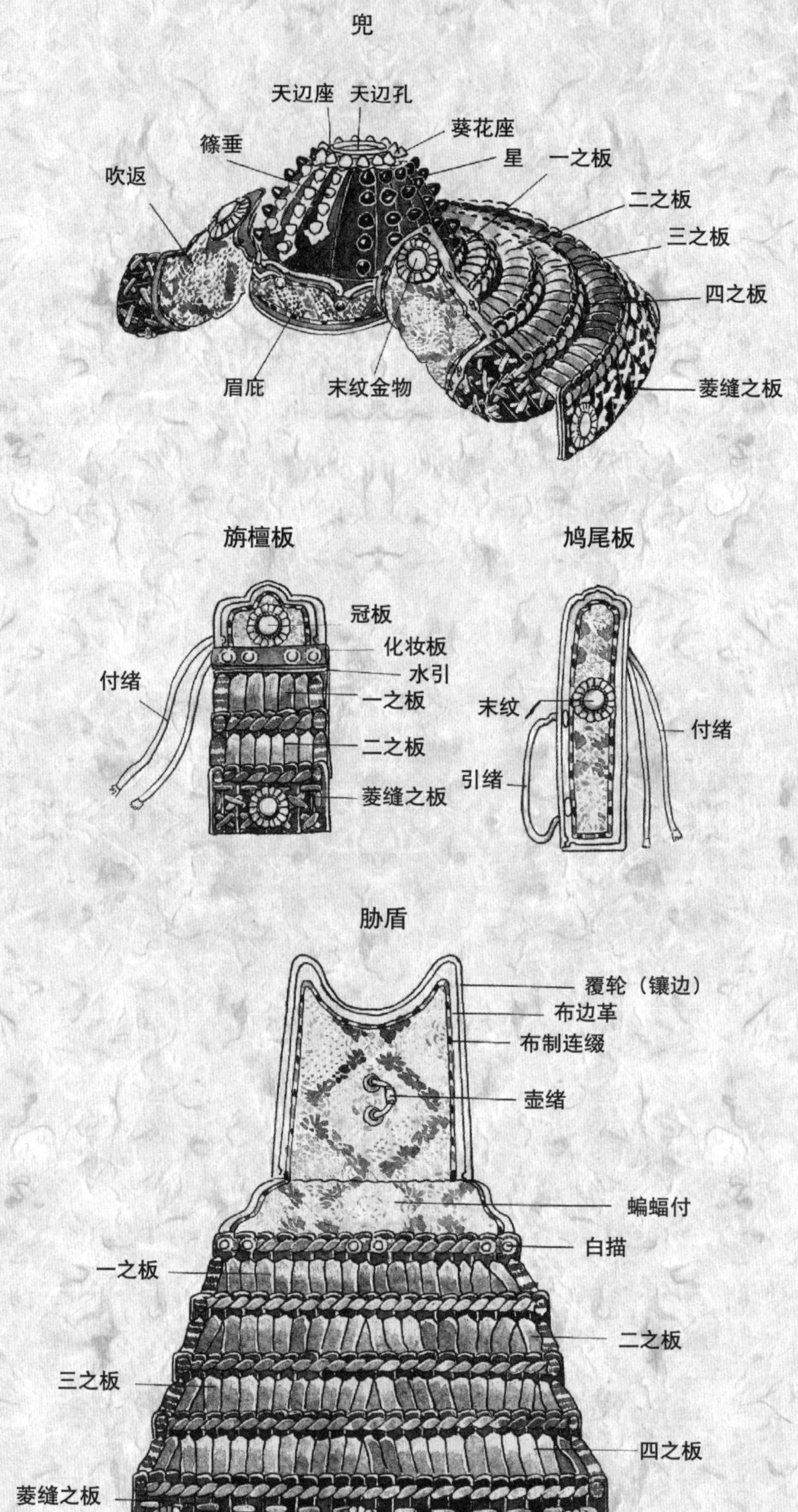

头盔和大铠附件。（图源：笹间良彦博士）

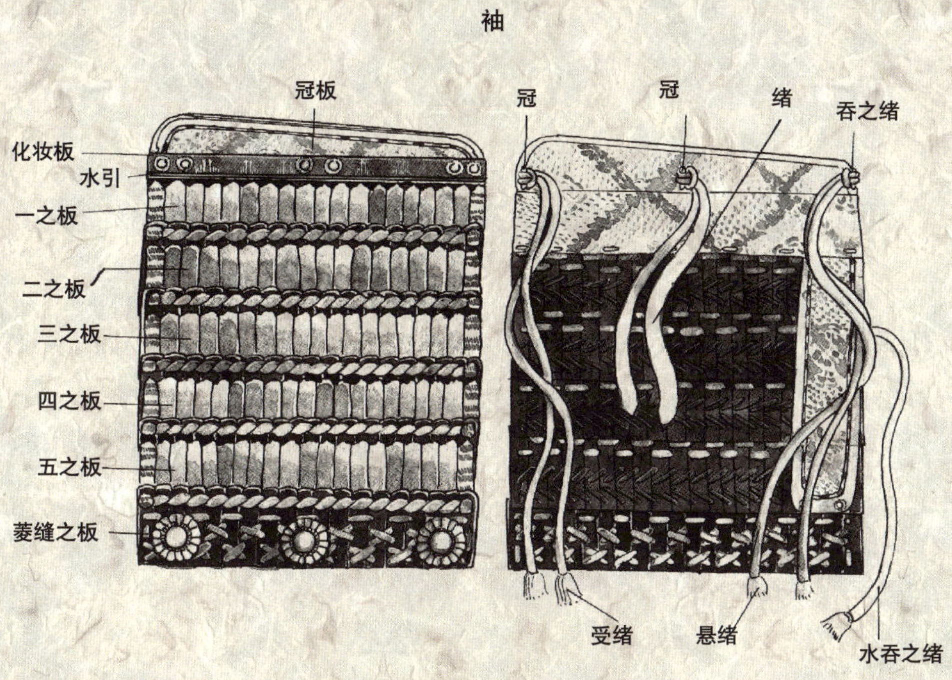

大铠附件。（图源：笹间良彦博士）

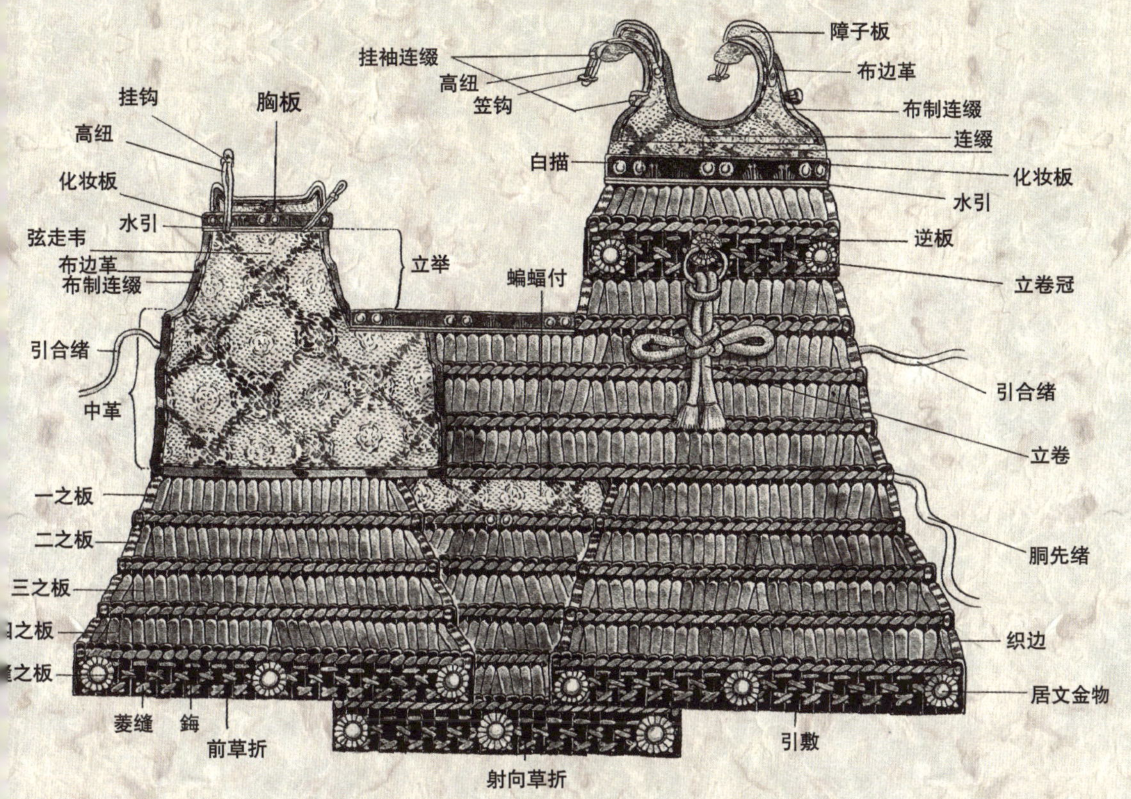

大铠胴各部分名称。（图源：笹间良彦博士）

注释

[1] 源赖政（1104—1180），日本平安时代末期武士。保元之乱时，源赖政支持后白河天皇以抗击崇德上皇。1178 年，他成为平氏专权时期位阶最高的源氏朝臣。1180 年，他起兵反对平氏，交战于宇治川，后战败切腹而死，享年 77 岁。

[2] 以仁王，后白河天皇的第三皇子。其居所位于三条的高仓地方，所以也称为高仓宫。

[3] 北条时政（1138—1215），镰仓幕府初代执权。伊豆国（今静冈县）土豪，通称北条四郎。他将女儿北条政子许配给了流放伊豆的源赖朝。赖朝举兵时，他予以协助，与之一同开创了镰仓幕府。

[4] 史称“石桥山之战”，是源赖朝举兵后与平氏之间的第一次战役。1180 年 8 月，源赖朝与平氏麾下大庭景亲激战于相摸石桥山，结果源赖朝大败，由海路逃往千叶。

[5] 千叶，日本本州岛东南部城市。

[6] 镰仓，12 世纪末源赖朝创建镰仓幕府并开始武士政权的地方，后成为日本中世纪初期的政治中心。14 世纪，随着幕府灭亡，镰仓衰落。江户时代，它作为游览地又得到了复兴，是日本仅次于京都、奈良的一座古都。

[7] 源义经（1159—1189），日本传奇英雄，平安时代末期名将。他是出身于河内源氏的武士，家系乃清和源氏其中一支，河内源氏的栋梁源赖信的后代；为源义朝的第九子，幼名牛若。

[8] 源义仲（1154—1184），又名木曾义仲，日本平安时代末期著名武将，通称源木曾左马头义仲，出身名门河内源氏，为源义贤次子，是源赖朝及源义经的堂兄弟。

[9] 木曾山，位于长野，是日本比较罕见的内陆县之一，被称作日本的屋脊。

[10] 俱利伽罗峠，位于日本石川县河北郡津幡町俱利伽罗和富山县小矢部市石坂的分界线上，也是古代北陆道在加贺国与越中国的交界地。

[11] 水岛，位于日本本州西南部，濑户内海沿岸。其属冈山县仓敷市，以石油、

石油化学、钢铁为中心的重工业和化学工业基地。

[12]　史称“粟津会战”，是源义仲与源赖朝之间的一次会战。1184 年 1 月，在宇治、势多会战中，源义仲大败。同年，又与源义经、源范赖在近江粟津激战，源义仲败死。

[13]　《伴大纳言绘词》，是以平安时代的应天门之变为题材绘制而成的长轴画卷，被指定为日本国宝。与《信贵山缘起绘卷》《源氏物语绘卷》《鸟兽人物戏画》合称为日本的四大绘卷。作者为常盘光长。

[14]　检非违使，是日本古代的一种官职，主司京都的治安、刑狱，相当于今天的京都警察局长，与中国封建社会的御史大夫、廷尉有点相似。

[15]　史称“坛之浦之战”，又称“坛之浦合战”，爆发于日本平安时代末期，为源平合战的关键战役之一，由源义经发起。此战后，日本西部地区诸势力再也无法与源义经所率领的源氏大军抗衡。

[16]　指安德天皇（1178—1185），日本第 81 代天皇，后白河天皇之孙、高仓天皇的长子，也是即位时年纪最小的天皇。

[17]　熊谷次郎直实，平安时代末期至镰仓时代初期的武将，出生于武藏国熊谷乡。原本从属于平氏，但以石桥山之战为契机，转而投靠源赖朝。后参与讨伐平氏，立下战功。他常打头阵，以不怕死的作战方法被评为“关东第一武者”。

[18]　薙刀，日本的一种长柄武器。

[19]　问注所，1184 年由源赖朝设立，当时源赖朝尚未成为征夷大将军。问注所的长官称为“执事”，最初以贵族出身的三善康信（1140—1221）担任，以后由三善家世袭。最初，该机构以诉讼审判为主业；后来，它逐渐限于受理债务官司。

[20]　和田义盛，镰仓初期武将，出身相模国（今神奈川县）三浦郡，追随源赖朝起兵。讨伐平氏与奥州征伐战役中表现活跃，深受源赖朝信任，是幕府的重臣。

[21]　日本平安时代中期，星兜是使用甲板拼合成的钵体。因甲板间用铁钉铆接，而铁钉露在头盔外的部分被形象地称作“星”，起到装饰和加固的作用。早期的星兜上的铁钉很大，看上去有庄严肃穆之感，故又称“严星兜”。

[22] 乌帽子，是日本公家平安时代流传下来的一种黑色礼帽，近代日本成人男性的和服组成部分。镰仓时代以来，乌帽子越高表示等级越高。公家通常戴的帽子叫“立乌帽子”。此外还有风折乌帽子、侍乌帽子、印立乌帽子等。

[23] 胴丸，最早出现于日本平安时代中期，源于挂甲，初始时是下级武士使用的铠甲式样。

第4章

北条摄政时期

尽管后来的组织变革有利于侍阶层，但幕府仍然不敢损害京都贵族阶层及实力雄厚的寺庙的利益。贵族和寺庙的采邑中仍然拥有大片的土地和诸多多产的农民。源赖朝也没有废除皇室，只是在行使行政权时竭力保持独立。日本历史的传统观点认为，源赖朝被任命为大将军标志着贵族政权向侍政权的转变。但深入研究显示，真正的转折点出现在后来的北条摄政时期。

承久之乱[1]

1199 年，源赖朝在一次骑马事故中暴毙。1202 年，他十几岁的儿子源赖家成为护国大将军。源赖家依赖妻子比企氏的家族控制幕府，但源赖朝的遗孀北条政子及其父北条时政一致认为，此举是在挑战他们的祈祷胜利、完成进餐和饮酒的仪式之后，开始战斗之时，指挥官会站在那里，呼喊："哎，哎？"（准备好了吗，准备好了吗？）他的家臣就会回答："噢！"（准备好了！）今天，在日本这一点仍然被误解，政治家在竞选集会的演讲时经常自己就喊叫："哎，哎，噢！"（图源：笹间良彦博士）

权威。有些御家人[2]也认为源赖家的政策威胁到了他们，因为他总是无视他们的既得权力。后来，北条政子和源氏的主要封臣剥夺了源赖家的权力，并同意自此之后所有决议都由会议协商定夺。不久，北条家族刺杀了源赖家，他的弟弟源实朝成为第三任护国大将军，但他却被源赖家的儿子杀死。此时，幕府的控制权落入北条家族手中。该家族出身于平氏派往伊豆国的政府官员。他们地位卑微，既无法担当侍家族领袖，更无法出任护国大将军的职位。因此，他们决定安插一个贵族出身的人作为傀儡，然后通过摄政来掌握实权。这一继任的阴谋最终导致了后来的承久之乱。

源赖朝血脉的断绝在御家人中间引发了骚乱。北条家族要求后鸟羽上皇任命他的一位亲戚为大将军来领导幕府。后鸟羽考虑到摧毁幕府迫在眉睫，所以拒绝了北条家族，并号召九州、京都大庙宇的侍，以及他的私人护卫“北面武士”和“西面武士”共同推翻幕府。结果事与愿违，只有少数几个侍支持他。北条家族将自己的御家人都召集到了镰仓，源赖朝的遗孀北条政子对这些人发表了一次著名演说。她说：“源赖朝之志，高于山脉，深比大海。今日朝廷下达的诏令，毫无道理，意图剿灭我们。尔等理应铭记源赖朝的虚怀若谷，守护大将军之职位。如果尔等执意遵守院旨，请现在离开……”北条军队离开镰仓时只有 18 名骑士，但当他们到达京都时，据说有 1 万多名骑士。当然，历史学家有夸大之嫌，可想要表达的意思却十分清楚，即当时幕府的权威已大于天皇或上皇。几次小冲突之后，幕府军取得了胜利。与打败仗的一方为伍的侍都遭到了惩罚，3 位退位的天皇后鸟羽、崇德和土御门都被流放。

1224 年，北条政子的哥哥北条义时死后，他的儿子北条泰时成为摄政王，并下旨，幕府政策的制定仍然由会议协商决定。1232 年，幕府颁布了新法令《御成败式目》[3]以管理御家人相关事务。在那之前，只有皇室才能颁布法律。新法令似乎是幕府对繁复且过时的旧体制的批判，

镰仓时代，侍行军时的典型场景。整幅画因为各种连缀铠甲多彩多样的绪而看起来色彩纷呈，变化多端。举着白色旗帜的骑马者，因为鹿角状的头盔装饰（锹形立物），显得格外卓尔不群。（《清水寺演义》，源自东京国立博物馆）

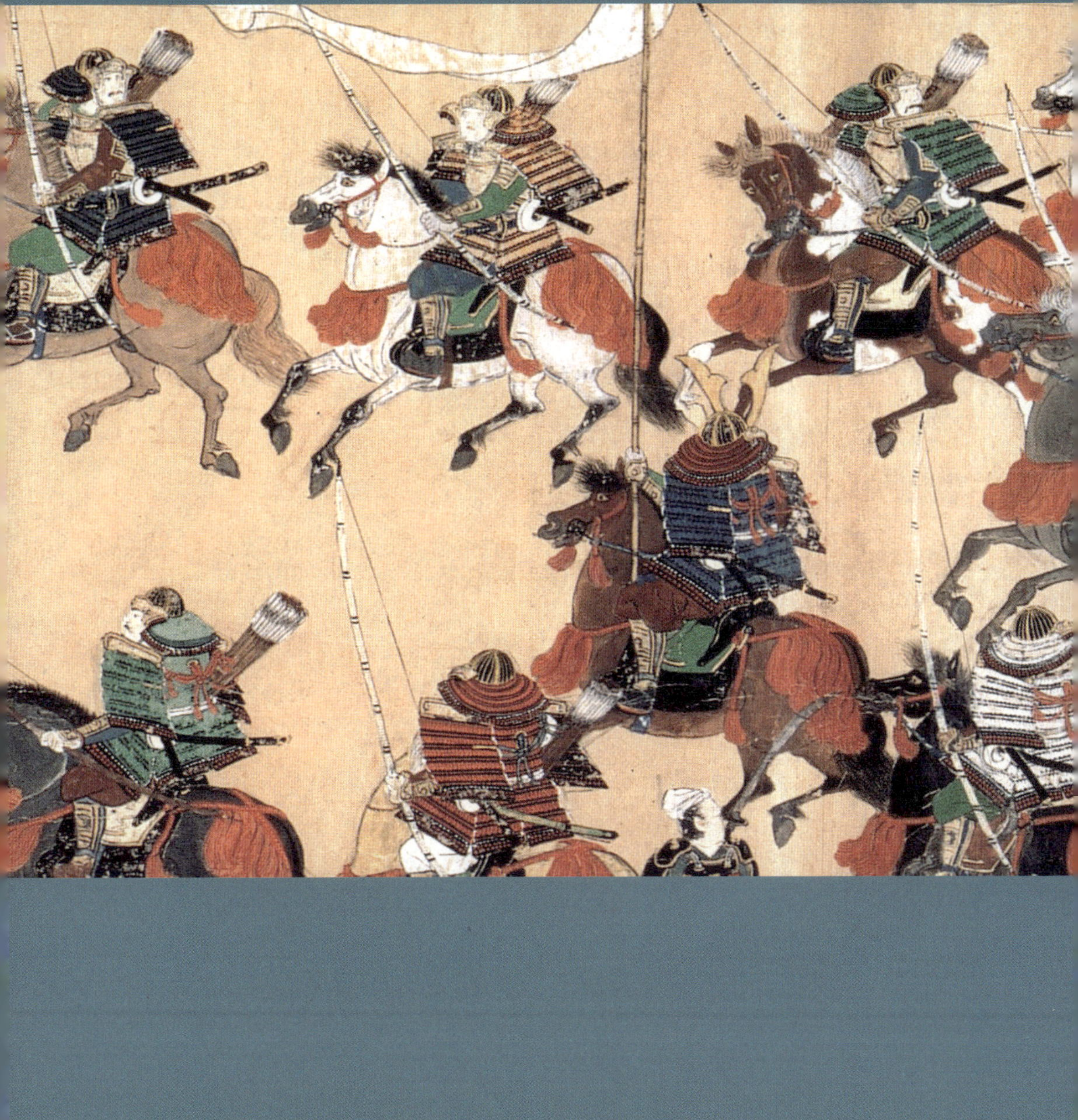

镰仓时代，武士胴丸铠甲的复制品，这类面甲被称作“面当”。

镰仓时代，侍首领从马右侧上马——他们不想让刀把碰到马肩。这种日常细节都带有一定的迷信色彩，又如：在骑士上马前，马小便或嘶鸣，那么无妨；可一旦在他的脚碰到马镫后出现这种情况，他就必须要解开马鞍肚带和他的铠甲带，然后再重新一一系上。（图源：笹间良彦博士）

也是在宣告侍阶层的独立。当然，该法令既不适用于京都的贵族阶层，也不适用于各个庙宇和重要神社。但这部法令的精神却影响到了后来的侍阶层法典。该法令的要义包括：强调效忠主人、儿子孝顺父亲（父为子纲）的重要性，要求夫唱妇随，主人必须确保农民的安全和富足。

这部法令源自侍阶层宣扬的日常价值观，实际上一直以来，这些都或多或少失去了意义。中世纪的现实与后来江户时代所谓的侍行为准则之间有着显著差异，后者是由德川幕府时期的思想家所创造。实

际上，在中世纪的日本，子会弑父，手足会相残，妻子会背叛丈夫，主人会出卖客人，幕府军也会剿灭天皇军队且毫不犹豫地罢黜天皇。中世纪的侍仍然在为财产、土地、金钱而争斗不休，只在很少的情况下会为荣誉而战。

镰仓时代，一名侍因为敌方的袭击而措手不及，匆忙穿上大铠。在图中右侧，有个人正从木箱子中取出铠甲。(《大根来三郎绘词》，源自东京国立博物馆)

公元12至14世纪的铠甲

尽管大铠风格的铠甲似乎从平安末期到镰仓时代都一直长盛不衰，但由于战斗方式和战术的变化，改进铠甲成为当务之急。

翅膀状的吹返，以及头盔上錣（护颈）的前部，都呈锐角朝上翘，便于士兵看到两侧的情况，不会妨碍拉动弓弦。如果侍想要去刺敌人向上翘起的吹返，会遇到一个难题：只能呈锐角去砍划，无法自上而下给对方一记重击。

无论如何，这个时期的战场上，侍通常在马鞍上单手用刀，因此几乎无法对一个全副武装的敌人发动致命一击。如果侍用光了所有的箭支，却无法驱逐敌人，只能选择接近敌人，用刀继续战斗。但因为对方有盔甲保护，通常双方会在马背上进行简短的扭斗和较量，很快双方都会跌落在地。在地面上，他们会竭力用匕首捅彼此身体中未被保护的地方，而侍的家臣自然会蜂拥而至来帮助自己的主人，战斗会沦为一场难堪的近身肉搏。在这种情况下，大铠的盒状胸甲只会成为一种致命的累赘。

正如前文所述，甲胄的不少重量都落在了肩膀上，而且胴甲的下沿会撞击盆骨。为了解决这个问题，兵器制造者将胸板的下沿做得更窄，更贴合身体，然后用布质护腰将其束扎起来，减轻其重量。札片变得更小，以减少胸甲的深度，便于活动。南北朝时期（公元 1336 至 1392 年），大铠的尺寸平均缩短了 3.9 英寸（10 厘米）。这一改进反而更需要保护大腿上部，因而侍武士开始穿戴被称作“佩楯”的护腿，在胴甲上垂下的草折下方呈现围裙形状。

头盔一般由 15 个铆接的三角片板组成，但后来这些片板变得越来越窄，制造一顶头盔需要多达 32 个片板。这些片板的重叠使得厚度增

镰仓时代，侍穿戴大铠图 1。着装顺序如图，从右到左，从上到下：先穿小袖[4]即内衬，后穿大口袴即底裤，再扎紧乌帽子，最后戴上手套——紧急情况下，只能戴右手手套，便于使用弓箭。（图源：笹间良彦博士）

穿戴大铠图 2。着装顺序如图，从右到左，从上到下：先穿宽袖的直垂[5]和袴，后束扎袴覆盖的小腿下部；再穿左腿后右腿，并在袜子外穿上护胫套，然后穿上鹿皮鞋；最后将右袖聚拢并束扎好。（图源：笹间良彦博士）

穿戴大铠图 3。上右：镰仓末期，侍常穿佩楯，即护腿。上左：穿上左袖笼手（亦称袖甲、臂甲），宽大的左侧袖口妨碍使用弓箭，所以就被塞到护腰下。下图（从右至左）：先穿胁盾即右侧甲板，再戴上喉轮。（图源：笹间良彦博士）

穿戴大铠图4。着装顺序如图，从右到左，从上到下：先穿上胴甲，从头上套上袖即肩甲，然后扎上高纽；再束扎护腰，然后在上面扎上腰带；最后插上腰刀。（图源：笹间良彦博士）

穿戴大铠图 5。着装顺序如图，从右到左，从上到下：先挂上刀、太刀以及装满箭的箭袋，然后家臣为主人戴上头盔，男随从给主人系好双颊处的缨带。侍的左侧挂着一卷备用弓弦。这名侍将军手中拿着弓和扇子，准备检阅麾下士兵。（图源：笹间良彦博士）

镰仓晚期的大铠。这是一种白糸威铠甲——用白色绪连缀而成，其胴甲变得更短，靠下的部位变得更窄。“弦走尾”，也就是胴上覆盖的皮革，刻有“不动明王”[6]的图案。从这副头盔与铠甲看，我们能够发现铆钉变得更小，盔顶的洞可供顶髻穿出。吹返大部分被转到后面，这样就不会影响视线。（图源：日御碕神社）

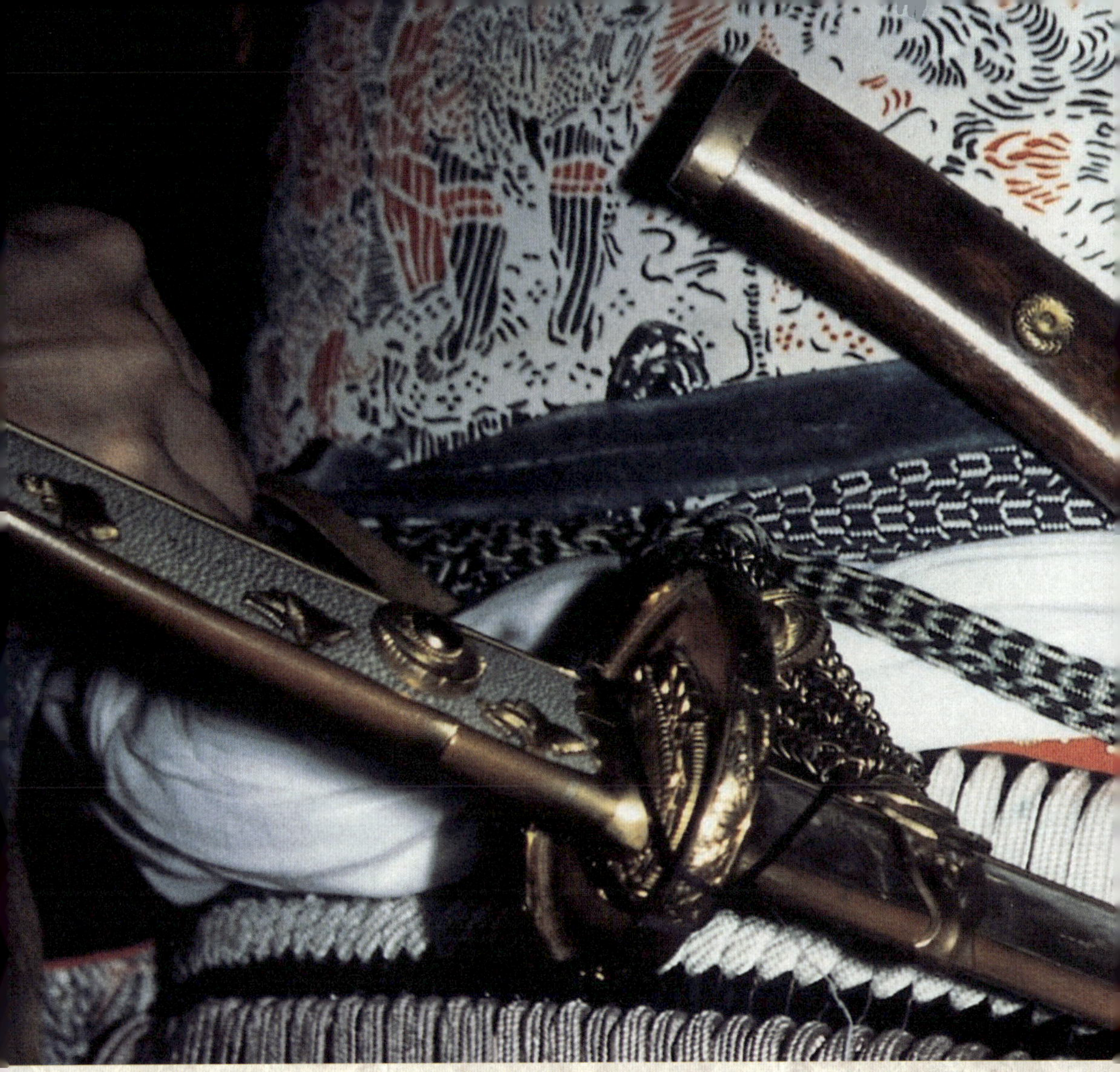

南北朝时期特点的大铠细节图。

加，可提供多层保护。铆钉也变得越来越小，从片板的边缘移到中心位置。顶部的洞也变得越来越小，如前所述，最后被全部放弃，然后由一种装饰用的金属盘替代。从头盔钵体边缘垂直悬挂下来的錣（护颈），逐渐横向延展，呈阳伞状，使得头部可以更为自如的活动。为了弥补不足，兵器制造者又引进了一种被称作“面铠”的半遮面的护面具（护颊甲最早在平安末期出现，一种从前额垂到面颊，被称作“面当”；另一种遮住下巴和面颊，被称作“颊当”）。

注释

[1] 1199年，镰仓幕府的创始人源赖朝去世，他年仅18岁的儿子源赖家继任将军，其执政方式引发许多御家人的不满。北条政子（源赖家之母）首先剥夺了源赖家的裁量权，然后实行13名元老参与重大决策的协议制。1200年，北条时政铲除支持源赖家的梶原家族，并在1203年软禁源赖家，同时灭其岳父家族，立其弟源实朝为将军，自己以辅助将军的名义掌握幕府大权，被称为“执权”。这一事件史称“承久之乱”。

[2] 御家人，意指镰仓时代“与将军直接保持主从关系的武士”。以后虽沿用此词，但词义多有改变，直到江户时代。“家人”最初是贵族及武士首领对部下武士的称谓，而当镰仓幕府成立后，将军被敬称为“御”，故有“御家人”一词。

[3] 《御成败式目》，贞永元年（1232 年）由执权北条泰时制定，是武家最初所定的法律，共有 51 条，又名《贞永式目》，也被称为《关东御成败式目》《关东武家式目》等。

[4] 小袖，在日本是男女通用的服饰，既可以作为内衬来穿，也可以作为罩袍来穿。

[5] 直垂，是日本镰仓幕府的盛装之一，交领，三角形广袖，胸前系带。原为古代日本下层民众劳动用的便服，在武家政治时代，公然成了武士阶级的便服。

[6] 不动明王，也被称为不动尊菩萨，不动使者。“不动”，乃指慈悲心坚固，无可撼动；“明”者，乃智慧之光明；“王”者，驾驭一切现象者。依密教三轮身之分类而总判，不动明王为一切诸佛教令轮身，故又称为诸明王之王，五大明王之主尊。

第5章

元军远征

1268年、1271年和1274年，中国元朝皇帝忽必烈曾经派使臣出访日本，毫不掩饰要求日本朝贡之意。日本皇室一直认为，中国是泱泱大国，理应给予尊重。无论使臣是否以傲慢的口气传递这一信息，得到什么样的回复都由接受者——一个全新的、雄心勃勃的侍政府来决定。新成立的幕府没有什么外事经验，他们的信息主要源自当时移居日本的中国僧人。那些从宋朝逃来日本的僧人一般都很受镰仓政权的欢迎，其中有些人十分有影响力，特别是禅宗[1]和根植日本本土的日莲宗[2]。我们推测，日本侍政府对元人的认识很大程度上受到中国僧人的影响。日莲宗的创始人讲法时称，蒙古人占领中国中原是世界没落的标志。如果幕府的确仰慕元朝那至高无上的权力，他们当时就会做出截然不同的决定。

京都的皇室中，贵族们已经考虑接受元朝的朝贡要求，这不难理解。但年轻的摄政王北条时宗决定拒绝这一要求。他号召所有的侍武士

战斗开始之后，军队在便携式活动掩体的掩护下前进，拉弓射击直至用尽所有的箭。有时，一位强壮的弓箭手可以用一支大箭射穿一个活动掩体。（图源：笹间良彦博士）

摒弃分歧，保卫国家，驻守九州北部。与此同时，忽必烈也下旨要求高丽人[3]为其修建900艘舰船，以远征日本。

1274年10月，元军开始远航。当时正处于日本的台风季，显然，他们忽略了这一点。日本人没有航海的传统，无法干扰元军的横渡行动。元军在对马岛[4]登陆，正好位于高丽与九州的中间。几天后，他们又在临近的壹岐岛[5]登陆。元军数量远远超过守军数量，日军的两位负责指挥的守护代[6]宗资国和平景隆，都与手下的将士一同战死。

元军在九州岛北部的博多港[7]登陆后，突遇奇兵。一位年轻的骑手从自己的阵营中冲出，高喊着一些无法理解的语句，射出一支响箭[8]，然后冲向元军，但立刻倒在元军的箭雨之下。对于侍来说，开始战斗前必须要报出自己的名讳，然后射出一支响箭，这是一条规则。这一仪式可能还是一项非常古老的蒙古习俗，但此时的元军早已将其摒弃。

两支军队不同的战斗风格让侍武士们惊慌不已，他们当时还古板地恪守传统的兵者之规。元军训练有素，善于进行可控的战术机动，且能够群战，骁勇无比，将挡路者杀得片甲不留。他们所使用的一种称作“诱捕”的爆炸装置也令侍武士和他们的马匹惊慌失措。

在遭遇惨重损失后，九州的侍向内陆撤退，到了九州政府的中心太宰府。他们藏身在一些古老防御工事里做最后抵抗，抱着一线希望等待援兵。尽管元军占有优势，但其指挥官却为侍单枪匹马进攻时表现出的勇猛而动容。此外，被迫加入讨伐大军行列的高丽军队士气低迷（据说，高丽工匠建造的舰船不堪一击，甚至被有意做了手脚）。元军意识到日本的援军随时都可能到达，他们也不愿意冒险在异域遭受夜间反击，于是撤回船上。当夜，暴风骤雨席卷了博多港内的舰船。第二天早上，负责侦察的侍发现，元军舰船已无影无踪。此时，元军已经撤回，损失了200艘船只，13500名士兵死亡。这次远征失败后，

1274年秋，竹崎季长在九州向第一次远征日本的元军发动进攻。他冲向元军防线，但战马被弓箭射中，并因爆炸而受惊。最初，元军的战术让这些侍武士猝不及防，可几次遭遇战后，武士开始更加游刃有余。（《蒙古袭来绘词》，源自宫内厅[9]博物馆）

肥後国竹崎五郎兵衛季長
生年二十九

忽必烈又派出更多使节到日本游说，但都无功而返。

到1279年为止，元军已经征服中国南方，这使得忽必烈手中掌握了宋朝所有的陆军和规模巨大的海军。由此，他立即下诏，让汉人建造600艘战舰。眼见元军再一次远征日本似乎在所难免，摄政王北条时宗下旨沿着九州北部的海岸线建造防御工事。侍武士们不得不根据自己的财富多少来捐助这一工程。许多被召集来执行这一任务的九州侍武士并非御家人，而是独立于幕府的平氏旧部武士。这个防御工事是由土和石块建造而成，有2米高，建造在一个3米厚的基座上。这与中国的万里长城不可同日而语，却足以抵挡外部进攻者，特别是元军骑兵，可阻止他们

九州博多湾海滩的防御墙遗迹。这些防御工事在历史上曾绵延20公里。它们的建筑结构各有不同，一段完全由石头建造而成，另一段可能就变成在两块石料镶面间填入沙子堆砌而成。

平安末期到镰仓时代，侍的家臣在战斗中携带前进的木质活动掩体的复原物。侍可以在掩体之间的空隙处射箭。

极力从登陆海滩向内陆进军。

忽必烈的军队分为东路军和南路军。前者由 900 艘船只和 2.5 万名蒙古族、高丽和汉族士兵以及 1.5 万名水手组成，于 1281 年 7 月在高丽东部登陆。南路军舰队（大概是东路军舰队兵力的 4 倍）打算在壹岐岛附近与东路军舰队汇合。后来，东路军再次在对马岛和壹岐岛

1281 年，在反击元军第二次远征日本的行动中，竹崎季长路过菊池武房守卫的九州新建城墙的前方。据记载，竹崎季长告诉菊池二郎隆英，他准备攻击敌人的舰船，然后请求菊池，如果菊池能活下来，请告诉自己的将军，竹崎季长战斗英勇。这幅卷轴画是为竹崎季长所作。竹崎季长想要镰仓幕府嘉奖他的战争功绩，因此要求画师展现他的勇猛。最终，该画在那些实际参加过这场战役的侍们的监督下制作而成，所以它是了解那个时代的武器和铠甲的可靠依据。(《蒙古袭来绘词》，源自宫内厅博物馆）

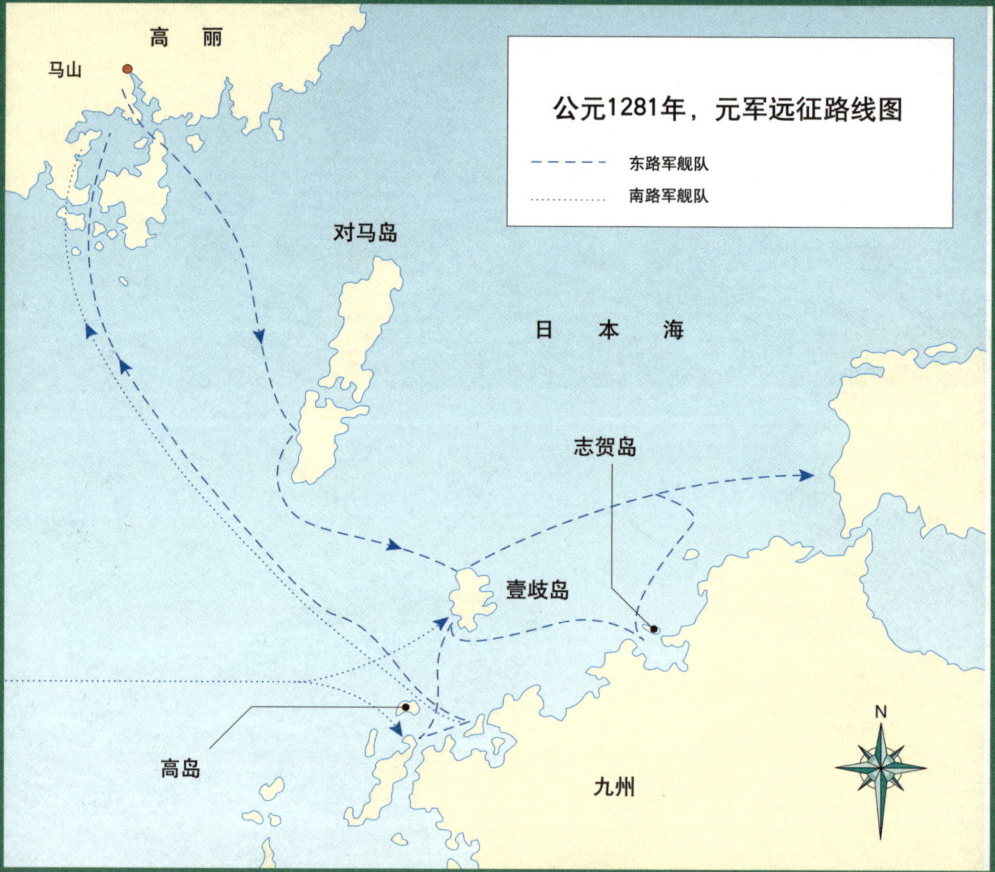
公元1281年，元军远征路线图
东路军舰队
南路军舰队
高　丽
马山
对马岛
日　本　海
志贺岛
壹岐岛
高岛
九州
N

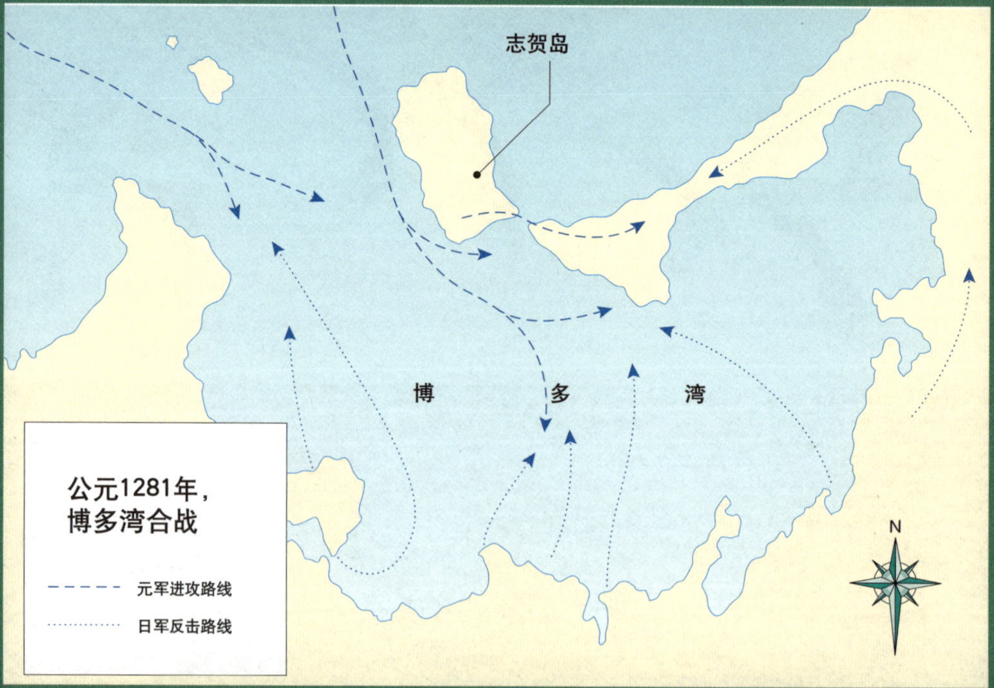
志贺岛
博
多
湾
公元1281年，
博多湾合战
元军进攻路线
日军反击路线
N

登陆，但没有等待援兵就继续前进，本来想要在位于博多港北部狭长水域一侧的志贺岛[10]登陆，却遭到守护[11]大友赖泰和安达盛宗麾下士兵的顽强抵抗。元军建立滩头的行动受挫后，就停泊在近海处，夜以继日地遭到轻艇中的日本士兵的持续攻击。这些日本士兵组成了勇猛的登船部队，并点燃了多艘战舰。

元军的东路军舰队向西来到平户附近的高岛，认为那里的防守比较薄弱。后来，元军停留在高岛附近，补充给养，治疗伤员，却进一步遭受恶劣天气的打击。7 月的日本是雨季，船上闷热、潮湿、促狭的环境使得口粮开始腐烂，3000 名元军因为持续无望获胜的战争而备受挫折，士气低迷，最终死于疾病。该舰队成员在腐烂、发臭的船只上待了 1 个月，等候南路军舰队的到来。

8 月中旬，两支舰队最终在壹岐岛附近汇合，然后继续向九州岛开进。一支日军从博多港出发，并在 8 月 19 日和 20 日的整个夜间不断对元军的舰船发动破坏性进攻。8 月 22 日，元军南路军舰队登陆的企图，遭日本人所谓“神风”影响而被挫败。这次“神风”其实就是台风，致使元军约 4000 艘船只沉没，3 万人溺死。而元军在平户的东路军舰队完好无损，未遭受太严重的打击。此时，元军将领们就是否继续远征而争吵不休。大部分东路军的蒙古将领要求继续前进，但南路军的汉族将领却不愿这么做。后来，汉族将领转移到一艘安全的船只上，离开了大军，返回中国。数以千计被留在高岛上的元军遭到侍的追击。所有蒙古和高丽士兵都被歼灭，但汉族人却没有被处决。

这次远征日本之后，忽必烈还策划了几次进攻，但因为汉族和越南臣民的叛乱活动而分心，都无果而终。后来，他下令在高丽供养一支军队，却因为大量的逃兵而不得不放弃该计划。40 年的时间里，忽必烈一直想要征服这座“金岛”，可一直未能实现这一梦想。

侍的武器：弓箭

侍所使用的武器中，弓箭一直排名第一，原因在于武士最早成为重要阶层时，成为一名卓越的弓箭手一直都是侍的首要素养。正如前文所述，侍武士最早出现在历史上时，就被描述为“用弓者”。

最古老的弓是用梓树、山锦木和榉树的树枝制作而成。这些弓的力道不是很大，所以被做得很长，以便使其投射力量最大化。即使是平安后期，多数弓仍然由这些材料制成。

然而不久后，日本引进了一种改良技术。刮掉弓材弯曲（弓背）的前表面，然后黏上竹条，这一做法都可以使弓更有弹性，力道更大（这种弓被称为“附竹弓”）。后来，不出意料的是将木棍夹在两片竹子中间（被称为“三枚击弓”）。但这不过是改进过程的开始。即使是胶黏复合弓[12]，在使用数年后也会轻易折断，所以工匠会使用藤条缠

侍骑射后的瞬间。弓箭手在奔跑的马背上射箭时，身体绝对不能左右摇摆。

绕弓材来加固（如斗卷弓、四击弓）。弓的长度不一，在 71 至 98 英寸（180 至 250 厘米）之间。四击弓是不对称的，握把上端有 36 圈藤条加固，握把下端有 28 圈藤条加固，后来又出现了上下藤条数相反的弓。从理论上来说，藤弓被涂上漆，弓弦不能是白的，实际上藤条加固后的弓有多种不同样式。

战国时代，战争方式的改变使得弓的长度开始缩减。侍会组织一些受过训练的非侍阶层的徒步弓箭手。这些弓箭手使用一种更短的武器，以便于操控。最后，弓材被缩短到 78 英寸（198 厘米），用 5 圈藤条来加固，两圈间均保持 1 尺 [13] 即 11.8 英寸（30 厘米）的间隔。

力道更大的复合弓由胶黏合在一起的木条和竹条制作而成。据记载，这种弓平射的精确射程为 33 间 [14]。这个距离和三十三间堂 [15] 的长廊一样长，每年那里都会举行一年一度的节日活动，参与者必须沿着堂外长廊向目标射箭。

箭的长度都是用拳头和手指的宽度作为计量单位的。据记载，最长的箭有 23 拳 3 指长，平均是 12 拳，当然拳头的尺寸也长短不一。这些箭有三到四个矢羽 [16]。箭头不同的形状反映了它们既有目的 ：穿甲箭，可射穿铠甲 ；破盾箭，可穿透盾牌 ；断甲箭，可切断编甲索 ；大创箭，可造成更大伤口等。古代中国的响箭，后来被引入日本，被称作“芜菁”，其箭头被挖空，以便在空中穿行时可发出响声。如果它们击中敌人的头盔，就会造成脑震荡。当然，这种镝矢主要用在仪式性活动中。交战开始时，侍将领可以向敌人射箭，借以宣战。（他们在元军远征日本时就是这么做的。理所当然，务实的元军对这一仪式嗤之以鼻。）

古代日本人相信，诸如刀和弓这类武器，除了杀人外还有特殊的精神作用。侍和同时代的中世纪欧洲贵族一样迷信。皇室中，夜间守卫要带弓，乡间巡逻时守卫也会拉响弓弦，据说这样可以驱邪。

弓弦最早是用一种苎麻制作而成，但后来却改用汉麻制作。侍总是携带一到两根多余的弓弦，将其卷好挂在身体的左侧。上了漆的弓弦总

日本武士使用的一种竹编的矢箙[17]。

左右两图展示的是流镝马[18]练习——骑射学校的科目。无论是骑射练习还是真正的表演中，骑士都要在腰带后部插上 3 到 4 支箭，以便可随时像从箭袋中抽箭一样方便。骑士必须在 200 米的骑行距离中射中 3 个目标。

是与上了漆的弓一起使用。

骑射时，弓的有效射程在 33 到 50 英尺（10 至 15 米）之间。穿盔甲的侍如果被箭射中身体的裸露处，就会死亡。为了保护他们不受弓箭袭击，日本人发明了大铠。当然，历史中也记载了一些极富传奇色彩的优秀弓箭手。平治之乱期间，卓越的弓箭手源为朝在守卫皇室时用箭射穿敌人胸膛，令其当场毙命。还有一个故事说，源为朝在战场中吃了败仗，被流放到一个岛上。敌人畏惧他的勇猛，派一队人马追杀他，他却用大弓向敌人的船只射箭，竟然射沉了那些船只。（无论这个传说是有夸大之嫌，还是完全虚构，仍可说明人们对弓箭强大射击力的敬意。）

用于流镝马的马匹。今天，日本的马都源自欧洲纯种马。而日本本土马被称作“木曾驹”，只在某些特定地区才有。在流镝马的表演中，很少会使用纯种马。因为它们跑得太快，弓箭手根本来不及射中 3 个目标。

流镝马行家金户家宣是镰仓武田学校校长。在黑泽明的电影《七武士》中，他曾展示精湛的马上箭术和矛术。

弓和箭。前景里是一把四击弓，因为缠有削制的细藤条而使得力道更强。所有这些用于练习的箭支都有芜菁或镝头。

注释

[1] 禅宗，因以参究彻见心性的本源为主旨，亦称佛心宗。它并非印传佛教，而是中国化后的佛教，主张顿悟法要“见性成佛”，传说创始人为菩提达摩。

[2] 日莲宗，日本佛教的主要宗派之一，由日莲上人在镰仓时代中期（约 13 世纪）创立，总本山位于身延山久远寺。

[3] 高丽人，即朝鲜人，我国宋元时期把今天的朝鲜、韩国称为“高丽”。

[4] 对马岛，位于日本与韩国之间的朝鲜海峡中部，距朝鲜半岛约 50 公里，南北长 82 公里，东西宽 18 公里。

[5] 壹岐岛，日本长崎县岛屿，位于对马海峡中九州北方玄界滩，古称伊伎岛，是日本国土中最初的“大八岛”之一，在中国《魏志倭人传》中被称为“一支国”。

[6] 守护代，是日本中世纪武家政治体制下，令制国守护的代理职。在战国时代“下克上”、幕府权威衰落、武家上层体制丧失约束力的背景下，许多守护大名家的重臣以守护代名义揽权，实质掌控所在令制国。

[7] 博多港，位于日本九州的西北博多湾内，邻福冈市。

[8] 响箭，是日本封建社会的侍阶层经常使用的一种弓箭，射出时会发出声响，因其箭头上有一个被掏空的球茎状鹿角或木块。

[9] 宫内厅，日本政府中掌管皇室事务的机构，旧称宫内省、宫内府。

[10] 志贺岛，位于日本九州福冈市东区博多湾。

[11] 守护，封建时代的日本的一种官衔，由护国大将军任命，负责管理一个或一个以上的令制国。

[12] 复合弓是古代的一种武器，由复合材料制成，世界各地用材各异，在东亚是用混合的木条、竹条和骨条等制作。

[13] 这里指日本的一种长度单位，1 尺相当于 30.3 厘米。

[14] 间，日本建筑的传统长度单位，指两柱间的距离，约合 1.818 米。这一名称在引申后，亦可用于服饰、盔甲等中，表示两条线间的距离。

[15] 三十三间堂，京都莲华王院的正殿，以供奉一千尊观音雕像而闻名，日本国

宝，京都最著名的古寺院建筑。主建筑物呈长方形，长约 60 米，因内有 33 个以梁柱隔开的空间而得名。

[16] 矢羽，是箭尾巴上的羽毛。

[17] 箙，原指装箭支的袋子，后引申为装箭支的器具，可用不同材质制成。

[18] 所谓流镝马，指骑在奔驰的骏马上朝目标射箭的运动。据传，其始于镰仓时代的源赖朝。祭典期间，他为祈求国泰民安，而举办了这一活动。

第6章

镰仓幕府倒台和皇室复兴

在元军远征日本后，幕府以保卫国家的名义加紧了对九州侍的控制。以前，九州侍并不直接受镰仓幕府的控制。但在反击元军的战争中，他们自愿加入幕府军，不仅为了获取短期回报，也打算与幕府建立联系以长期获利。值得注意的是，成为幕府军核心力量的少数关东御家人，在危机期间加入了守军；有些御家人将追随自己的分遣部队派往九州，试图浑水摸鱼。

1281 年，在元军远征日本后，幕府的权力到达巅峰。在北条家族的摄政之下，幕府政权成功地扩张到了九州，并且对京都贵族进行有效的监督。但是，较小的御家人家族却仍然穷困潦倒。反击元军的战争耗尽了幕府的财富，但没有带来任何战利品，胜利的回报甚微或几可忽略不计。侍如果被要求加入幕府军队，就必须要拿出自己的财产来分给家臣，一旦战后没有得到任何回报，财富不多的侍家族可能面临破产的风险。为了避免这一危机，幕府发布一道特殊法令，不允许面临破产的侍

摘自《法然上人全集》的这幅画描绘的是镰仓时代的一场战斗。法然上人[1]是侍漆间时国的儿子。他年轻时，敌人攻击了他宅中房屋，他的父亲受了致命伤。临死之前，父亲敦促他不要寻仇，因为仇恨只会衍生仇恨。法然后来建立了一个新的佛教派别，该派别笃信如向南无阿弥陀佛祈祷，任何人都可升天。15 世纪，其分支净土真宗[2]的运动在莲如[3]领导下具有很大影响力。（图源：知恩院）

家族抵押自己的土地，并免除了他们之前的债务。事实上，这一缓解危机的法律却变成了侍的灾难，自此之后，没有放债者敢借钱给贫穷的侍，因为担心政府会下令免除侍的债务。

恶党的出现

在近畿（京都和大阪地区），一群被称作“恶党”的强盗登上历史舞台。这些强盗包括僧人、寺僧、罪犯、破产的侍以及无业的雇佣兵。最初，他们被描述为穿奇装异服者，诸如：着女性和服，不戴典型的侍阶层正式的乌帽子；刀插在褪色的刀鞘内，行程隐秘、不为人知。多个20至30人组成的此类强盗组织，开始攻击放债者或仓库。

近畿地区有诸多大寺庙，富可匹敌天皇。庙宇和庄园采邑之间通常因为边界纠纷而相互争斗。一般来说，根据长久以来的习俗，幕府不会介入这些争斗。但是，与寺庙关系紧密的恶党会乘坐圣车，靠近皇宫提出要求，却无人敢阻拦，因为害怕受到佛祖神明的惩罚。有时，他们甚至会强行闯入天皇的宅邸。

对实力雄厚的寺庙或富裕的庄园主而言，这些强盗大有用武之地，他们会被雇佣作为私人护卫。但对于幕府来说，他们只是一些亡命之徒。因此，幕府经常下令，要求令制国的行政官对恶党实施控制。据推测，幕府计划进攻高丽港口以反制元军的准备，就是打算抓住日本所有的恶党，然后将他们作为远征军送往高丽，可这一想象中的行动计划却从未实现。[4]

几年后，这些强盗已经形成了有序的组织，受雇于大寺庙，有时甚至受雇于令制国地头[5]。他们穿着耀眼的衣服和镶着金边、闪光的铠甲，大摇大摆地走过街道，无视任何传统权威。对他们来说，钱才是最重要的。

镰仓时代，身穿腹卷铠甲的步兵。图中杏叶板[6]护肩符合历史原本的位置。

镰仓时代，身着军营服饰的侍。

镰仓时代，步兵在箙（箭袋）里携带着镝矢[7]。

1284年，摄政王北条时宗逝世，但幕府却又受困于另一场内斗。当时，支持北条时宗的儿子北条贞时的平赖纲[8]除掉了一个名叫安达康盛的封臣。这次事件之后，幕府的会议协商制被废除，北条家族的公开独裁统治拉开帷幕。此时，幕府的权力超越了京都贵族，宫廷制度真正面临灭亡。

13世纪初，承久之乱发生后，幕府设立了一个管理治安的职位六波罗探题[9]。其机关位于六波罗[10]，负责监督京都政权和皇室，但原则上幕府不得干涉皇室贵族的争斗。可是，神明寺派和真言宗大觉寺派之间曾爆发有关皇位继承的激烈争斗。后来，幕府从中调停，使得双方同意由每个宗派轮流选出登基的天皇人选。

1318年，后醍醐天皇登基组建新政府，颁布多项法令，改革过时体制，因勤政而闻名。他曾秘密号召各令制国的侍推翻幕府，但这一图谋很快暴露，他因此被流放到隐岐群岛[11]。1333年，楠木正成[12]响应后醍醐天皇的诏令，发动叛乱，反抗镰仓幕府。令人意外的是，后醍醐天皇居然与诸如楠木正成这类下层侍武士有联系，而那些支持楠木行动的人最初都被怀疑是恶党强盗。也许后醍醐天皇认为，只有与这些社会底层建立稳固联系，才能改变侍武士的世界。[13]

无论楠木正成是否是恶党的首领，但可以肯定的就是：他是位金刚砂粉商贩，通过经商致富，而他所使用的并非传统的侍阶层战术。他在山间建造过一个要塞，设置了多个陷阱来保护该要塞，他曾在那里驻守了一段时间。一旦他判定，一场战斗是针对他的，就毫不犹豫地逃离战场。他通常还会使用游击战术，在要塞被攻克后，他就会消失，然后在其他地方出现，继续战斗。后来，越来越多的侍开始响应天皇的诏令，攻击幕府。1333年，源赖家的一个后裔足利尊氏[14]受幕府之令，剿灭京都的皇家军队，但最后他却倒戈，剿灭了幕府在六波罗的治安组织。

新田义贞[15]率领自己在上野国（关东地区）供养的一支军队，挺进镰仓。他并非出身名门侍族，但据推测，他的祖先属于源氏一脉。因为北条氏源自平氏，所以他此举可能意在重振源氏，也可能他只是想要扬名立万。北条家军对新田义贞军队的进攻实施了反击，却输掉了所有的防卫战。1333 年 5 月，镰仓被包围。

在镰仓的最后一战中，最后的摄政王北条高时[16]自杀，镰仓幕府在统治了 150 年后灭亡。但是，北条高时的儿子北条时行却死里逃生……

后醍醐天皇返回了京都，建立了新政府，他的政策是要复兴平安时代的旧制度。尽管他任命了国司，即令制国税收官，但前任幕府所任命的军事统领或地头势力过于强大，无法被废除。最后，就出现了两个并行的政治体制同时存在的局面，这对任何阶级来说都无法接受，除了贵族阶层。另外，摧毁六波罗治安组织的足利尊氏并未在新政府中谋得一份意料中的职位，而许多贵族却得到了天皇的奖励。不出所料，这一政策在侍阶层中引发了不满。

后来，北条高时的儿子北条时行在长野发动叛乱，而足利尊氏（自称“征夷大将军”）率军将其镇压。完成任务后，足利尊氏没回京都，也没服从天皇诏令返回。他待在镰仓以扩大自己在关东地区的影响力。后醍醐天皇认为这是一种叛乱行为，派出新田义贞前去镇压，以维护天皇权威。但结果，新田义贞却被足利尊氏打败。之后，足利尊氏旋即前往京都，驱逐天皇，占领了整个京都城。但是，奉了天皇旨意从东北地区追踪足利尊氏的北畠亲房[17]率领了一支军队逼近，足利尊氏不得不逃往九州。

在不到 3 个月的时间里，足利尊氏重建军队，在九州建立自己的权威。后来，他再一次从西面挺进京都。1336 年 5 月，他在湊川[18]打败了楠木正成和新田义贞的军队。不久之后，足利尊氏陪同孝元天皇[19]进入京都，后醍醐天皇逃往吉野（今奈良）。此后的大约 60 年时间里，京都和吉野两个敌对的皇室同时存在。所以这一时期，即 1336 至 1392 年，被称作“南北朝时代”。

楠木正成麾下的侍举着后醍醐天皇的旗帜。（图源：京都时代祭）

楠木正成，一位南北朝时期的保皇派人士。他追随后醍醐天皇，但最后在凑川被足利尊氏击败。

僧 兵

在日本的历史上，除了侍之外，还有另一种武士阶层。他们都被称作“僧兵”，效忠于大寺庙，也是重要的土地所有者。他们不仅为寺庙而战，也为了自己的利益而战。此类军队有时被简单地称作“武僧”，但这个词无法精准传递出其本质内涵。他们大多供职于庙宇，也有少数是在庙宇中寻求庇护的无业者。

平安时代后期，诸如京都的兴福寺和延历寺这类大庙宇权势滔天。他们想当然地认为自己应该享有特权，有时还会通过蛮力来维护特权，或者寻求更多的特权。理论上来说，他们之间的纠纷由政府调停解决，但寺庙仍然会保存自己训练的军队，如果判决对自己不利，他们会毫不犹豫地袭扰政府甚至天皇。例如，纷争中，他们通常会夺取圣庙或进攻贵族宅邸。在那个时代，大多数人都十分迷信，绝不敢直接违逆神的旨意。因为寺庙的军事实力超过了京都政府的治安力量。比如，后白河上皇曾在宅邸保留了一支 40 人的私人侍武士护卫，被称作“北面武士”和“西面武士”。他们可以在转眼间毫不犹豫地将箭射向逼近的寺庙军队，包括圣车。当然，纠纷解决之后，后白河上皇会下令惩罚担负相关责任的侍。不过，这种让步只是为了安抚寺庙，侍却认为这一做法不公而记恨于心。

当时，有个名叫弁庆[20]的武僧成为源义经的主要家臣。他常常头戴蒙头斗篷，僧袍下穿着胴丸甲。尽管此类寺庙兵士经常携带不同寻常的武器，诸如斧头、锤子或锯子，但他们最喜欢用的武器是薙刀（一种长柄刀）。

16 世纪的战国时期，根来寺[21]的僧人因为他们的火绳枪连而闻名。自 16 世纪 40 年代，葡萄牙人首次将火绳枪带到日本。几年后，有三个区

京都延历寺的僧兵。这座寺庙拥有一个强大的军事组织，寺内的武僧有时会向首都进军，以逼迫政府满足自己的要求。（图源：知恩院）

域成为日本国内著名的火绳枪生产地：西下、根来和国友。这些地区以前都以铁制品的生产和贸易而闻名，此时它们不仅生产火绳枪，还向极具战力的雇佣兵供应武器。这个隶属于根来寺的火绳枪连——“根来宗”或“根来人”——在1585年被丰臣秀吉[22]剿灭，在此之前，事实已证明他们多年来一直是丰臣秀吉的眼中钉。

另一个与僧兵截然不同的重要宗派团体是山伏[23]。这些人都是役行者[24]的追随者，建立了敬畏山脉的佛教派别。这些人与世隔绝地生活在山区中，然后在全日本的山路中游历。因为他们提供了一种“地下”交流方式，所以他们受雇于令制国的军阀，成为信使。他们中的有些人成为职业间谍——忍者[25]。无论是僧兵还是山伏都不被看作侍，尽管他们中的有些人后来成了侍，但仍被认为是地位更低微的侍武士。

南北朝时期，配备一种长刀的僧兵或武僧。这种长刀，如果没有同僚的帮助，根本无法被拔出。

注释

[1] 法然上人（1133—1212），800多年前的东瀛高僧，被当时佛教界誉为智慧第一，传说是大势至菩萨的应化身；依据弥陀化身之善导大师的净土思想而亲自开创净土宗，现今日本净土法门之各流各派皆源自法然上人之净土宗。

[2] “净土真宗”的意思是“净土教理的精髓”，日本佛教最大宗派，由僧侣亲鸾（1173—1263）创立，是净士宗的几大分支之一，亦称“一向宗”。

[3] 莲如，日本本愿寺第八世主持，1415年生于日本京都，亲鸾之十世孙，明应八年圆寂，著有《正信偈大意一卷》《御文五帖》《真宗领解文一通》等。

[4] 见海津一朗的《抗元记》。——原注

[5] 地头，是日本镰仓幕府和室町幕府时期管理庄园的官职。平安末期已有此称呼，指开拓土地的地主。1185年，源赖朝奏请正式设置这一职务，遂成为制度。其任免权属于幕府，有管理土地、征收年贡、维持治安并一度兼收兵粮米的责权。从南北朝起，其逐渐成为守护的家臣。

[6] 杏叶板，一种叶形防护部件，通常被固定在日本侍武士的胸甲垫肩处。

[7] 箭主要分为征矢和镝矢两类。古代作战时，镝矢一般用于发号施令（下令冲锋等时）。镝矢又名锋镝、箭镝、镝箭、流镝矢、响箭，带有三个小洞的箭头，射出时会发出响声，也叫鸣镝。

[8] 平赖纲，镰仓幕府时期官吏、将领，北条贞时时代作为北条得宗家的内管领而拥有极大权势。

[9] 六波罗探题，是镰仓幕府继京都守护之后，在京都的六波罗一地所设的行政机关首领，主要的任务是监视朝廷、统辖西国的御家人。此官职原本只称为“六波罗”，镰仓时代末期才开始加上佛教式雅号，变成“六波罗探题”。由于镰仓位于日本关东，而当时的京师在关西，所以六波罗探题相当于镰仓幕府在西日本的代表，位高权重，历来皆由掌握幕府实权的北条家指派族中才俊出任。

[10] 六波罗，是位于日本京都市鸭川东岸，五条大路至七条大路一带的地名。公元951年僧侣空也在此建立西光寺，后改名为六波罗蜜寺，故此地也开始被称为“六波

罗”。11 世纪时，平忠盛曾在此建立六波罗馆作为平家的根据地，该馆开始成为京都武士的主要住所。1167 年，平清盛取得太政大臣之职，官邸就设在六波罗，在那里发号施令，所以平氏政权又称为“六波罗政权”。

[11] 隐岐群岛，位于日本濑户内海，面积 346.13 平方公里，隶属于岛根县隐岐郡，亦称隐岐岛。

[12] 楠木正成（1294—1336），幼名多闻丸，明治时代起被尊称“大楠公”，为镰仓幕府末期到南北朝时期著名武将，在推翻镰仓幕府、中兴皇权中起了重要作用。

[13] 见网野善彦的《再次解读日本中世祖》。——原注

[14] 足利尊氏（1305—1358），镰仓时代末期至南北朝时期的武将，室町幕府的第一代征夷大将军。镰仓幕府灭亡后，由后醍醐天皇赐名为“尊氏”。

[15] 新田义贞（1301—1338），幼名小太郎，正式名为源义贞。镰仓幕府末期到南北朝时期之名将。曾经辅佐后醍醐天皇，灭亡镰仓幕府。但后被足利尊氏打败，自刎而死。

[16] 北条高时（1303—1333），出身于北条氏得宗家。第九代执权北条贞时的第三子，日本镰仓时代镰仓幕府第十四代执权。

[17] 北畠亲房，日本镰仓时代后期、南北朝前期公卿，曾著有《神皇正统记》，后醍醐天皇近侍后三房之一。

[18] 凑川，日本古地名，即今天的神户。建武政权时，足利尊氏迎战新田义贞和楠木正成的战役，因战于凑川，史称“凑川之战”。

[19] 孝元天皇，日本第八代天皇，在《日本书纪》中被称作“大日本根子彦国牵尊”，在《古事记》里则名为“大倭根子日子国玖流”，其生平已无法考证。

[20] 弁庆，即武藏坊弁庆，平安时代后期人，日本武僧，曾效力于源义经麾下，勇武过人，为人忠诚，是日本民间故事中的经典人物。

[21] 根来寺，位于和歌山县那贺郡岩出町，号“一乘山大传法院”。

[22] 丰臣秀吉（1537—1598），原名木下滕吉郎、羽柴秀吉，是日本战国时代、安土桃山时代大名、天下人，著名政治家，继室町幕府之后，首次以“天下人”的称号统一日本的战国三杰之一。

[23] 山伏，也称修验者，日本修验道行者的统称。又称山卧、行者。指为得神验之法而入山修行苦练者。

[24] 役行者，是修验道的开山始祖，也被视为忍者的元祖，修验道的修行者——山伏即忍者这一说法，也是自古就存在的。

[25] 日本特有的一种古代职业，“忍”即“隐”，有汉语“隐忍”之意。简单的解释就是，在古代日本，一种受过特殊机构施以“忍术训练”而成的特战杀手、特战间谍。其正式名称确定于江户时代。像日本武士信奉武士道一样，忍者也遵循一套引以为荣的专门规范。

第7章

室町幕府

1338年，足利尊氏被任命为征夷大将军，并在位于京都郊区的室町建立了自己的幕府，“室町幕府”就是这个持续250年的政权闻名历史的名字。

该政府的组织结构与镰仓幕府类似。日本再次处于由重要的家臣和御家人支持的军事独裁政权的统治下。1349年，足利尊氏的弟弟足利直义[1]和侧近高师直[2]开始相互残杀，最终双双毙命。这一插曲过后，日本进入了相当长一段时间的稳定期。这段时期是日本比较富庶和繁荣的时期，贵族阶层修建了很多雄伟的宫殿以及带庙宇和花园的宗教场所，让京都美不胜收。

到第三代室町征夷大将军足利义满[3]统治时期，幕府的政治和军事组织的稳定性在足利家臣中的三个主要家族：细川家、畠山家和斯波家的支持下得以确保。在他们的支持下，征夷大将军逐个击破了多个权力至高无上的令制国守护大名[4]——这些令制国的行政官都十分富足，

镰仓时代，穿戴全套大铠的侍，其大铠的一部分覆盖着彩色的装饰板。

室町时代早期的大铠。连缀铠甲的绪是白色的。袖的边角和草折（裙甲）用紫色、黄色、浅绿色和红色绪连缀，形成三角形状——从平面细节图中，我们可以看见非白色绪的纹理图案。（图源：笹间良彦博士）

南北朝时期，多重装饰的大铠。这件铠甲属于陆奥令制国（今青森县）的栉引八幡宫神社所有。

成为独立的封建领主。1394 年，足利义满最终将吉野和京都的两个王室融合在一起，条件是必须从神明寺派和大觉寺派中轮流选出天皇。（早在 1 个世纪之前，镰仓幕府曾经斡旋制定了类似的协议，当然该协议并未被兑现。）自此之后，在室町幕府的影响下，只有之前的北部（京都）皇室才有资格加冕天皇。

1392 年，在切实废除了南部（吉野）皇室后，足利义满正式从征夷大将军和太政大臣的职位上引退。他在京都的北山为自己建造了一座宅邸（其遗址就是今天的金阁寺）。他在这个宅邸中引退，实际上仍然控制着政府。

镰仓幕府的统治下，虽然日本遭元军征伐，但元朝和日本之间的官方贸易往来从未间断，日本也进口了大量的元朝货币。镰仓幕府后期，日本海盗开始在高丽和中国海岸线附近劫掠。这些倭寇（海上恶党的一种）大都是九州北部、壹岐岛、对马岛、五岛列岛[5]的一些造反的渔民、侍和岛民，他们常伙同一些高丽人和东南亚人，给高丽海运和海港都市造成了极大的损失。自 1382 年元朝覆灭后，洪武大帝朱元璋建立了明朝，并要求幕府镇压海盗。为了应对这一形势，足利义满禁止了倭寇，九州国司今川了俊[6]将成千上万的囚犯押回朝鲜半岛。九州的许多领主也照样学样。倭寇逐渐减少后，足利义满派使臣前往明朝，要求成为明朝的附属国。明朝由此加封他一个中式头衔“日本

一套大铠图。这种构造比欧洲的板甲[7]更易于打包和运输。连缀甲片的绪颜色渐变，具有多种色调和图样，是这种铠甲的典型装饰特征。

王”。至此，他想要成为融合贵族阶层和侍阶层的统一权力机构首领的雄心已然实现。

足利义满与明朝签订了两项重要的协议。作为对明朝天子朝贡的回报，他被赐予了许多礼物，并且一直得到各种赏赐。更为重要的是，他为日本船只取得了必要的通关许可证，这些是任何外国船只进行官方贸易访问的必需品。足利义满的儿子足利义持[8]认为，这种朝贡和礼物交换对日本来说是一种羞辱，于是中断了这一过程，但他的继任者足利义教[9]很快恢复了这一习俗。无论是征夷大将军还是日本的商人和大名（藩国领主），都从与中国的贸易中赚取了丰厚利润。当时，日本从中国主要进口铜币、羊毛、书法和绘画作品，出口剑、硫黄、铜币和漆器。

许多野心勃勃的人慢慢淡化了对室町政权的报复之心，但从镰仓后期起，令制国的守护和地头——整个国家政府中的军事代理人、司法代理人和财政代理人——变得越来越有权势。这些官员与当地的御家人、非御家人的侍以及有组织强盗集团头目往来密切。这些既握有政府官员的权力又拥有大地主私人财富的人，被称作“守护大名”，他们也构成了幕府的咨询团体。贪婪使得他们提出减免税赋的请求，而拒绝这些请求会在贫穷的令制国中引发更多的骚乱。单独的叛乱活动，通过雇佣当地富家的侍就足以镇压，这些侍被称作“地侍”[10]。地侍是从富农中挑选出来的行武之人，但在整个15世纪的上半叶，这种税赋压力却越来越大。

幕府直接拥有约50片较大的庄园，一直依赖这些庄园税收的支持。幕府征收商业税和商品流通税的同时，还继续对稻田、土地财产和房屋征税。随着货币经济的发展（与征收米税截然相反），幕府政权也对清酒生产者和大货栈所有者征税，因为他们也与放债者一样拥有类似产业。

室町初期，随着农耕工具和方法的发展，农业生产率得到提高。庄园（采邑土地）瓦解的过程也解放了那些一直附属于主人的农民，一种相对自由的商业形式逐渐出现在农村地区。农民阶层在当时被称作“下克上”（下层推翻上层）的社会运动中发挥了自己的作用。

镰仓末期，一名侍手持一把薙刀。他的脚略微后移，以便更好地控制马镫。

鹿苑寺[11]（亦称金阁寺）中的金阁，由足利义满将军在14世纪末修建。室町时代，足利政权对皇室有绝对控制权，足利将军被看作日本之王。由于侍与贵族风格出现了融合，室町时代呈现出独特的文化特点。茶道和能[12]的表演都在这个时代富裕的侍或军阀支持下得以发展。

镰仓时代，马匹从地面到肩膀的平均高度只有 130 到 140 厘米。侍喜欢骑野种马，因为它们在战斗中踢蹬和撕咬的能力极强。

公元14至16世纪的铠甲：胴丸和腹卷

早期时，下层侍常穿戴胴丸和腹卷[13]风格的胸甲。据说，早在大铠风格的胸甲首次出现在历史记录中时，胴丸已经存在。胴丸是一种从右侧束扎的薄片状铠甲。其草折（裙甲）与大铠的不同之处就在于它被分成8片，活动起来更为方便。胴丸的存在说明，步兵已经在平安时代的战争中发挥了非常重要的作用。平安后期，即12世纪80年代，源氏和平氏间的源平合战中，这些低阶的家臣在穿戴胴丸甲时都不穿较大的袖或披膊。为了避免在使用刀和薙刀等长柄武器时存在困难，他们反而会穿戴成对的杏叶板——一种较小的甲片，因形似杏叶而得名，并将其从锁骨上垂下来。因为胴丸比大铠更轻，一些领导阶层的侍也喜欢这种铠甲，他们会在外衣内穿着这种铠甲，就像一种“防弹背心”。

镰仓末期（14世纪早期）和南北朝后期（14世纪中期至末期），战术出现改变，笨重的大铠显然已经过时。上层侍开始在战场上穿戴胴丸甲和大铠风格的袖和笼手[14]。镰仓时代，步兵还穿戴着较小的杏叶板。但到南北朝时期和室町时期（14至16世纪），步兵更钟爱带有较大袖的大铠风格的甲胄。在这种情况下，杏叶板被移到腋窝前部，然后在此处附上旃檀板和鸠尾板。这个时期还引进了喉轮或颈甲板，以及面铠或面具。铆钉外露的头盔，因为表面容易吸附敌人武器而被换成了筋兜[15]，仍然保留放射状的分段结构，但铆钉头被磨平，且涂上油漆。

腹卷甲与胴丸甲的制作方式相同，但不在右侧束扎，而在后面束扎。这类铠甲形式更加简单，也更廉价。早期的腹卷甲穿着时后背处开着，但很快就用一种与草折板宽度一样的薄片板闭合。腹卷从来不是一种主流风格的铠甲，但其生产一直持续到江户时代（19世纪中叶）。

南北朝时期，为了让铠甲的制作更加简单，工匠会用皮革来覆盖铠甲。这种裹革风格使得工匠重复使用从许多损坏的铠甲上拿下来的札片，覆盖的皮革可以掩盖不匹配的补丁。

色糸威腹卷——一种带有彩色绪的腹卷胸甲。从后面来看，因为铠甲束扎处还有加固，所以是完整的——这被称作“臆症板”或“懦夫板”，前提是真正的侍武士绝对不会将背部转向敌人。（图源：弘前神社）

烟熏皮革腹卷——带有烟熏皮革的腹卷。该腹卷由前后两片立举即躯干部件以及7片五间式草折组成的裙甲构造而成。有如此多的腹卷覆盖着皮革的原因在于，战国时代对于铠甲的需求不断增加，而须重复使用已损坏铠甲中的甲片——如果放在皮革下面就不会被看到。（图源：东京国立博物馆）

南北朝时期（1336—1392），战斗风格出现改变。战斗通常发生在高地要塞周围，在那里骑马的侍毫无用武之地，而更轻便灵活的胴丸铠甲开始代替大铠。上右：为了便于徒步战斗，铠甲变得更短，作为主要武器的弓箭被更适合面对面战斗的武器所替代；图中侍有一个很大的木质杈杖，用钉子加固，其头盔上有一个高耸的鹿角状冠饰，即锹形立物。上左：这是一种非常长的刀，攻击范围更广，可以两手使用从而攻击力道更大。上左和下右：他们都穿着腹卷甲，后背的开口处由一块从脖子到臀部的背板加固；膝盖上方和下方都穿有护腿和护胫套；头盔的护颈呈水平角，以保护肩膀的顶部。下左：这位男随从拿着一个长柄勺，为主人的马喂水，从头型可以看出他还没有成年。（图源：笹间良彦博士）

穿戴胴丸图——里衬和大铠一起穿。上右：穿上胴丸，披上袖。下左：叶子形状的杏叶板，以前曾经被较为穷困的士兵用作袖的替代品，现在和袖一起穿，但移到了前面，以保护锁骨。（图源：笹间良彦博士）

伊予札黑糸威胴丸——伊予札[16]风格，用黑色绪编织而成的胴丸。有些伊予札的漆已经剥落，从细节处可以看到编织的图案。（图源：笹间良彦博士）

随着铠甲变得更短和更加灵活，侍需要保护他们的大腿。室町时代，佩楯（护腿）和护膝都由各类札片组合而成。注意看，图中侍的两只胳膊已经穿上笼手。但在以弓箭作为主要武器时，侍只会穿左边的笼手。（图源：笹间良彦博士）

注释

[1] 足利直义（1306—1352），日本镰仓时代末期至南北朝时期初期的知名武将，足利贞氏的第三子，室町幕府开朝初代幕府将军足利尊氏是他的同胞哥哥。足利直义在室町幕府的建立中起着重要作用。

[2] 高师直（？—1351）镰仓时代后期至南北朝时期的名将，官位武藏守。

[3] 足利义满（1368—1394），室町幕府第三任征夷大将军，幼名春王。父亲是第二代将军足利义诠、母亲是纪良子的侧室。

[4] 守护大名，被幕府封为守护职的地方武士团首领。但正如幕府无法有效控制这些大名一样，这些守护大名也无法有效控制自己的领地。在他们下面，还有大大小小的豪族，只是名义上听指挥，内政、军事、治安都有很大的独立性。到了战国时代，国内战争日益频繁，这种松散的上下级关系已经无法维持家族的安康了，于是守护大名演变为战国大名。

[5] 五岛列岛，日本九州西海岸外群岛，属长崎县。其范围包括福江、久贺、奈留、若松和中通等 5 岛，以及附近众多岛屿（多为无人岛），亦包括福江岛西南约 60 公里的鸟岛和男女群岛。

[6] 今川了俊（1326—1420？），即今川贞世，镰仓幕府后期至南北朝室町幕府前期武将。被幕府相继任命为远江、骏河守护、九州探题等职。赴任九州探题时又身兼备后、安芸、筑前、筑后、丰前、肥前、肥后、日向、大隅、萨摩等地守护，权倾朝野。平定九州叛乱，并稳固治安、内外交好。后在政治斗争中下台，其后潜心文学，爱好和歌。著有《难太平记》等，法名了俊，后人多称其“今川了俊”。

[7] 板甲，古代的军事装备，是由经过塑形的大块板状金属制造而成的一种盔甲。它是相对于由大量细小金属环制成的锁甲和小金属片制成的鳞甲、札甲而言的。

[8] 足利义持（1386—1428），室町幕府第四代将军，被封赠太政大臣，父亲是足利义满。

[9] 足利义教（1394—1441），室町幕府第六代将军。第三代将军足利义满第三子，第四代将军足利义持同母弟。

[10] 地侍，又称地士、国侍，即日本中世纪时期的土豪武士。他们并非是任职于幕府的武士，而是在乡土著并在当地拥有势力的武士。镰仓末期，非御家人、有力名主的势力抬头，随着幕府权力的衰退，他们便在乡村掌握实质的支配权，并逐渐走向小领主化，最后成为战国大名、家臣或乡士。这种现象一直延续至江户时代。

[11] 鹿苑寺，是位于日本京都市北区的临济宗相国寺派的寺院。其中，内外都贴满金箔的三层楼阁建筑（舍利殿）又名金阁，故包括舍利殿在内的寺院整体也被称为金阁寺。该寺为相国寺的山外塔头寺院。

[12] 能，又称“能乐”，日本古典剧种之一。其约于日本南北朝时期从农村酬神的“猿乐”（类似中国唐代的散曲）中分出，著名能奠基人观阿弥（1333—1384）和世阿弥（1363—1443）父子，尤其是后者在总结并吸收前人各种艺术的长处，使能发展成为一种以音乐、歌唱、舞蹈为主的悲剧型歌舞剧。后于室町时代，得第三代将军足利义满的保护、支持，能这一剧种才日益繁荣，确立了自己地位。

[13] 为了制造出更易于行动的铠甲，甲胄师们采用了镰仓时代使用的胴丸和腹当两者之长处，制作出便于骑马的腹卷。

[14] 笼手，在日本甲胄中指的就是手臂甲。早在古坟时代的陶土武士人偶中，就有似于笼手的护具存在。但在早期大铠中，一般只在左手的笼手上才装有甲片。这是因为当时的战争主要以骑射为主，铠甲中的右手被称为“射手”，需要承担拉弓的任务，如果在手臂上装有甲片的话会比较的累赘。因此在镰仓时代，很多大铠的右臂都使用丝绸制成的袖子，类似于欧洲中世纪服装中的泡袖，而不装备笼手。而在室町时代和江户时代，大铠受到当世具足的影响，一般左右手都装备笼手。

[15] 筋兜，是日本武将头上戴的兜的一种，因头盔上有像筋一样的条纹而得名。南北朝至室町时代前期（1336—1573），这时大铠配星兜、筋兜仍是主流。

[16] 伊予札，是由大约烟盒大的札片编成当世胴的工艺。

第8章

应仁之乱和下克上开始

15 世纪中期，足利义政成为第八任征夷大将军之时，令制国守护阶层的权力显然已超过京都幕府。但足利义政却不是个能够杀伐果断地应对这种威胁的统治者。他只是一个唯美主义者、一个艺术与音乐的鉴赏家、一个文人，既非勇士，也非手段高超的政客。他曾耗费巨资在东山区 [1] 建造了一座雄伟的禅宗风格的宅邸。他也曾试图建立权威统治，却受到实际控制幕府的权势家族阻挠。于是，他把时间都用于研修艺术。然而与此同时，一贫如洗的农民和其他低等的工人总会时不时发动叛乱。

足利义政打算退位，以专心享受文化之乐。因为他没有子嗣，所以就将弟弟足利义视定为继承人。足利夫人日野富子的娘家与这位幕府将军并不亲近，因为后者一直憎恨后戚干政。然而，当日野富子意外诞下一子，并强烈要求襁褓中的足利义尚享有将军继承权，这对足利义政造成了极大困扰。

日野富子一直仰仗三大幕臣（管领）之一的山名持丰[2]（即山名宗全），企图让自己的儿子当上将军。但是，足利义视却得到另一名管领细川胜元[3]的支持。对持续升温的派系阴谋火上浇油的是，斯波家和畠山家之间也就继承权问题开始明争暗斗。京都这两个势力庞大的敌对家族，各自从乡村召集自己的支持者。1467 年，京都东西两个区域的双方军队开始对峙。正是从此时起，京都的西区（驻扎那里的军队史称“西军”）因而正式得名。

就在事件频发之时，紧张的局势也在升级，许多居民都从京都撤出。1467 年 5 月，战争爆发。在应仁之乱[4]的第一阶段，细川的军队（驻扎在京都陈区，史称“东军”）大概有 16 万人，来自 24 个令制国，与山名家从 20 个令制国中召集的 9 万人（西军）作战。但到了 9 月，大内政弘[5]率领 2 万多人加入西军，扭转了局势，东军几乎被包围。可是，又有另一支军队挺近首都，加入东军，打破包围，双方再次形成均势。

这场战争最初只限于城市内，但在最初的 3 个月中，京都北部的大部分地区都沦为废墟，尸横遍野。幕府将军足利义政发出警告，称任何挑起战端的家族都将成为罪犯，但并未发挥任何影响。1467 年 10 月，战斗席卷了足利义政宅邸附近的禅宗寺庙相国寺。该庙宇大火熊熊，足利义政却丝毫不受影响，继续独饮清酒，毫不在意一片慌乱的侍从。从 1468 年 4 月起，在城市街道上挖好的战壕两边，双方形成了僵局。双方的军队不得不依赖于从远方的令制国运输而来的供给维系。山名家控制了京都 8 个城门中的 7 个，企图让细川弹尽粮绝后投降。但到此时为止，这场战争已经蔓延到了京都以外的地区。随着中央权威的完全瓦解，应仁之乱就像癌症一样，蔓延到了日本的大部分地区。

在各令制国，双方的拥趸陷入愈发难以控制的纷争之中。当地的豪绅借机相互清算旧账，扩大地盘。大量的农民步兵，也就是足轻[6]，被招募而来。强盗团伙肆意欺凌弱小。找出这些战役的理性模式，也愈发困难（当然在本书这样的篇幅中，肯定无法实现）。

一位僧人正在指挥突袭。15 世纪，应仁之乱爆发后，有些宗教组织开始在动乱中参与推翻现有政权的活动，并且在一揆运动中与其他更加贫困的阶层结盟。

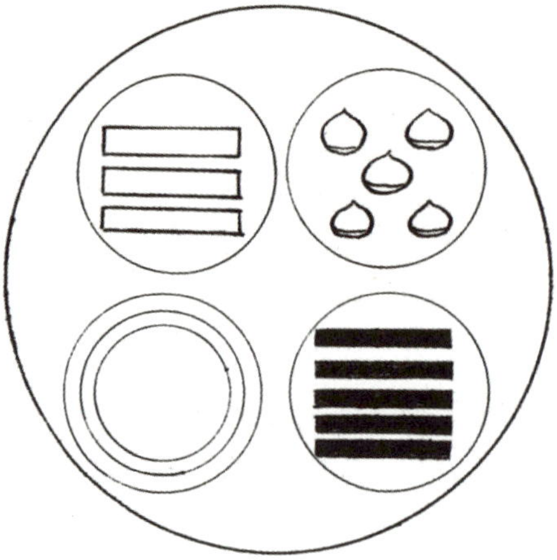

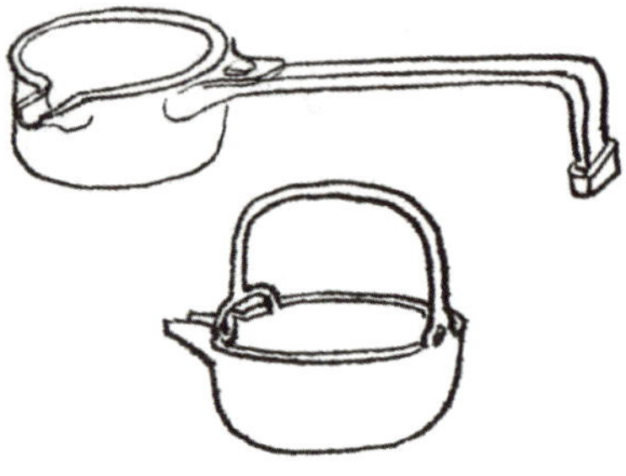

按照具有迷信色彩的传统，指挥官在战前要面向南方，举行一种祈祷胜利的仪式。在镰仓时代，这类仪式都不复杂；但在室町时代，人们开始注重一些流程上的小细节。下方两图展示的分别是：仪式时托盘的代表性摆法，以及服侍清酒的器具。（图源：笹间良彦博士）

从南北朝时期到室町时代，恶党侍身着布满皮革的胴丸甲。其头盔上有一个布质的护颈，用一种卡片形铁板加固。

每种仪式的风格都不同，但共同特点是进餐食物的名字均象征着日语的“胜利”之意——例如，海带干、鲍鱼等。数字“三”也具有重要的意义，图中的指挥官吃了三种食物，然后喝了三次清酒，每次都是喝三满口。（图源：笹间良彦博士）

“下层推翻了上层”

这场血腥的混战中，我们可以发现一个社会叛乱的因素，即“下克上”。这个词的意思与英语古语“这个世界天翻地覆了”[7]相同。那些推动这场运动的人被称作“土一揆”[8]，源自“一揆”[9]这个词，意思大概就是“众志成城”。令制国内，因为战争而承受重税和其他苦难的农民都开始揭竿而起，与当地其他穷苦的侍阶层联合，反对令制国国司（有时在战争进程中国司之位空悬，但并非总是如此）。1485 年，京都南部的山城国出现了一个极端的例子：联合起来的农民和下层侍，对当地畠山家的两支军队指挥官下了最后通牒，强迫他们从该令制国撤出。后来，他们任命了来自各区的 36 名代表，组建令制国政府，统治了山城国长达 10 年的时间。

另一次重要的叛乱源于一个在北陆地区（今石川县）非常有影响力的佛教派系，即净土真宗。该派系的领导人莲如用平实的语言向未教化的受众宣讲佛教教义。他告诉贫穷和虔诚的人们：在佛祖的世界里，一切皆平等，我们可以在茫茫大地上建造一个天国。莲如后来去了加贺国，在那里他和追随者参加了“一向一揆”[10]（即统一联盟），联合下层侍（最开始，他们甚至联合当地的领主富樫政亲）推动这场运动。此举吸引了大量拥趸，这些人都认为战死是通往极乐之路，他们后来的确取得了巨大的军事胜利。1488 年，他们将富樫政亲从该令制国驱逐出去，成为加贺国政府的实际主宰。8 年后，他们开始在大阪城中的淀川河口建造规模宏大、守备森严的石山本愿寺。

最后，为了回应幕府将军足利义政和山名宗全的邀请，足利义视从藏身的岛屿返回京都。但是，由于敌对的日野家在附近的存在，他仍然为自己的性命担忧不已。两周后，他又逃到高野山。后来，山名家军队（西军）再次邀请足利义视作他们的总指挥。这就意味着，战争丧失了其发动身穿腹卷甲的侍在后背单独有一个部件来覆盖较为脆弱的束扎之处。室町时代，乌帽子变成了折叠的形状。(图源：笹间良彦博士)

的初衷，因为最初支持他的是细川家（东军）。1473 年，两支军队的指挥官山名宗全和细川胜元在几个月内先后死亡，京都不间断的争斗也陡然失势而减弱。第二年，足利义政正式退位，9 岁的足利义尚宣布成为第九任幕府将军（事实上，足利义政仍然继续执政，与之前并无差异）。1477 年，此时由大内政弘率领的西军，离开了京都，此时也被认为是应仁之乱结束之日。但实际上，这场战争所引发的混乱和破坏，在战国时代的整个期间都存在，几乎贯穿了 15 世纪末和整个 16 世纪。在应仁之乱持续的 10 年内，幕府将军的权威几乎被完全摧毁，但对那些需要战争借口的人来说，这一头衔仍有余威——一直以来天皇也是如此[11]。

在饱受战争之苦的令制国内，那些成功保住自己权力和财产的封建领主都被称作“战国大名”。战争的形式已经发生了巨大的改变，主要就是引入了大量的足轻，即轻型武装和轻型装甲的步兵。这些廉价且行动敏捷的军队在京都巷战中十分引人注目。这些士兵都是侍领袖从无地的村农、寺僧、无业市民和无家可归者中招募而来。部署足轻的主要目的在于攻击敌方弱点或补给线，但在个体战中他们毫无侍的傲骨，总是轻易倒戈，且毫不犹豫地抢劫和烧毁庙宇以及贵族的房屋。在这个时间漫长、耗损巨大的战争期间，所有军队都在很大程度上依赖足轻，指挥官们都急于保持侍组成的主力部队完好无损。

最初，步兵的武器和铠甲都不统一。曾有一部文献描述了一支 300 人组成的奇怪队伍，于 1468 年 11 月向着宇治上神社挺进。这些人的手中都拿着一柄长矛，一些人戴着纯金的头盔，另一些人则戴着长形红色顶饰的竹帽。他们的衣服脏乱，主要是单件的棉质和服，下面露出了布满腿毛的胫骨。据传言，天神降临宇治城，这支衣衫褴褛的队伍想在战争空隙参拜神社，以祈求好运。

尽管足轻最初同意被招募只为获取报酬，但随着时间的推移，他们与雇主的关系愈发亲密，直至后来完全融入各大名的家军，成为常规士兵，并被配发了统一的武器和铠甲。

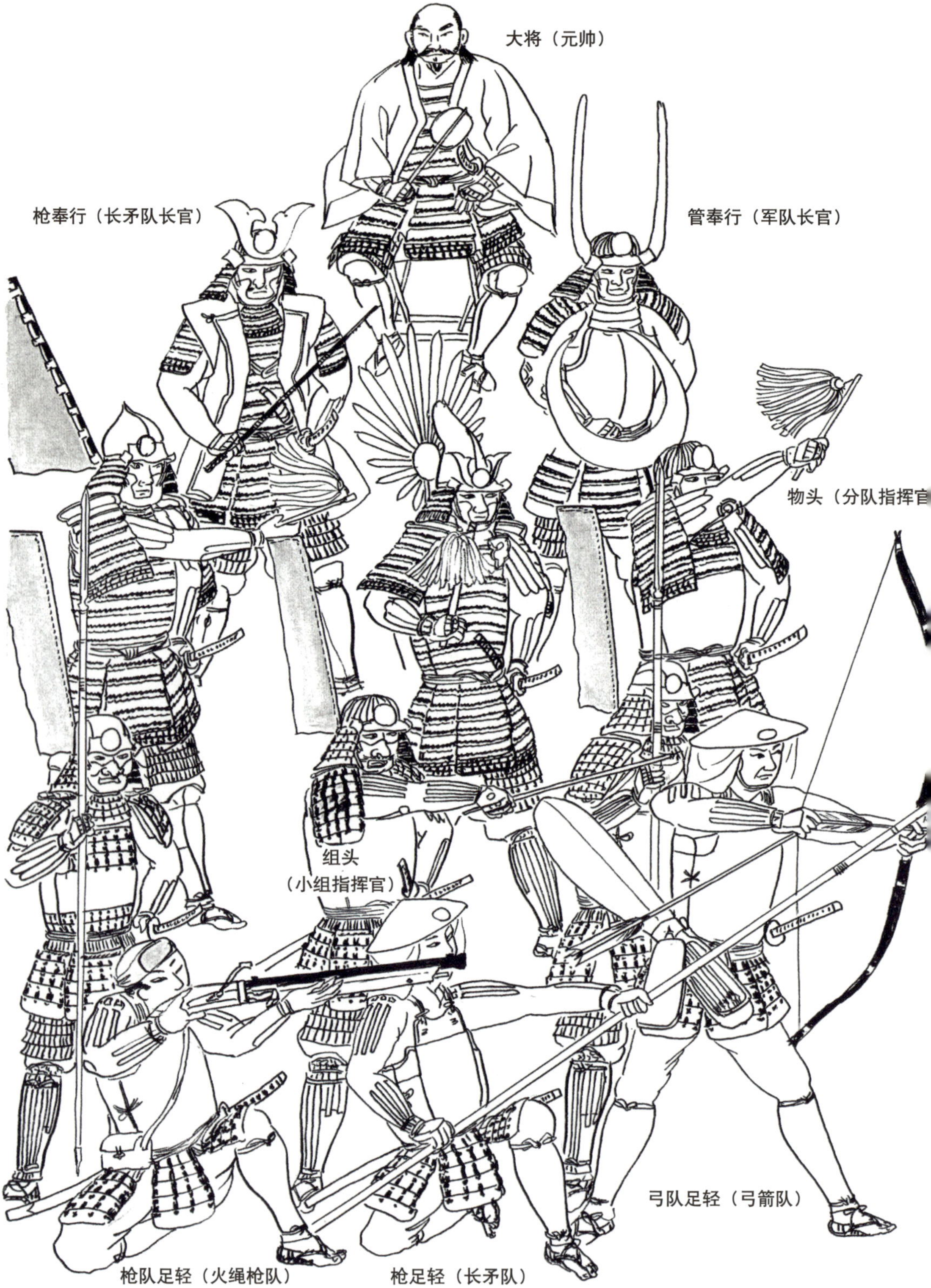

一支军队的组织结构。从室町末期，军队的数量增加，分为弓箭手、枪兵、火绳枪手等特殊组织。这些组织由组头领导。大规模的军队中，组头一般由物头指挥。物头的指挥权与奉行[12]会有重合。（图源：笹间良彦博士）

现代铠甲：当世具足[13]

室町时代后期（16 世纪），最初基于胴丸甲风格的所谓“现代铠甲”出现在了战场上。由于使用了金属甲板而失去了灵活性，这种铠甲被一分为二——前片和后片，在两侧束扎。最上胴胸甲有 5 个水平的甲板，由铰链相连，后方束扎。人们认为，这种多铰链的铠甲易于穿戴，于是将旧式胸甲改造成了这种风格。为了方便生产，重叠的多札片风格被放弃，而是选用更大的椭圆形伊予札。

战国时代（15 世纪晚期到 16 世纪中期），葡萄牙人将火器即火绳枪引入日本。这种新式武器在当地被复制，然后快速传播到全国。这种火药武器的引入，很自然地要求生产更坚固的铠甲。与此同时，战场上，侍的整套甲胄都有一些显著的添加，原因有二。在战国时代，同盟关系变化不定，彼此之间战事不断，所以战场上辨别特定的人就变得尤为重要。武士们非常看重个人英名，指挥官在战场上也必须让随从认出自己。由此，侍会在头盔前部装饰较大的顶饰或装饰品，这些饰品形状不一，令人印象深刻。通常来说，这些饰品都由纸做成，安装在竹子架构上，尽管非常大，却没有看着那么重。如果敌人的冲锋威胁到一名指挥官，他会将头盔传给一名家臣，必要时还会逃离战场。以前将军们总是会带着备用头盔，由家臣拿着，以便头盔在战场中损坏后可以更换。

战国时代之后，由于 17 世纪初德川将军的最终胜利，日本进入一段长达 250 年的和平时期。因此，铠甲无疑也成为一种地位的象征，失去了其实际意义。尽管如此，进入江户末期，铠甲制造者却必须拥有更为精湛的技艺。这个时期所生产的许多头盔都没有实际用途，却体现出极为出色且复杂的金属加工技巧。17 世纪末，欧洲指挥官已在实际战斗中摒弃铠甲很久之后，各类绘画中仍然描绘他们身穿板甲的形象。所以与之类似的是，在江户时代上层侍也喜欢穿戴古风的大铠和胴丸甲，不仅为了怀旧，也是向自己的家族传统致敬。

“现代”构造的胸甲。其下半部的札片被装饰成了“毛引系威”风格。绪通常向下编织，以便覆盖胸甲表面。猴子捞月的图案是向敌方传递一个信息——“你应该知道自己的弱势……”（图源：大阪城博物馆）

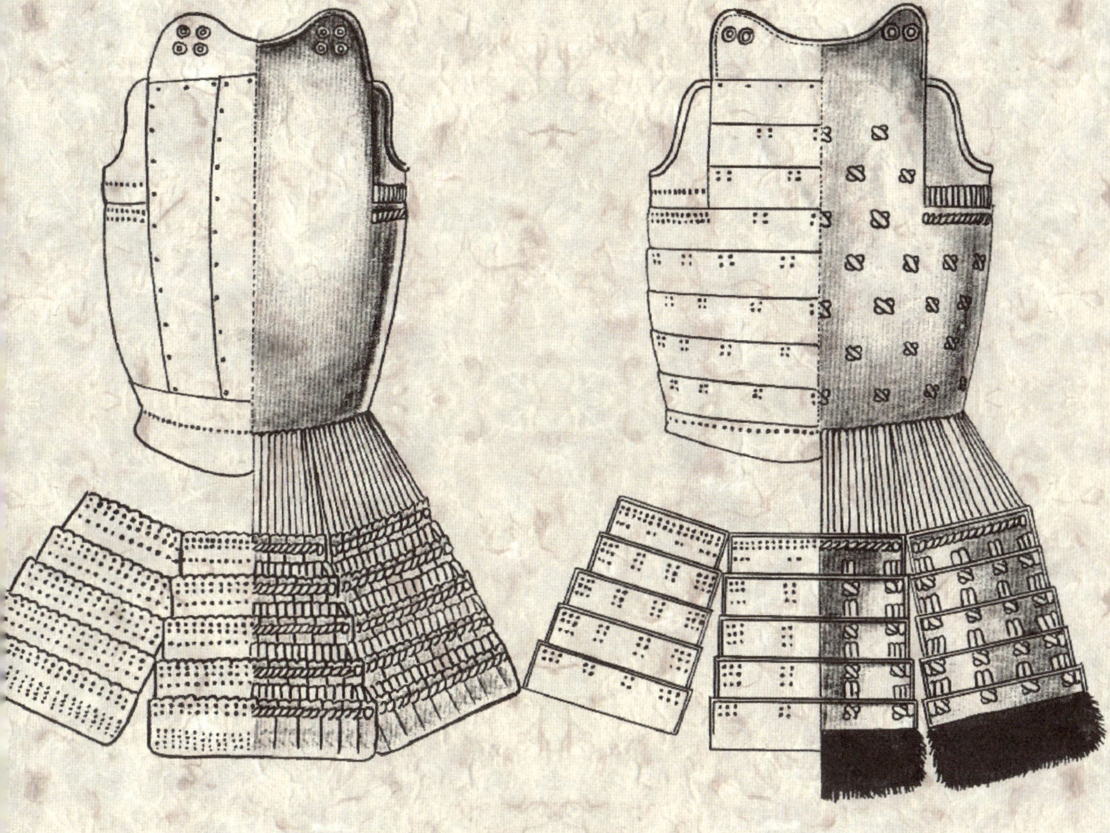

两类“现代”铠甲，受到16世纪中期葡萄牙人和西班牙人带入日本的西方铠甲风格的影响。右侧为横胫菱织桶侧胴，左侧是竖胫桶侧胴。前者由横向的甲片组成，由皮条连接；后者由铆钉连接的纵向甲片组成，铆钉头被锉平，整个表面都刷了漆。这幅图也展示了两种不同风格的草折饰带。（图源：笹间良彦博士）

穿戴当世具足图1。上右：缠腰带有1.5米长。上左：穿上内衬——注意顶部有纽扣。中间：穿上袴[14]——注意腿衣没有低到胫骨。下右：穿袜子和布质的护胫。下左：穿上草鞋——便于在湿滑的地面行走。（图源：笹间良彦博士）

穿戴当世具足图 2。上右：穿上护胫套，即一种薄金属片加上锁环甲的护具。上左：穿上佩楯。中间：戴上右手的防护手套。下右：穿上两个笼手。下左：穿戴背心甲，即一种粘贴了小甲片的紧身上衣甲。（图源：笹间良彦博士）

一对壶形袖的内外图。16 世纪时，这些被装在“现代”铠甲上。此时的护肩与上臂的曲线贴合，不再是垂下来的平面板。（图源：东京国立博物馆）

穿戴当世具足图 3。上右：穿戴胸甲，束扎好固定绳和纽扣，与当世具足的肩部组件连接起来。下左：系上护腰，如果适当调整，可以将铠甲的一部分重量从肩膀转移到臀部。（图源：笹间良彦博士）

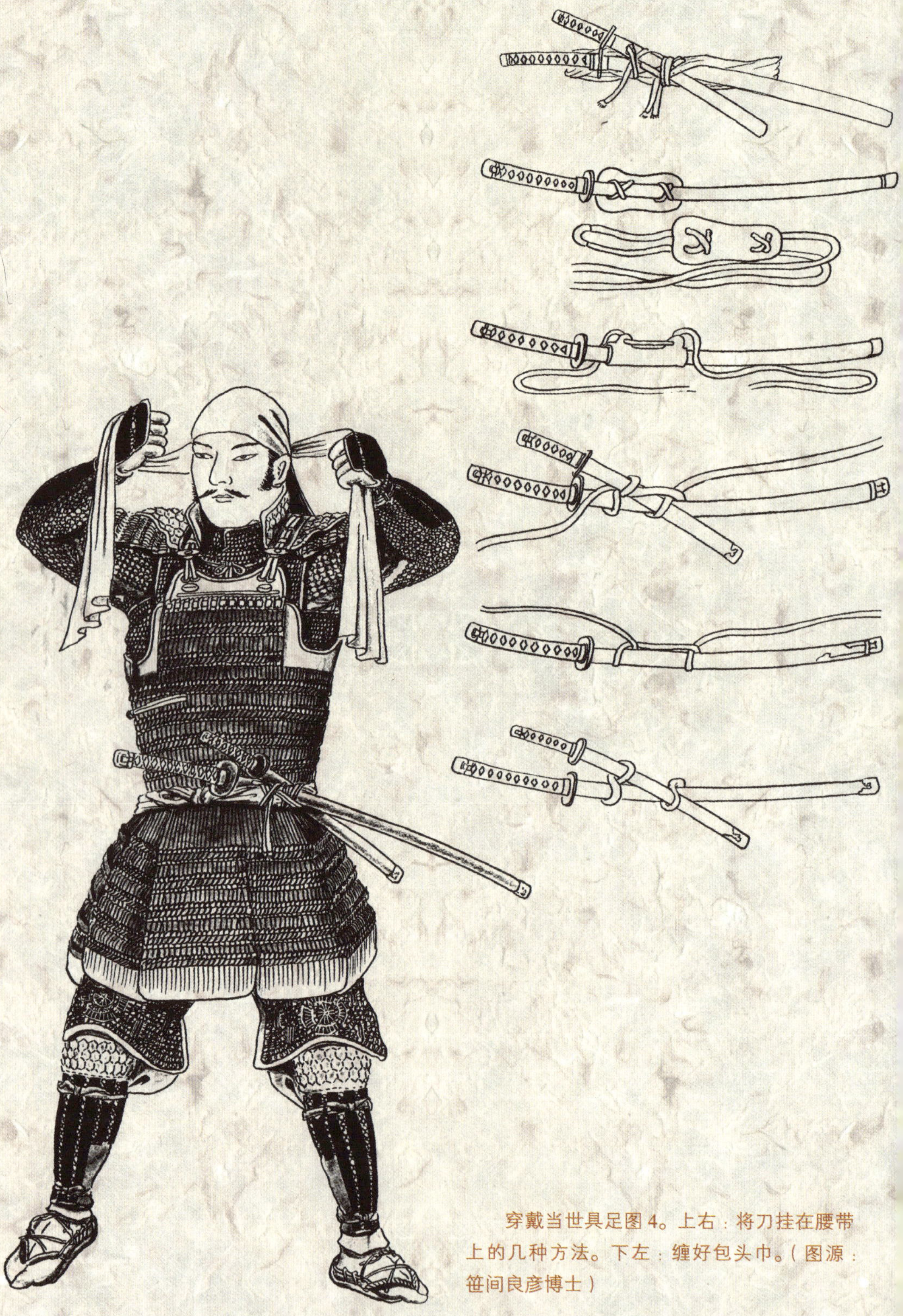

穿戴当世具足图 4。上右：将刀挂在腰带上的几种方法。下左：缠好包头巾。（图源：笹间良彦博士）

穿戴当世具足图5。上右：已戴好面铠，在上面固定好喉轮。下左：戴上头盔后，整个甲胄都穿戴完毕，该头盔的形状沿袭了带有鬼脸前立的高帽子风格。（图源：笹间良彦博士）

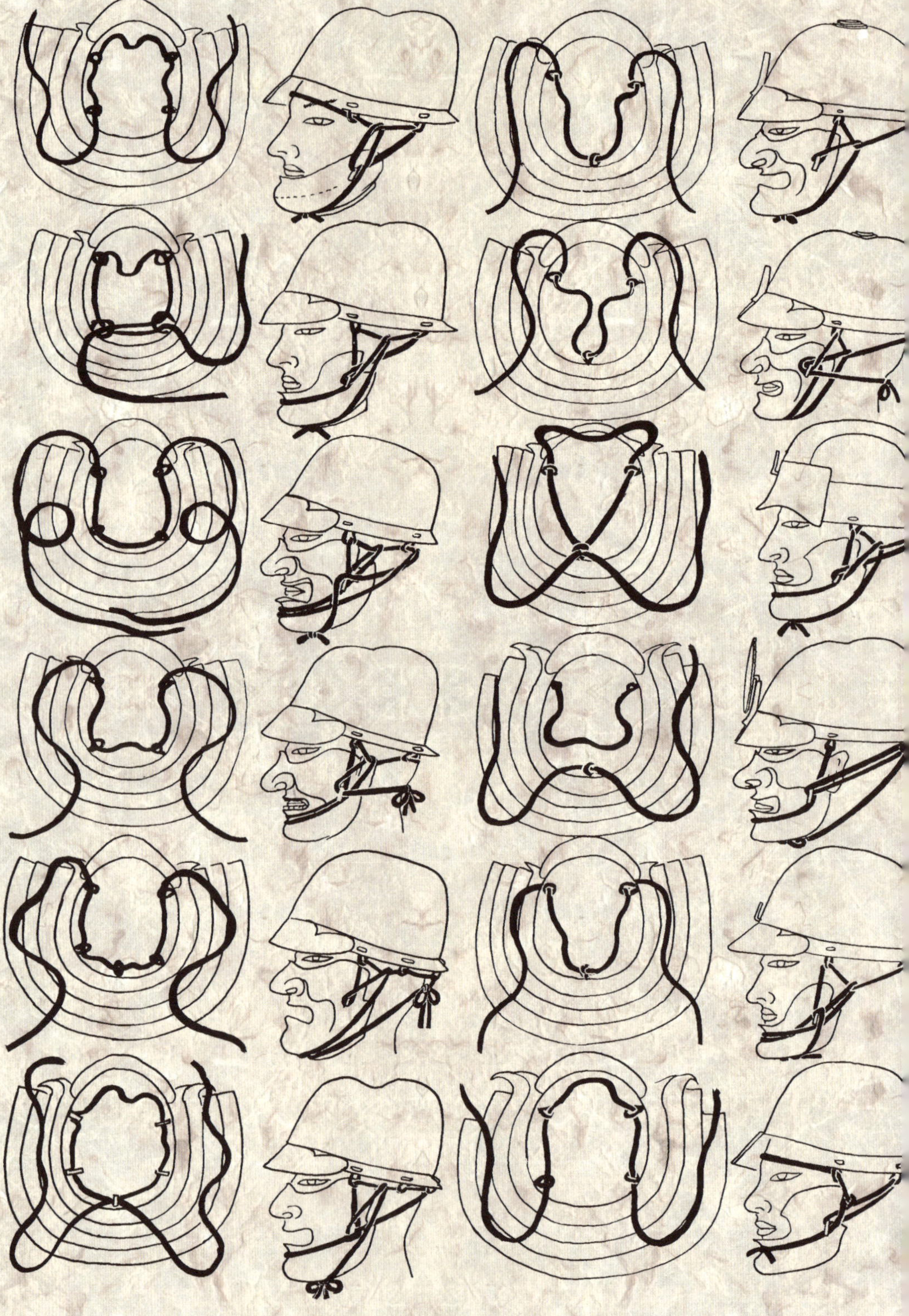

用缨绳固定头盔、半护面铠和全护面铠的各种方法。（图源：笹间良彦博士）

注释

[1] 东山区，是京都市的 11 个区之一，以六波罗蜜寺闻名，又称六波罗、一作六原。区内有祇园、三条京阪等繁华街。区内历史古迹多，故当今日本政府对该地的开发规定较严，是京都市内人口最少的区域。

[2] 山名持丰（1404—1473），即山名宗全，室町时代的守护大名，室町幕府四职之一山名家出身，幼名小次郎，元服（成人）之后更名为持丰。宗全是出家以后的名字，又名源持丰。山名时熙之子，母亲是山名师义的女儿。其二子分别为山名政丰和山名丰久。

[3] 细川胜元（1430—1473），室町幕府末期的武将，室町幕府管领。出身于室町幕府三名管领之一的笔头细川氏，山名宗全的女婿，后来胜元又拜宗全作义父，其子为细川政元。

[4] 应仁之乱，指 1467 至 1477 年，日本室町幕府时代封建领主间爆发内乱，在第八代将军足利义政任期内幕府管领细川胜元和山名持丰等守护大名之间发生争斗。战乱后，幕府将军、守护大名和庄园领主贵族的力量更加衰弱，日本历史进入新兴战国大名互相混战的战国时代。

[5] 大内政弘，室町时代的守护大名大内氏第 14 代领主。最盛期领有周防、长门、丰前、筑前四国以及安芸、石见两国的一部分，实力强大，应仁之乱作为西军主力参战。其文化造诣精深，是当时著名的文人。

[6] 足轻，日本古代最低等步兵的称呼。他们平常从事劳役，战时成为步卒；在战国时代接受弓箭、枪炮的训练，编成部队；在江户时代成为最下等的武士、杂兵。

[7] “这个世界天翻地覆了”（The world turned upside down），源于一首英语民谣，最初出现在 17 世纪 40 年代中期，以抗议英国议会对庆祝圣诞的禁令。当时，议会认为圣诞节是一个严肃的节日，而废除了传统的庆祝活动。

[8] 土一揆，是室町时代在畿内及其周边频频爆发的农民起义。农民们以惣为中心，广泛联合附近各个乡村，并采取武力暴动形式对抗幕府、守护、庄园领主，提出德政并减免年贡、夫役等要求。

[9] 一揆，日文词汇。本意是指同心协力、团结一致。后来泛指百姓、土著、当地

势力人士等非政府组织因某些目标而集结之团体，也通指百姓起兵反抗统治者的行为。古代日本较为有名的一揆暴动是本愿寺发起的一向一揆。

[10] 一向一揆，是日本战国时代净土真宗（亦称一向宗）本愿寺信徒所发起的一揆运动之总称。

[11] 这里的意思是，天皇一直以来也被用作挑起战争的借口。

[12] 奉行，日本平安时代至江户时代的一种官职。首次出现在平安时代，当时是担任司掌宫廷仪式的临时职役；镰仓幕府成立后，逐渐成为掌理政务的常设职位；江户幕府成立后，是构成官僚体系的主力职位，上至幕府，下至各藩领主，都依各种政务需要设置该职位。

[13] 当世具足，是指日本对所谓“当代铠甲”的称呼。这个名称最早出现于江户时代，人们将江户时代前的甲胄称为“昔具足”，而把当时的甲胄称为“当世具足”。

[14] 袴，便于跨马骑背的腿衣。

第9章

征伐的时代：织田信长与丰臣秀吉

15 世纪末期，在应仁之乱和接下来的动乱中，幸存的大名开始卷入另一场有关生存和主导权的争斗。直至 1590 年，丰臣秀吉取得胜利才结束了所有纷争。

这些令制国封建领主主要来自以下四类人群：

1）因一揆运动而联合在一起、揭竿而起想要成为大名的侍组织首领（例如，毛利家、松浦家）。

2）日渐富裕的政府前任守护（例如，武田家、今川家和大友家）。

3）赶走当地领主的前任下属——地方长官（例如长尾家、朝仓家、浅井家、织田家）。

4）已成为大名、无业的侍（例如，斋藤家、北条家）。

无论这些侍来自哪里，每个大名都需要所属令制国的侍组织在军事方面给予支持。对于大名来说，生存最重要的因素就是控制己方盟友以及瓦解敌方联盟的能力。在这些对峙中，单纯的战术创新或勇敢战斗都

镰仓时代，交战双方需要以箭雨互射作为战役的开端。但在战国时代，大多数战斗开始的标志就是众多火绳枪手一起开火。尽管如此，这种火力也无法完全摧毁敌人。最终，侍仍然需要彼此近身，面对面地使用矛和刀来决一胜负。（图源：笹间良彦博士）

远远不够。

在这个战事连绵时代的早期，大名们并未想过要在一个中央统治者的领导下建立统一国家，这一梦想仅仅在16世纪中期织田信长展现强大个性魅力的情况下才实现。而在这之前，大名们唯一的目标就是进行个人领土扩张，领地就是他们的全部世界。他们参与的大部分战斗都围绕自己的领地边界和战略堡垒进行。大规模军队之间的激战很少爆发，因为这些军阀在玩一场持久的游戏，需要尽可能保存手下侍和家臣军队的实力。

那些英勇战斗的著名传说大多由江户时代晚期的历史学家杜撰，因为16世纪的史实远非如此。明智的大名倾向于不通过激战来赢得战争，阴谋和反阴谋是他们争斗的大部分内容。如果战斗不可避免，他们宁可守住自己的阵地，也不愿意在野外对峙。总体来说，第一轮进攻是英勇和果决的，但如果被瓦解，那么溃败将接踵而至。

尽管日本的历史学家都认为织田信长是个新战术缔造者，但最近的研究却表明，他实际上只是一位普通的战术家。西方的传教士将他描绘成一个神经质、脾气暴躁且残忍的人，但他的作战方式却很谨小慎微。我们不应该将他看作一位伟大的战略家。之前，战事仅在农闲时发动，后来织田信长命令家臣离开自己的土地，迁至他的城中镇。因为下层的侍和其他社会底层的随从在4至5月都忙于耕种；同样，在收割的季节他们也十分忙碌。在这种情况下，军阀无法进行长期动员、征召必要数量的士兵来实现更大的作战目标。织田信长是第一个令手下士兵摆脱农耕者身份的指挥官，他因此得以自由地在自己选择的时间里发起军事行动。

到1560年，在经历了数十年持续不断的战斗后，各令制国涌现出几位重要的大名，使得人们开始聚焦地区统一的问题。这些大名中就有中国地区[1]的毛利家，中部地区的武田家、今川家和上杉家，以及关东地区的北条家。这些大领主在自己的令制国中颁布律令，通过当地的侍向农民征收税赋。这些侍需要根据获得的收益多少为领主提供相应数量士兵。领主和家臣之间不再像镰仓时代那样存在家族纽带。家臣的忠诚度取决于该地区在特定时期的整体环境，军阀通常不得不提防家臣的背叛。

大名需要考虑的另一个因素是宗教派系的势力。诸如延历寺、兴福寺和东大寺等此类拥有大量财产的寺庙，彼此之间经常陷入野蛮的争斗之中。他们从武僧、侍、寺庙清扫者、手工业者和农民中征召士兵，保有私人军队。当寺庙间出现纷争，他们会派军出征。对此，当地守护和地头所代表的世俗力量一般不会干涉。宗教组织一直以来都被许可自己解决问题，这使得他们认为可以独立于新兴大名的地区权威外，不受其管辖。但随着大名在日益壮大的地区权力集团中地位日益稳固，这些寺庙发现自己本来无可置疑的既得权利不再有效。对于大名来说，大寺庙拥有的富庶采邑是诱人的经济奖赏，而将寺庙中的侍纳入麾下也极具吸引力。

然而，大阪石山本愿寺的新派净土真宗却是个特例。该宗教团体并未组建军队，而是依赖追随他们的侍和士兵（他们从中可以吸纳大量士兵，数字常常令人振奋）。这些响应石山本愿寺号召的人，都是纪伊国（今和歌山）西下地区的居民。他们与中国有着长久贸易往来，且善于精加工铁制品。就在葡萄牙人将火器引入日本不久后的 16 世纪 40 年代，西下地区因火绳枪雇佣兵而声名鹊起。这些火绳枪手是一向一揆运动的主要军事资产之一，组成力量包括农民、商人、手工业者、侍、海盗和寺庙僧侣。他们在加贺国、越中国、大阪和三河国等地区都特别有影响力。这些令制国的领主如果对农民征收过重的税赋会招致强烈反抗，因为其诸多家臣都附属于净土真宗。

1543 年，一艘自泰国开往中国宁波的葡萄牙船只在九州岛南部的种子岛 [2] 撞毁。据说，幸存者中有两名葡萄牙人，他们向岛上的年轻领主展示了火绳枪，这也是日本人首次接触实实在在的火器（尽管与

1575 年，使用火绳枪的织田、德川联军士兵。

1575 年，织田、德川联军的火绳枪手。

1575年，设乐原决战（长篠之战）中，织田、德川联军击败了“无往不胜的”武田军。或许主要原因在于他们决定性地使用了众多火绳枪手，但这些火绳枪手在对峙的早期并未发挥重要作用。当时的战斗是在雨水和泥泞中进行的，天气并非如图再现般阳光灿烂。

织田、德川联军的火绳枪手在防御土墙后方伺机而动。防御土墙、壕沟和围栏等三道防线可以保护联军在设乐原的阵地。雨季中，这些壕沟很快就会被雨水填满。

中国的交流使得他们对烟花制造技术十分熟悉)。但据今天的推测，早在这次事件之前，许多火绳枪其实已被海盗或商人带入日本。16 世纪中叶，火绳枪是一种沉重且非常原始的滑膛武器 [3]，有效射程至多可达 328 英尺（100 米)，但只有在瞄准诸如士兵身体等较大目标时才能实现这一有效射程。在无风的天气里，这种枪造成的浓烟会造成盲视；重装弹药的时间也比较长，大约需要半分钟，这也是近距离战斗中最为致命的缺陷；在雨中，该武器无法射击。尽管存在这些短板，几年内，日本就成为此种枪支在亚洲最大的出口国。堺市 [4]、根来寺和近江国都成为此类枪支的主要生产中心。西下地区距堺城和根来寺较近，因此这里可以组建火绳枪雇佣连也不足为奇。(起初，日本无法生产高质量的火药，不得不依靠进口来满足大部分需求。)

足轻和大规模肉搏战的引入，完全改变了日本传统的战斗模式。开战前再也没有呐喊着自报名号和射出响箭等仪式，战斗中双方也不会闪退两侧后让士兵开展个人决斗。由于侍有坚固的铠甲保护，诸如长矛这类穿透性武器变得越发重要，从某种程度上来说，这使得刀沦为最后的杀手锏。但是，弓箭手的重要性丝毫未变，且永远不会被火绳枪手超越，而是与火绳枪连并肩作战。他们的射击速率更优良，却可以达到同样有效的射程。火绳枪手、弓箭手和枪兵在侍的领导下组成混合编队。当然也不能就此推测，正是火器的引进才使得日本人的战斗方式被完全改进，枪支不过是推动这个已在发展中的进程[5]的因素之一。

织田信长

织田家之前是尾张国守护斯波家的臣子，应仁之乱期间，斯波家领导人离开尾张前往京都时，织田家夺取了该令制国的政权。织田信长的父亲本是织田家族的旁系，但却超越了主要的家族派系，成为尾张国的领主。1551 年，17 岁的织田信长继承了领主之位。1560 年，地方最有权势的大名今川义元从自己的领地三河国出发，带着一支 2.5 万人的军队去攻打尾张国边境。年轻的织田信长仅带着 3000 人的军队，在桶狭间向今川义元发动进攻，出其不意，将其剿灭。今川义元死后，他麾下一名前途远大的年轻侍得以返回家乡冈崎。此人就是松平元康，即后来闻名历史的德川家康。

1567 年，织田信长与松平信康结盟，以确保自己后方稳固。之后，他去攻打并摧毁了美浓国（今名古屋）的斋藤龙兴。斋藤家本是他妻子的母族，但因为内讧而四分五裂。后来，织田信长搬去了浓尾平原。那里不仅是稻谷之乡，从相模国[6]和关东到京都的主干道也从中经过。该地不仅有通往首都的要道，而且远离京都，织田信长由此可以不必受到朝廷权贵混乱政治的干扰。朝中的乱局为他提供了有利条件，特别是

来自九州西下地区的火绳枪雇佣兵，其独特的头盔和三脚乌鸦旗易于辨识。这些西下宗[7]是石山本愿寺的主要军事资产之一，多年来一直公然反抗织田信长。

1568 年，织田信长进入京都，将足利义昭作为自己的傀儡。织田（右）和他的家臣之一，也是他的妹夫柴田胜家。

当一位绝望的年轻人向他寻求庇护时，他更是抓住了可乘之机。此人就是足利义昭，同时也是傀儡幕府将军的兄弟。1568 年，织田信长带着 6 万人进入京都，将足利义昭立为自己的傀儡将军。足利义昭是个“跛脚鸭”[8]，但织田信长意图利用他在京都的有利地位，赢得对近畿地区的控制。

1570 年 4 月，织田信长在越后国发动了一场针对朝仓义景的战役，却遇到意想不到的困难。他行军时后方遭到浅井长政的袭扰，不得不返回京都。浅井长政这一干涉举动是因为织田违反了双方的盟约，即如果织田信长动用军队，必须先知会浅井长政，但前者却没有这么做。浅井长政的妻子织田市是织田信长的妹妹，两家的关系一直十分亲密。不幸的是，浅井和朝仓家的关系也十分亲密。1570 年 7 月，织田信长在姊川进行一场苦战后，打败了朝仓家和浅井的联军。但因为侧翼遭到延历寺武僧军的进攻，织田信长进一步剿杀敌军的企图未能实现。1571 年 9 月，织田信长进攻了延历寺，将其烧毁，然后毫不留情地屠杀那里的男女老幼。

1572 年，武田信玄从甲斐国前往京都，途中抵达三河国边境（松平元康的领地）。然后，他在三方原的战斗中击败了数量远少于自己的松平元康军队。但由于松平元康誓死坚守滨松城，出于战略方面的考虑，武田信玄将军队撤离（1573 年 4 月，武田信玄因病去世）。

织田信长一直认为，所有反对他的运动都由足利义昭将军主使，因此在 1573 年，他将足利义昭从京都驱逐，结束了足利幕府时代（足利义昭逃往中国地区的毛利家领地，然后继续谋划对付织田信长）。同年，织田信长在一乘谷除掉朝仓义景，在大谷城铲除了浅井长政，但救了他妹妹织田市。

对甲斐国的武田信玄来说，他最大的对头就是越后国的上杉谦信。他们在各自领地边境附近的川中岛多次交手，但双方都无法给予对方致命一击。武田信玄死后，他的儿子武田胜赖继承了领地，并用事实证明

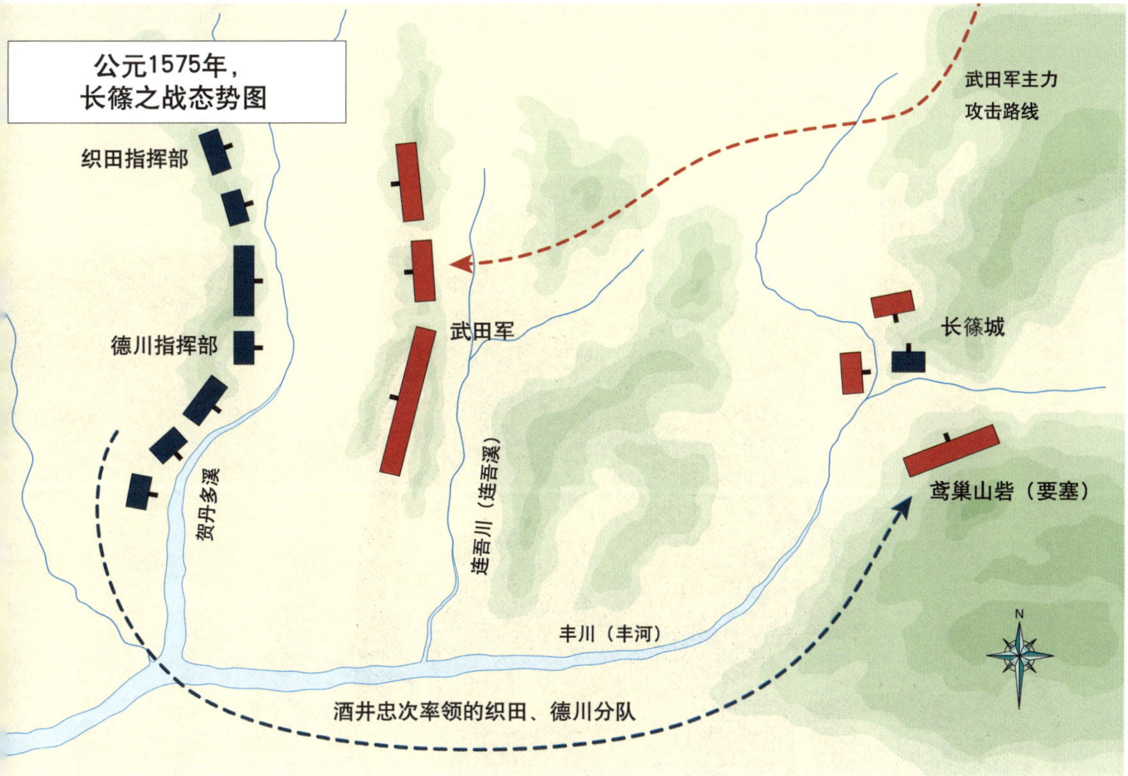

他是一位有能力的大名。1575 年 6 月，他响应了足利义昭消灭织田信长的号召，将军队调去三河国边境。当时，为织田信长镇守三河国的是德川家康（以前名叫松平元康）。德川家康要求织田信长派兵支援。最后，双方军队间爆发了历史闻名的长篠之战[9]。

长篠之战

最初，武田家的军队进攻了德川家康的一位家臣坚守的长篠城，但无法通过包围来夺取该要塞。不久，织田、德川联军开始逼近。联军在设乐原安营扎寨，却未立即进攻武田胜赖的军队，而是开始建造野外防御工事。敌众我寡的武田胜赖麾下害怕后方受敌，没有听取旧臣撤离的建议，放弃了对长篠城的进攻，将军队带至设乐原，与织田、德川联军对峙。

47岁时，柴田胜家成为织田部队中最全能的勇士。他头盔上高耸的装饰品是银质屋瓦。前方的前立代表两只飞鸟。织田信长死后，柴田胜家被丰臣秀吉打败后自杀身亡。

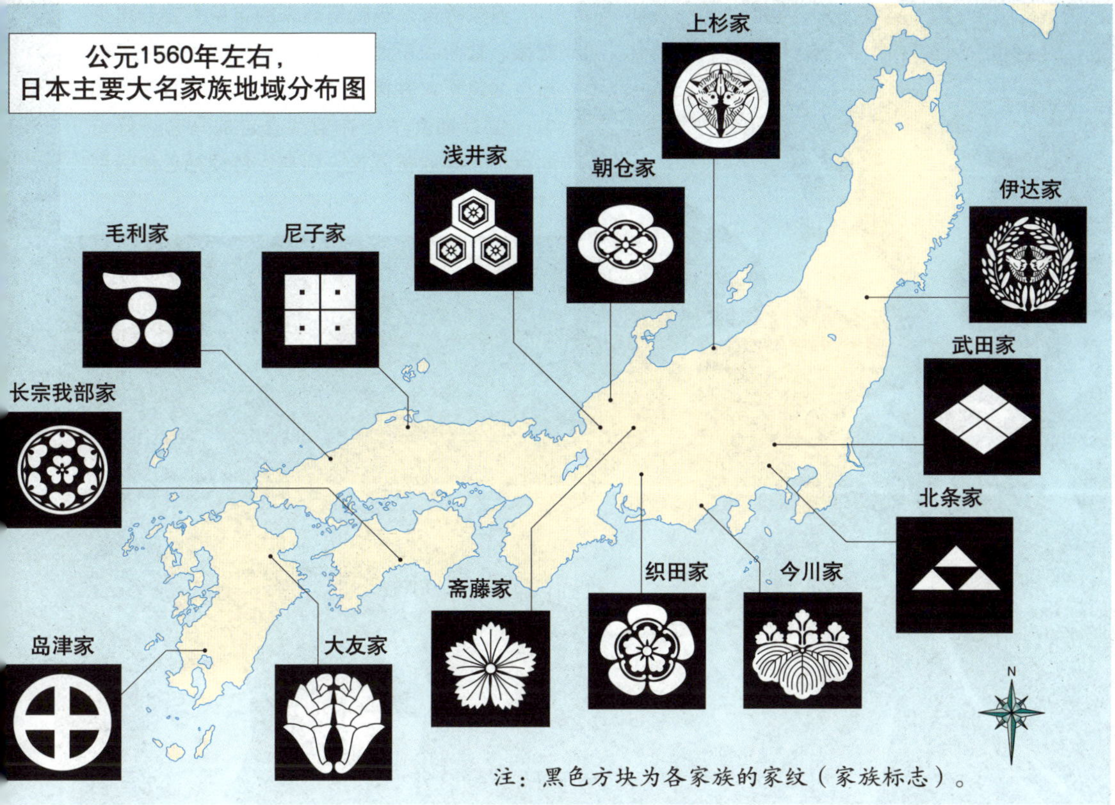

为何这次战役在日本历史上如此有名？织田、德川联军如何剿灭了“无往不胜”的武田骑兵？史实是否如黑泽明著名影片《影子武士》[10]里描绘的一样？在围栏后方部署火绳枪手是否是一种新战术？江户时代的历史学家通常会夸大这场战斗中的德川分队的重要性，以吹嘘德川将军治军有方。对于他们的叙述，我们应该持审慎的态度。如果我们对织田信长家臣贵池大田当时撰写的文献资料进行细致研究，会发现一幅完全不同的图景。

在设乐原，也就是连吾川的溪水流经的陡坡之地，1.5 万多人的武田军与 3 万人的织田、德川联军遭遇。当时，由于武田军被误判为实力更强，所以尽管织田、德川联军占有数量上的绝对优势，但仍然认为己方只能防守。于是，他们进行了周密的筹备，挖好壕沟、建好围栏，并使用弓箭手、手持长矛的枪兵以及火绳枪手进行防御。

羽柴秀吉，也就是后来的丰臣秀吉，出身低微，曾为织田信长提鞋，后来成为他手下最出色的将军，并接替他成为日本的独裁者。图中一位京都女子走在羽柴秀吉的马旁。好奇的京都百姓欣赏着这一盛典，侍领袖总能吸引“倾慕者”。

丹羽长秀来京都时已经34岁。他戴着头盔，头盔仿照的是中国唐朝贵族的帽子样式。铠甲外罩着昂贵的坎肩被称为“阵羽织”[11]。

织田信长的家纹。

图中再现了设乐原决战中的火绳枪战士。这种传统的围栏无法阻挡武田军的进攻。用绳索和爪钩就可以轻易将其拉倒。

以前人们一直称，这场战役中织田、德川联军使用了3000名火绳枪手。但最近的研究表明，这一数字其实不到1500人。实际上，原始文献记载只有1000人[12]，但后来有人将数字改成了3000人。无论如何，我们都很清楚，大量地、创造性地使用火绳枪不是设乐原决战中最重要的因素。1561年，九州的大友宗麟使用了2000把火绳枪；1570年，与三好家作战时，织田信长可能得到了西下地区援军的支持，使用了2000到3000把火绳枪。当然，武田军也有火绳枪，但他们在设乐原决战中尚未习惯使用这种集中的火力支援。

在风平浪静的天气里，火绳枪齐发时产生的烟雾令人睁不开眼，影响了下一次齐射的效果。在烟雾消散之前，敌人可能已经冲破了围栏。这是我们推测设乐原决战中双方并未直接对峙的另一个原因。当时，织田和武田的军队共进行 3 次大规模的齐射交火。很可能武田的进攻非常分散，使得对方联军可以逐个应对。假如武田一次使用 1 万人一起冲锋以攻破防线，织田、德川联军就不太可能取胜。

人们的另一误区就是认为，武田骑兵一起朝织田、德川联军阵地冲锋，然后遭到火绳枪射击，最后被歼灭。在平安和镰仓时代末期，骑马带弓的侍实际上已经成为军队主体，但新式战斗技巧的引入改变了骑兵部署的方式，以免遭到枪击。设乐原决战的那个年代，日本的侍在战斗中不再骑马，而是由其家臣助力。黑泽明的《影子武士》中反复进行的骑士冲锋其实并不存在。至少我们可以肯定的是，在武田军第一轮进攻失败后，他们就知道泥泞的地面并不适合骑士冲锋，那么为何他们还是被击败呢？

设乐原的地形如下：一条小溪从北至南流过，途经一个沼泽盆地。在小溪两侧的岸堤上各有一片较窄的平地，后方是陡峭的山坡。在西侧的岸堤，织田、德川联军已建造了三道野战防御工事，包括壕沟、拔地而起的土墙以及木质围栏。联军战士被严禁离开阵地去迎战武田军。对这片区域的考古挖掘发现，联军尽管时间有限，却建造了相对较大一片区域的防御工事。

被装备了弓箭、火绳枪和长矛的织田、德川联军在等待武田军冲锋。武田军发动第一轮进攻的士兵（工兵）准备从防御工事中杀出一条路，但他们接近围栏的时候，在格外湿滑、松软的地面上遭到火绳枪齐射而被歼灭。然后，发动下一轮进攻的武田士兵抵达第一道围栏防线，成功将其拉倒，但迎接他们的却是另一条需要跨越的壕沟。进攻总是间或发动，一寸一寸艰难推进。进攻的武田士兵只能用自己的尸体填满壕沟，更多的人在对第二道围栏的进攻中倒下。最后，筋疲力尽的幸存者被召回，武田胜赖放弃了进攻。死于设乐原壕沟中的武田军，使其不可战胜的神话被打破。

为什么武田胜赖要发布这种自掘坟墓的命令？因为织田、德川联军威胁到了他的后方，迫使他参战；也因为武田胜赖年纪尚轻，认为己方军队实力强大而过分自信；还因为武田家的探子（忍者）在能摸清联军壕沟深度前就已被联军杀掉，而雨季的雾气也影响了视线。武田胜赖本不该对这样一个坚固的防御阵地发动正面进攻。在那样的季节里，他本可以再多等一至两天直至大雨落下，这样一来联军的火器就会失去功效。曾辅佐武田信玄的旧臣都建议武田胜赖不要在这种条件下发起战斗，但他没有听从。武田军的一位将军曾说，战争会议结束后，他别无选择，只能接受命令进行冲锋。

长篠之战最重要的教训是什么呢？最具革命意义的经验教训就是，一支兵力不占优势的军队无法突破一个戒备森严、严防死守的阵地。无论是织田信长、丰臣秀吉、德川家康还是武田胜赖，他们都没有认识到火绳枪是一种特别有效的武器，而当时在日本采用集中火力的战术已屡见不鲜。

一向一揆

有些历史学家将长篠之战看作织田信长统一日本进程的转折点，因为他很快就会遭遇真正的敌人。

毫不夸张地说，织田信长最大的劲敌就是发动一向一揆运动的净土真宗。正如前文所述，这个激进的佛教宗派扎根于石山本愿寺。该寺既是一座寺庙，也是一座城堡，位于大阪，地势险要，守卫森严。与延历寺、大华严寺或东大寺不同的是，石山本愿寺既没有自己的武僧，也没有任何特殊的军事组织。它依赖于众多信徒中的武士，当宗派首领召唤他们时，侍武士就从各令制国集合在一起，保卫该组织。

织田信长与净土真宗的对峙，源于他对后者既得权力的挑战。该宗派一直认为，世俗的权威不能在经济或政治上干涉宗教世界。在统一全国的进程中，织田信长需要人力来发动战争，这就意味着他需要想办法向武士支付报酬。没收各个宗派的土地就提供了这样一种途径。发动一向一揆运动的人们包括商人、海上贸易者以及当地的下层侍、手工业者

这幅关于设乐原决战（长篠之战）最著名画作，描绘的是德川家康利用围栏和火绳枪手抵御武田军的进攻。诚然，当时的防御形势在图中被极度简化。侍所穿戴的铠甲也并非那个年代的样式。（图源：大阪城博物馆）

和农民。他们的智慧和领导能力都令人叹服，否则他们根本不可能与织田信长至高无上的军事权力对抗长达 10 年之久。他们主要的军事力量是一个被称作“西下宗”的组织，这是一个可以动员 2000 名火绳枪手参加战斗的军队。1563 年，德川家康进攻三河国的净土真宗时，这些军队曾经迫使前者撤退。

1576 年，织田信长包围了石山本愿寺，他的家臣塙直政[13]遭到西下宗火绳枪手的伏击，并在后来的行动中被杀。为根除净土真宗这支最具威胁的军事力量，织田信长于 1580 年进攻了西下地区。他率领 6 万人发起两次进攻，但仍然无法完全拔出这一眼中钉、肉中刺。10 年的纷争之后，在天皇的调停下，石山本愿寺向织田信长投降，撤退到西下地区。

1576 年，织田信长开始沿着近江地区的琵琶湖建造安土城，然后召集人们在周围的城镇居住。他开始重新勘察这片土地，计算应该征收的税赋。农业技术的进步使得稻谷产量增加，稻谷产量也是税赋计算的依据。他废除了市和座[14]，即专门掌控开放市场权利的组织机构，从而削弱了大寺庙和贵族的经济基础。他还废除了所有公路和桥梁的收费关卡，建造了新的公路和桥梁，以方便交通和交往。他的政策还将许多下层侍从自己的农田中解放出来，更易于动员到所需数量的士兵，以支撑其庞大的军队。

因为织田信长已经巩固了自己的东侧翼，所以他着手消除中国地区毛利家的潜在威胁。他将这一重任托付给手下将领羽柴秀吉（即后来的丰臣秀吉），但羽柴秀吉毫无斩获，要求增加援军。1582 年，织田信长离开安土城，前往京都，与羽柴秀吉会合。织田信长停留京都本能寺期间，其手下将领明智光秀阴谋造反，将织田信长杀死。明智光秀此举的原因不得而知。织田信长是一个冷酷无情、老谋深算的权力追求者。他在实现自己远大目标过程中的确取得了卓越功绩，虽身处一个充满背叛的年代，但一直被当时最优秀的两位领导人丰臣秀吉和德川家康效忠。

贸易与传教士

就在日本的封建领主还在为了生存开展大规模争斗之时，从远方刮来的一股新风尚开始在日本海岸兴起。

1517 年，欧洲宗教改革运动期间，罗马天主教会不仅寻求重建自己在旧世界的影响力，还力图在这个大航海时代里将势力扩张到远隔重洋新发现的土地上。1539 年成立的耶稣会在当时的亚洲十分活跃，10 年后（1549 年），其创始人弗朗西斯 · 泽维尔开始在日本布道，还通过葡萄牙的商船向日本派出传教士。此时，与其对立的西班牙传教士也从马尼拉到达日本。随着海盗威胁的减少，葡萄牙人和西班牙人与日本的贸易往来更加密切，他们带到九州岛的新奇产品也受到了大名们的欢迎。不久后，大名们开始为吸引欧洲船只进入自己的港口而明争暗斗。当时，最受欢迎的进口商品要数火药、丝绸、棉花、羊毛、玻璃制品和钟表。作为交换，欧洲人购买了日本的银器和奴隶。显然，后一种贸易 [15] 对传教士来说有些问题，但他们却从未认真考虑过阻止这一贸易，因为这可能会威胁他们在当地传播福音的权利。

到 1555 年，传教士已在丰后国发展了 1500 位基督信徒，在平户有 500 名信徒，在山口达到 2000 名信众，甚至连九州岛的一些大名也改信基督教。当然，这一切的原因不仅仅在于葡萄牙人带来了珍贵礼物。有马晴信的领地中就有 6 万名信徒，很快信徒的范围就扩展到了五岛和天草地区。最后，这些传教士被引荐给织田信长，并通过中国地方的大伴皇女 [16] 获得许可，在安土城建立了一座教堂。织田信长容忍这些接触活动完全出于务实的考虑，这是他抗衡佛教寺庙的战略博弈中的一步。有些九州大名还派使臣前往梵蒂冈，但使臣们长途跋涉回到日本后却发现，基督徒在日本的处境已经发生了变化。丰臣秀吉反对效忠任何外邦事物，后来的德川家康也是如此。在他们的统治下，对日本基督徒的容忍是不确定且暂时的。

丰臣秀吉的崛起

丰臣秀吉生于1536年，出身卑微，其父木下弥右卫门是织田信长父亲织田信秀麾下的火绳枪手。丰臣秀吉年轻时叫木下藤吉郎，早年就背井离乡，16岁之前一直居无定所，后来才成了织田信长的仆人。他表现出色，以惊人的速度在织田信长手下崛起。织田信长铲除了浅井长政后，就将浅井的领地送给了手下这位聪慧过人的年轻家臣，此时后者已改名为羽柴筑前守秀吉（即羽柴秀吉）。如前文所述，织田信长曾命他率军前去镇压中国地区的毛利家，也正是他增援的要求使得织田信长在1582年来到京都，并在那里被杀（或者可能因被困在燃烧的庙宇中而自杀）。

羽柴秀吉得知织田信长死亡的消息后，旋即与毛利家和解，但没有告之织田信长已死。然后，羽柴秀吉返回京都，与明智光秀的军队对峙。两周不到的时间里，他在山崎打败了明智光秀，后者在撤退中被游击强盗所杀。后来，羽柴秀吉主持了织田信长的葬礼，表面上支持后者尚在襁褓中的孙子和继承人三法师[17]。但高级将领柴田胜家反对秀吉，支持织田信长的三子织田信孝。1583年，双方的军队在靠近琵琶湖的贱岳发生冲突，柴田胜家被打败。柴田胜家逃回自己的领地，和妻子织田市（浅井长政死后又改嫁柴田胜家）一起自杀。此役后，织田信长手下的主要将领全都臣服于羽柴秀吉，只有德川家康除外。

不久，羽柴秀吉在大阪城石山本愿寺的旧址上建造自己的城池。他还邀请京都和堺城的商人在那里定居，建立了一座宏大的城市。可是，岐阜城的德川家康支持织田信长的次子，于是开始向京都进军。1584年，羽柴秀吉的军队在长久手阻止了德川的行动。最初这场战斗对德川家康有利，但很快战争的进程就发生逆转。羽柴秀吉不想与德川家康打

武田胜赖正在进攻松平家的要塞。尽管武田军中有些是骑兵，但他们对设乐原的进攻，常被误认为与法国骑兵对阿金库尔发动的攻势[18]类似。（图源：大阪城博物馆）

胴丸铠甲。此类铠甲原本配有头盔、袖和笼手，但现都已遗失。丰臣秀吉曾将这副铠甲赠给胁坂安治[19]，以奖励他在1583年贱岳合战中的英勇表现。后来，胁坂安治倒戈，在1600年的关原合战中加入德川家康一方，帮助后者打败了丰臣秀吉的军队。

织田信长回军营。图中最左侧骑白马者便是他。（图源：大阪城博物馆）

持久战，因为他当时正急于入侵朝鲜半岛，而且对此他谋划已久。所以，他的政策是通过讲和将对手全部召入麾下，助力自己的事业，而非消灭他们。德川家康也发现，加入羽柴秀吉的统一大业更符合长远利益。因此，双方缔结和约，德川家康向羽柴秀吉俯首称臣。

此时，本州岛上反对羽柴秀吉的大家族只剩北条家和伊达家。除此之外，在更远的四国和九州岛也有反抗他的家族。1585 年，羽柴秀吉通过一次行动轻而易举地统一了四国和纪伊国。此后，他被朝廷封了关白 [20] 之职，赐名丰臣秀吉（因出身卑微，他不能受封将军之职）。1586 年，他成为太政大臣。1587 年初，他率 25 万大军，对战日本最大的军事家族——九州岛的岛津家。这场战役的最终结局是，岛津家的首府鹿儿岛落入丰臣秀吉之手，而该家族成员大多自杀。

1589 年，轮到了关东平原的北条家。这一仗，丰臣秀吉的军队在数量上拥有绝对优势。北条家被围在小田原长达 5 个月后，家督北条氏政自杀。他的领地后来被分给德川家康。在小田原战役期间或之后不久，远在东北地区以北的“独眼龙”、最后一个独立大名伊达政宗，也臣服于丰臣秀吉。1590 年，丰臣秀吉统一整个日本，大权在握。

侍的武器：刀

今天，日本刀已经成为侍精神的象征，即使在二战期间日本军官在战斗中都乐于佩刀。神风队飞行员在接受最后一次飞行任务时，也会在驾驶舱中佩刀。日本刀雅致的外形以及无比锋利的刃口，成为全世界收藏者的挚爱之物。日本有很多著名刀匠，能制造出质量上乘、外形漂亮的锋刃，但身处战争时代的侍对于磨砺自己的刀却兴趣寥寥。战斗中，刀被当作一种防御性武器。侍如果想杀掉敌人，距离比较远的情况下，他们还是会使用弓箭或长矛。

平安时代以前，有两种刀：太刀[21]和剑刀。前者可能源自日语词“断つ”，意思是“切割”；后者源自日语词“貫く”，意思是“刺入”。后者受到了中式剑的影响，锋刃笔直且为双刃，而太刀只有单面锋刃。平安时代，太刀从刀把根部开始的弧度不大，便于在马背上使用。身穿大铠的侍如果想在马背上使刀，只能通过斜角砍向敌人，头盔上的吹返使其无法垂直用刀；就算徒步战斗，也只能挥刀横砍。无论是哪种情况，侍都无法正常砍穿敌人铠甲或给对方致命一击。

从镰仓末期到室町时代（14 世纪），刀的整个锋刃都开始出现均匀的弯曲。原因之一在于，此时的侍开始双手握刀，双手攻击使得挥砍的力道更大，有时技巧高超的武士甚至能砍穿对手的头盔。随着用刀方式向双手握刀转变，铠甲的风格也从大铠转变成了胴丸甲，侍开始使用一种被称作“野太刀”[22]的武器。这种刀在南北朝时期（1336 至 1392 年）开始在战场上使用，长度高于侍的身高。侍用这种刀，可以在战斗中给对方致命一击，在防御骑兵冲刺时还可以通过挥砍战马的腿，实现有效攻击。这种刀的锋刃较长，侍自然无法从自己的刀鞘中抽出，而是需要有家臣为其携带刀鞘，在主人需要抽刀的时候帮他拿着刀鞘。

与此同时，日本的刀匠喜欢使用一种特殊的方式铸造刀锋，让刀锋锐利但不脆。他们用较软的铁作为刀的核心，周边包裹着材质更硬的铁，然后对刀锋多次加热、折叠、捶打和淬火，将其熔铸在一起。这个过程可以将刀的边缘加实，其锋利程度甚至超过了现代的钢铁，同时刀锋还可在整体上保持一定弹性。这样一来，这种刀在冲击之下会弯曲，但不会折断。反复的折叠也可以在被打磨光滑的刀锋表面制造出复杂且漂亮的花纹。

装饰精美的镡，也就是刀把最上部的护具，现在被视为艺术品和最具价值的收藏品。（图源：东京国立博物馆）

镰仓早期的日本刀。这种太刀可以用单手挥舞，刀锋略微弯曲，刀把比较显眼。这一设计受到一种早期的蕨手刀[23]的影响。（图源：东京国立博物馆）

另一种太刀。其刀把覆盖着鲨鱼皮，通过一种称作“目钉”的大头钉固定在刀茎上，上有小鸟图案。挂钩上焊接的金属丝被叫作“兵库锁”，取自一个官方武器库的名字。（图源：东京国立博物馆）

14 世纪的南北朝时期，日本刀变得更加坚固，因为此时的侍主要徒步战斗。图中的这把刀从刀把到刀鞘都刷有黑漆，刀鞘上还有带状金漆斜纹。（图源：东京国立博物馆）

配有黑漆刀鞘的太刀。其刀把带有流穗，是从刀鞘的上部延伸出来的。（图源：东京国立博物馆）

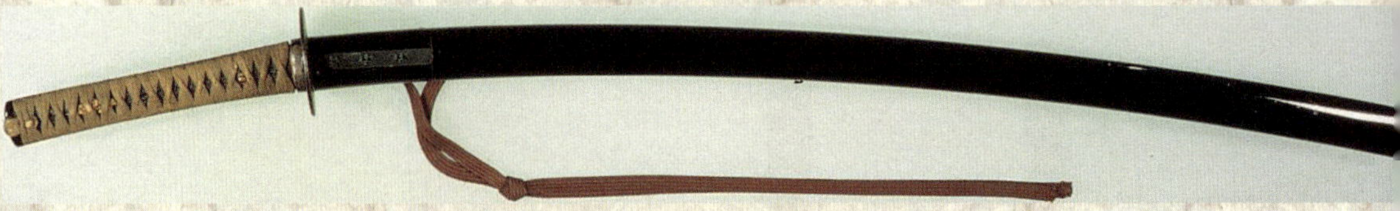

配有黑漆刀鞘的打刀[24]。佩戴时需要将其穿进腰带里，与太刀不同之处在于：这种刀在佩戴时，刀锋边缘朝上，刀尖弯曲朝下。

另一种太刀，配有棕漆的刀鞘以及镀金刀挂。（图源：东京国立博物馆）

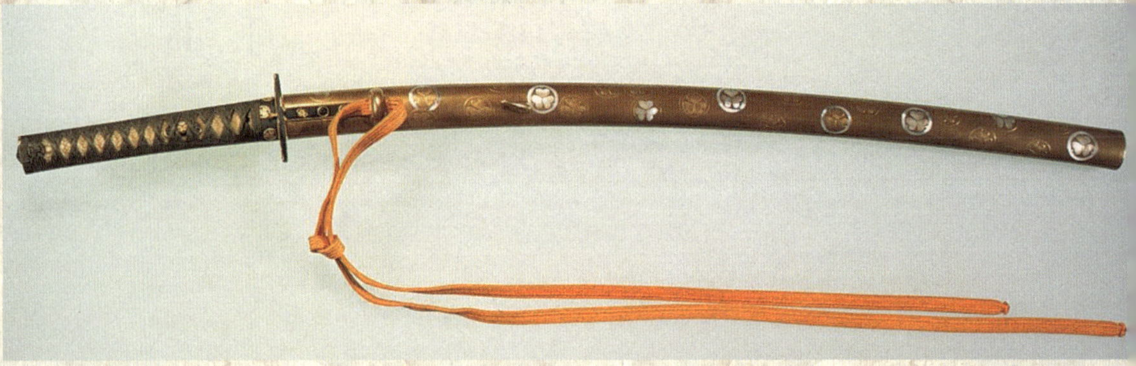

打刀，其刀鞘上绘有葵花图案的家纹——德川家族徽章。（图源：东京国立博物馆）

“大小两件套”——一种长短刀（武士刀和匕首），为丰臣秀吉所有。诚然，这种鲜艳的花纹非常吻合这位将军爱炫耀的品位。

火绳枪的使用

战国时代，一种较短的日制火绳枪重新装弹流程如下：

开火后，将闷燃着的火绳（引信）从火绳夹上拆下，缠在左手上，确保拿火药时不会触碰火绳点燃的那一头。（火绳用雪松树皮纤维制成，浸泡过天然油料，不容易熄灭。）

第 1 步：将火药和弹丸装进枪口。

第 2 步：用推弹杆将火药和弹丸填塞到位。

第 3 步：打开击发槽的盖子。

第 4 步：将击发火药倒入槽内。

第 5 步：盖上槽盖，将多余的火药吹掉，防止在重新装上火绳时出现意外爆炸。

第 6 步：轻吹火绳的末端，让火燃起。

第 7 步：将火绳插入火绳夹的弹性夹头里，将其点燃的一头放置在击发槽的上方。

第 8 步：开始瞄准。注意这名足轻在腰带下别了一把短刀，锋刃一侧朝上。与侍枪手不同之处在于，足轻几乎不会携带很长的刀，而侍则会将刀刃朝下。

第 9 步：打开击发槽盖。

第 10 步：准备射击，扣动扳机，让火绳夹向下弹出，将火绳点燃的一头压进击发火药中，点燃火药，弹丸即将射出。

注释

[1] 中国地区（Chugoku），位于日本本州岛西部，日本的地域之一，由鸟取县、岛根县、冈山县、广岛县、山口县等 5 县组成。

[2] 种子岛，位于日本鹿儿岛县南部的大隅半岛以南海面上。公元 16 世纪，枪炮最早由此岛传入日本。

[3] 滑膛武器，指枪（炮）管内部光滑没有膛线的射击武器。公元 13 世纪出现的早期射击武器都是滑膛武器，因为滑膛枪（炮）管制作容易。到 19 世纪中叶，线膛武器技术成熟以后，滑膛武器并未完全退出军事领域，以尾翼稳定射弹的迫击炮、火箭炮、无坐力炮、榴弹发射器以及军用霰弹枪等都是滑膛武器。20 世纪 60 年代以后发展起来的重要反坦克弹药——尾翼式超速脱壳穿甲弹，也是用滑膛炮发射的。当今，滑膛武器仍有其重要的军事价值。

[4] 堺市，是一个位于日本大阪府中部的城市。

[5] 这里的“发展中的进程”，指的是日本战斗方式改变的历史进程。

[6] 相模国，是古代日本令制国之一，属东海道，又称相州、湘州。相模国的领域大约为现在神奈川县（东北部分除外）。关于“相模”的“模”字，由于当时公文上的捺印以“摹”字表示，因此推测最初的写法为“相摸”。

[7] 这里指西下地区的人民。——原注

[8] 跛脚鸭，在西方特指冒险失败的投机者或股票交易中资不抵债的个体，由美国南北战争时期的猎鸭术语引申而来。

[9] 长篠之战，爆发于 1575 年 6 月 28 日，参战方为武田军对战织田、德川联军，是日本战国时代的著名战役。此役的结果是，织田、德川联军以绝对优势在长筱击败了武田军。人们通常认为，这是火绳枪部队对骑兵的胜利。

[10]《影子武士》，是日本东宝映画出品的战争历史片，由黑泽明执导。它讲述的是日本战国时代，武田信玄击溃织田信长与德川家康的联军，却急死于军中；危难关头，几个家臣秘密找出一名面容酷似信玄的盗贼假扮信玄以稳军心，并持续了 3 年之久的故事。假冒者的身份被曝光后，信弦之子武田胜赖夺权并违背父亲遗训出兵，在长篠

之战中被击败，致使全军覆没。从此，武田家没落。该片于1980年4月23日上映，成为日本年度十大卖座影片第一名，曾入选“日本名片200部”榜单。

[11] 阵羽织，是在日本战国时期非常流行的一种衣物。它是由绢等所织出来的一种无袖和服，罩在铠甲或保护物上，亦称“具足羽织”。以在战阵所穿着的羽织得名，特色是方便、美观兼防寒。

[12] 见藤本真幸的相关介绍。——原注

[13] 塙直政，又名原田真政，生年不详，安土桃山时代的武将，织田氏家臣，尾张国春日井郡大野木城城主。起初是马回，后来被提拔为赤母衣众，织田信长进军京都后成为吏僚。1574年成为南山城国守护，1575年兼任大和国守护，1576年在石山合战中被铃木重秀所杀。

[14] 市和座，都是封建日本主要的贸易协会类型，公元12世纪开始出现，直至16世纪末织田信长掌握整个日本的政权，然后开始建立自由市场和贸易协会，此类旧的贸易协会被逐渐替代。

[15] 后一种贸易，指奴隶贸易。

[16] 大伴皇女，是钦明天皇妃子坚盐媛所生的第九女。

[17] 三法师，是织田信长嫡长孙织田秀信的法号。

[18] 指阿金库尔战役，发生于1415年10月25日，是英法百年战争中著名的以少胜多的战役。在亨利五世的率领下，英军以步兵弓箭手为主力在阿金库尔击溃了大批法国贵族精锐骑兵，为1419年夺取整个诺曼底奠定基础。这场战役成为英国长弓手最辉煌的胜利之一。

[19] 胁坂安治（1554—1626），其父是浅井家臣胁坂安明。胁坂安明战死后，年幼的胁坂安治继任为家督并投至明智光秀的麾下，后于永禄十二年羽柴秀吉协助光秀进攻丹波时，又改投秀吉军中。

[20] 关白，日本平安时代官名，出自中国《汉书》。其可先于天皇审阅奏章，以辅弼之名统率百官、执掌国政，令天皇有名无实。此职在天皇年幼时称摄政，在天皇成年亲政后称关白，合称摄关。

[21] 太刀，具有较大弯曲度，刀身长3尺（1米）以上、5尺（约1.5米）不足的

弯刀。而 3 尺以下的称小太刀，5 尺以上的称大太刀（或野太刀）。日本的 1 尺约为 29 厘米。

[22] 野太刀，即大太刀，是指 5 尺以上的太刀。这种刀的刀刃长且宽，在刀身的正中间有一个明显的弧度以方便切割。这种大型刀使用起来非常费力。

[23] 蕨手刀，古坟时代末期的 6 至 8 世纪，以日本东北地方为中心制造的一种刀。7 世纪后半期，成为东北地方北部的一种陪葬品。因其刀把头形如蕨类而得名，刀茎与刀身一起锻造，刀刃部分较细。

[24] 打刀，一般就以“刀”称之，日本刀的代表。其刀身弯曲，这种设计称为“反”。刀身的中央部位最为弯曲，使得拔刀更容易。

第10章

丰臣秀吉的统治

织田信长死后，丰臣秀吉着手大范围的土地勘查——检地[1]。他规范了测量方法，并根据耕田的稻谷产量登记在册。每个大名都以“石”（约等于 5 蒲式耳的大米）为单位进行数量评估，而且须在征召兵役时为丰臣秀吉提供相应数量的士兵。这也是 1587 年平定九州和 1592 年入侵朝鲜时进行动员的基础。

这次土地勘查的根本目的在于，评估农民的纳税情况，便于征收相应税赋。这种集权化至少可以将农民从室町时代的庙宇、神社和贵族的层层盘剥中解放出来。同时，这个新制度也将农民与土地紧密捆绑在一起。1588 年，丰臣秀吉颁布法令，解除了城市和农村人口的武装，让他们在居住地安定下来。这样的法令并非首次发布：织田信长在打败越前国和纪伊国的一向一揆运动时，就曾下令解除这些地方的武装。1590 年，丰臣秀吉又颁布了另一部法令，禁止各个阶层之间的人员流动。在那之前，社会流动仍然相对自由，不会受到法令的禁止；但自此之后，

侍被禁止变换职业。丰臣秀吉进攻朝鲜的计划进一步强化了这一政策的实施力度，因为进攻行动需要更方便地动员人力和后勤补给力量。尽管后来证明，入侵朝鲜对丰臣秀吉的威望造成了致命打击，可此举仍然强化了他在日本建立的封建制度。

最初，丰臣秀吉沿袭了织田信长的外交政策。但当他出兵九州征服岛津家时，发现长崎已被罗马教廷登记在册，成为罗马天主教传教士的一块殖民地，许多贫穷的日本人被欧洲商人贩卖到东南亚为奴。因此，他下令将传教士逐出日本，但允许继续开展与葡萄牙人的贸易。丰臣秀吉没有干涉日本的基督徒，因为九州许多有影响力的大名已选择接受了这一全新的信仰。

冒险出兵朝鲜

我们很难知道，丰臣秀吉究竟何时滋生出征服中国明朝的野心。据推测，长久手之战[2]后，他与德川家康签订了和解协议，然后便急着筹备下一次大战。从丰臣秀吉所处的时代和他的出身背景来看，他的世界观比同时代的人都更为先进，对同时代的其他人来说，“世界”不过就是他们所居住的令制国。当他名叫羽柴秀吉并是织田信长的家臣时，他就常常列席主人和欧洲传教士之间的会面。织田

丰臣秀吉像。1585年，他被朝廷授封关白之职，得以进入天皇内阁。凭着勇气与手腕，他从足轻阶层爬升至日本社会的最高层。（图源：大阪城博物馆）

前田家族的一位侍首领和他的马头幡。前田利家年仅14岁时就成为织田信长的家臣，因为善耍长矛而声名鹊起。后来，他成为丰臣秀吉的封臣。丰臣秀吉死后，他支持丰臣秀吉的儿子丰臣秀赖。但1615年，丰臣秀赖和他尚在襁褓中的儿子死于大阪城，这标志着丰臣家族最后的陨落。

在丰臣秀吉远征朝鲜期间，大量使用火绳枪令其在初期掌握了军事上的优势。但朝鲜人很快就部署了舰载大炮，轻易控制了日本在海上的补给线，取得海上主导权。

信长喜欢传教士一边用地球仪展示，一边向他解释这个广阔的世界。可以说，正是这些传教士激发了年轻的羽柴秀吉妄自尊大的野心。

丰臣秀吉发动海外战争的另一个原因，就在于他已结束了日本的内战。在历经1个多世纪断断续续却又无休无止的战事后，日本在丰臣秀吉的领导下实现了统一。但是，人们的观念仍停留在“战争社会”。大量的侍和足轻都在等待下一场战争，以便维系日后的生计。好战的能量大量聚集，必须找到释放的出口。不仅是丰臣秀吉，许多其他的日本人也希望迎来另一场战争。而对丰臣秀吉本人来说，只能在外国的土地上发动一场战争。他曾建造多座庙宇和城池，不仅用于炫耀，也为了实现对日本社会的控制。但短期内，他无法改变整个社会的组织结构和特点。变革将是残酷且影响巨大的，需要通过征服积累财富来实现。因此，丰臣秀吉发动另一场战争[3]也在所难免。

海上的一次夜战。

桃山时代（公元 1580 至 1600 年）的头盔，与留下来的胴丸甲配套使用。这种头盔是一个简化的碗状结构，只有三个甲片。乌帽子的顶端，用包裹了银箔的纸张制作而成。錣（护颈）用伊予札制成，即使用少量更大的甲片，然后覆盖上孔雀毛。当时，这被认为是一种非常现代化的装备。（图源：严岛神社）

这种非常耀眼的“现代化”铠甲，属于1592年朝鲜战争中丰臣秀吉麾下的一位分队指挥官加藤清正。头盔覆盖着熊皮，不仅是一种装饰，还可以直接遮挡阳光和雨水。胸甲的整体外形沿袭了欧洲风格，是由连缀在一起的札片和一个肌肉浮雕状的金属甲板组合而成。

金漆马鞍，带有菊花和桐树花的图案，为丰臣秀吉所有。（图源：大阪城博物馆）

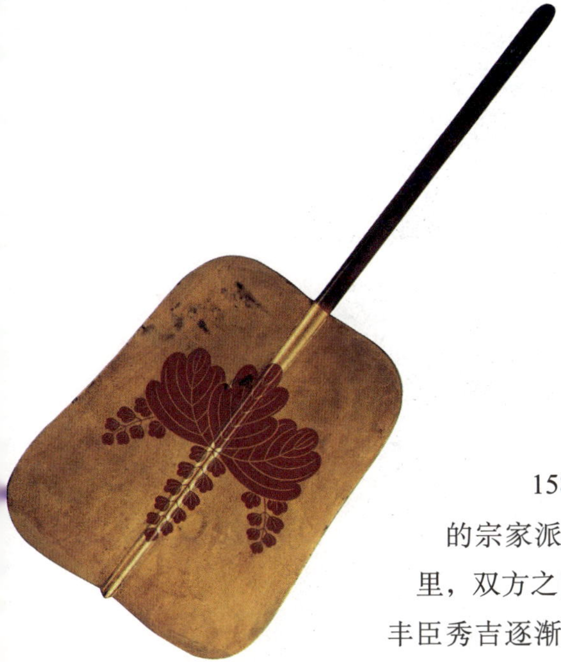

一把带有泡桐树——一种中国“神树”花冠图案的扇子，为丰臣秀吉所有。（图源：大阪城博物馆）

1587 年，丰臣秀吉下令，让对马岛的宗家派遣使者去朝鲜。在接下来的数年里，双方之间有过多次交流。通过这些活动，丰臣秀吉逐渐明确了利用朝鲜作为通往中国跳板的意图。当时，朝鲜人傲慢的回复给了他发动远征行动的借口。对朝鲜的侵略只是他建立一个安全基地、在亚洲主大陆上获取一个供给来源的第一步。根据这一不周全的战略，日本远征军只带了 5 个月的口粮，未做充分准备，企图通过海上从日本本土获取长期补给。

远征行动在 1592 年 5 月发起，约 16 万士兵在小西行长[4]、加藤清正[5]、黑田长政[6]、小早川隆景[7]和毛利辉元[8]的指挥下于釜山登陆。没有统一的指挥，每个分队都独立行动（因为这些军队之间存在竞争关系，特别是信仰基督教的小西行长的军队和信仰佛教的加藤清正的军队）。与这些在旷日持久的内战中锤炼磨砺出来的侍和步兵相比，朝鲜军队完全不是对手。汉城很快就落入小西行长军队手中，7 月他们又夺取了平壤。加藤清正的军队继续向东北推进，夺取了釜山，并向图们江和明朝边境挺进。小西行长仍然待在西部，等待主力援军的到来，以便可以将远征行动推进最后 80 英里，到达鸭绿江，并进入中国境内。

尽管朝鲜军队实力不如日本，但他们的海军却更为先进，无论是

6 世纪末桃山时代，最具
生的铠甲（左右两图分别
反面）。其拥有不同的
"仁王[9]丸"，意为"魔
甲"；"肋丸"，意为"肋
让人想起忍饥挨饿的佛
这套铠甲刷有红漆，后背
片上印有一个金色的汉
一"心"。（图源：东京国
物馆）

技术还是战术都略胜一筹。李舜臣[10]将军很快就控制了朝鲜附近的海域，切断了日本远征军的补给线及其与援军间的联系。当秋天逐渐转入寒冬，日本军队无法从当地如期获取充足的补给，开始受困于饥饿和疾病的严峻挑战。朝鲜人逐渐组建起一支志愿者游击队，他们的抵抗越发顽强，让入侵者付出了高昂的代价。中国明朝也曾对平壤发动一次小规模反攻，遭遇了失利，但他们却从错误中积累了经验。1593 年 2 月，该城最终被强大的明朝军队夺取。日军向汉城节节败退，但在碧蹄馆的战斗[11]中击退了不断逼近的明军。之后，双方陷入僵局。面对愈演愈烈的朝鲜游击活动，日军只能以更为强硬的手段应对，但屠杀平民却激起了朝鲜更顽强的抵抗。

我们注意到，在这场战争期间，日军从日本本土招募了大量的搬运工和劳工，来支援朝鲜战场上的军队。同时，他们还俘虏了许多朝鲜战俘，将他们送回日本。这些人都是些制陶、造纸、织丝和印刷的能工巧匠，他们后来推动了日本当地手工业的发展。

日本军队在朝鲜南部安营扎寨、建造防御工事之时，与明军的议和却一拖再拖。3 年的时间里谈判毫无进展，后来明朝向丰臣秀吉送去信函，却只承认他为“日本王”。丰臣秀吉一怒之下，于 1597 年再次派出 14 万大军前往朝鲜，尽管经历了多场血腥战斗，却没有第一次远征那样成功。1598 年 9 月，丰臣秀吉在伏见城[12]病死。根据他的遗愿，日本军队很快开始从朝鲜撤离。岛津义弘领导的九州萨摩藩军队在泗川打败了穷追不舍的敌人，但双方很快缔结和约。到战争结束时，所有日军撤回本土（李舜臣将军在最后的一场海战中牺牲）。

7 年的战争让朝鲜受尽蹂躏，而且部分领土被明朝部队占领。对日本统治者来说，战争也带来了巨大的财产损失。在这场战争的进程中，许多大名找到了挑起彼此纷争的理由，这也不足为奇。当丰臣秀吉的继承权传给了他 5 岁的儿子时，一时间危机四伏，也在他的家臣中埋下了不和的种子。

侍社会中的女性

平安时代，女性在贵族家庭的人际关系中发挥了重要作用。女儿婚后仍要尊重父母，一个家族可以通过已婚的女儿，对她的夫家施加影响。当时的社会条件下，遗孀可以继承丈夫的地产和财富。镰仓时代（公元 12 至 14 世纪），侍阶层中的女性可以要求朝廷保护自己的继承权，幕府政权的御家人家臣的遗孀也有这样的权力。镰仓幕府的统治下，有一个可以裁判这些事务的机构（问注所）。在北条氏摄政期间（公元 1210 至 1333 年），政府加强了对御家人的控制，妇女的权利相对弱化。尽管如此，许多妇女还是从全国各地来到镰仓，参见幕府，提出诉讼。她们通常在家臣和仆人

静御前，12 世纪末传奇式人物源义经的爱妾。她是一位京都的歌舞伎。源义经为躲避兄弟源赖朝的追杀而逃往吉野町时，她一直追随左右。后来，她在那里被抓住送往镰仓，然后带到源赖朝和许多其他的侍首领面前。他们要求她表演取乐，她毫不畏惧，即兴表演歌舞，表达了自己对源义经的爱意。

1600年的桃山时代，丰臣秀赖的母亲淀殿手下侍女们穿着小袖或窄袖和服。

的陪护下，完成这段危险的旅程。有些女性甚至敢于站在全副武装的群臣面前，积极维护自己的财产继承权。

当时，有些宗教神社还有女性神职人员，特别是九州北部的神社。古时候，封建迷信思想盛行，和古希腊社会一样，日本人也敬奉多个女神。因此，女性高级神职人员要主持此类仪式。一直到 14 至 16 世纪的室町时代，神社中都可以找到这些女神的神像。因此，有些研究者认为，日本历史上，北部地区呈现父系社会的特点，而南部地区则具有母系社会的特征。有意思的是，日本南部首先通过生产大米进入农业社会。正是“务农的南部”逐渐将权威延伸至“打猎的北部”之时，京都政府与虾夷人之间的对峙也就开始了。

无疑，一个处于变革中的多阶级社会里，强势且果决的女性获取和行使权力的例子总是层出不穷。源赖朝死后，其遗孀北条政子在父亲北条时政的帮助下，在幕府中建立权力基础。实际上，凭借幕府将军遗孀和将军儿子之母的身份，她的权力已经超越自己的父亲。室町时代，玩忽职守的幕府将军足利义政的妻子日野富子，成为当时日本最富裕、最具影响力的女性。

除了贵族阶层的女性之外，社会较低阶层的女性——包括农民、手工业者、新兴商人和放贷者——也并非毫无权力。但在 15 世纪末期至 16 世纪中期战争肆虐的战国时代，一个军事实力可以决定各令制国命运的时代，女性逐渐丧失了统治权。最后一位有权势的女性，便是丰臣家的女性统治者淀殿。但 1615 年，大阪城落入德川家康手里时，她却选择了自杀。

在长久和平的江户时代，根据儒家思想的教导，侍社会中的女性地位遭到轻视。无论她们在社会中表现得多么聪慧、睿智，也被认为是附属男性的性别。19 世纪明治帝国维新后，儒家思想的影响使得女性的地位一直十分低下。日本社会中女性地位的恢复经历了很长的时间，推翻过去的封建思想也成为二战后美国向日本社会引入的巨大变革的一部分。今天，日本女性权利在积极的改革运动中得以捍卫。

注释

[1]　日本中世后期至近世时代，领主对于农民保有地进行的测量调查，称为检地。1582 年，在全国统一的背景下，日本彻底施行检地法，史称“太阁检地”。通过检地法的实施，政府重新清算原有庄园制的支配关系，制定了一套新的租税体系，并确立对农村的支配体制。到了江户幕府时代，太阁检地法被部分修订，制定了检地条目。

[2]　长久手之战，又称小牧长久手之战，指羽柴秀吉与德川家康之间于 1584 年 3 月展开的一场大规模会战。其时耗费将近 1 年，虽以德川军胜利告终，但因羽柴秀吉外交策略奏效，导致德川家康失去此战的正当性，不得已之下向羽柴秀吉议和，此战才告结束。此后，羽柴秀吉心中便埋下了对德川家康既敬佩又猜忌的种子。

[3]　见藤井真石的《太刀的战场》。——原注

[4]　小西行长（1558—1600），日本安土桃山时代后期武将。堺市豪商小西隆佐之子。初为备前国宇喜多氏之家臣，1579 年受丰臣秀吉所招，因屡立战功，1585 年为摄津守，赐姓丰臣，1588 年受封肥后国。在 1592、1597 年丰臣秀吉两度出兵朝鲜时，担任先锋主将。

[5]　加藤清正（1562—1611），日本安土桃山时代、江户时代武将和大名，初代熊本藩领主，出生于尾张国中村。由于与羽柴秀吉有血缘关系，故开始追随秀吉。织田信长死后，羽柴秀吉与柴田胜家为争夺主导权在贱岳开战。其中，秀吉方有 7 人立下赫赫战功，以“贱岳七本枪”著称于世，加藤清正即为其中一人。

[6]　黑田长政（1568—1622），是安土桃山时代到江户时代初期的武将，福冈藩第一代领主。

[7]　小早川隆景（1533—1597），战国智将毛利元就第三子，丰臣秀吉麾下的五大老之一，战国到安土桃山时代的名将，曾任中务大辅。

[8]　毛利辉元（1553—1625），战国时代到江户时代前期的大名，丰臣秀吉麾下的五大老之一，关原合战中西军总指挥，长州藩第一代领主，战国第一智将毛利元就之孙，毛利隆元长子。

[9]　仁王，佛教用语，指佛陀。

[10] 李舜臣（1545—1598），字汝谐，本贯德水（今朝鲜黄海北道开丰郡），生于朝鲜首都汉城。李氏朝鲜时期将领，官至三道水军统制使、全罗道左水使。

[11] 史称“碧蹄馆之战”，是 1593 年日军企图对明军发动的一场伏击战，地点在当时朝鲜国都西北的碧蹄馆（位于汉城以北 15 公里一座小山丘上的驿馆）。当时，日军的宇喜多秀家、小早川隆景、立花宗茂对战由李如松、查大受、高彦伯率领的明朝及朝鲜联军。两军在碧蹄馆激战整整一日，最终以双方退出战场而告终。

[12] 伏见城，位于日本京都伏见区。作为丰臣秀吉晚年的居地，伏见城一度成为军政中心，是他发动对朝战争的大本营。当时，绝大多数大名都在伏见城建有朝拜时居住的官邸，包括德川家康。

第11章

关原合战：巅峰决战

1590 年，丰臣秀吉统一日本，他任命了 5 名地方官来治理国家：石田三成、增田长盛、浅野长政、前田玄以和长束正家。后来，他从最有权势的大名中任命了 5 名摄政王，辅佐自己的继承人。这些摄政王分别是德川家康、前田利家、宇喜多秀家、毛利辉元和上杉景胜。然而，他推行的这种权力平衡非常脆弱，因此也不能如期实现长治久安。

实际上，当时丰臣秀吉的封臣已经明显分为两派。一派是跟随丰臣秀吉在经年累月的战事中表现卓越的将领；另一派主要是丰臣秀吉政权中从事行政管理的军事官僚。后一派系的首领就是丰臣秀吉在世时最重要的封臣石田三成。他生于一个地位低微的大名家庭，后来凭借卓越的管理才能成为丰臣秀吉最信赖的幕僚。

丰臣秀吉死后，石田三成一方与加藤清正、福岛正则和浅野幸长等军事封臣之间酝酿许久的敌对态势浮出表面。这些军事将领都十分憎恨石田三成，因为他袒护自己的妹夫——在朝鲜战争中担任监军的福原长

尧。福原长尧认为加藤清正和浅野幸长在晋州城[1]的行动过于懦弱，因为他们没有对朝鲜军队乘胜追击。由于福原长尧的检举，丰臣秀吉的许多军事封臣都遭到训斥，有些人还丢掉了自己的领地。

1599年，怨愤已久的加藤清正、福岛正则和浅野幸长攻击了大阪城的石田三成。但石田三成逃脱了，躲在伏见城中德川家康的宅邸里。德川家康本有机会除掉一直与他为敌的石田三成，但他很有耐心，没有动手。由于德川家康的介入，石田三成得以返回自己的佐和山城，闭关思考未来的计划。

丰臣秀吉死后，这位独裁者的正室北政所[2]和侧室淀殿[3]间的不和变得公开化。淀殿是织田信长的妹妹织田市[4]的女儿，同时也是丰臣秀吉尚在襁褓中的儿子丰臣秀赖的母亲。淀殿因为自己是织田信长的外甥女而居高自傲，曾倍受宠溺。相反，北政所出身于低微的侍家族，在同样出身低微的丰臣秀吉最艰难的早年岁月中一直不离不弃，照顾着丰臣秀吉年轻时的首批家臣。无疑，丰臣秀吉死后，他的许多军事封臣支持北政所，而那些官僚团体则效忠于淀殿。

这一紧张态势给了德川家康充分的机会，以瓦解丰臣秀吉封臣间的统一同盟。丰臣秀吉死后，虽然德川家康被看作资格最老的摄政王，但只是众多权臣之一。他野心勃勃且聪

战斗开始之时，第一个进攻敌方防线的侍会得到褒奖，被称为“头矛”。而殿后以击退追兵或留在后方帮扶伤员的侍，会得到更高的褒奖。在步步紧逼的撤退行动中，伤员通常会被丢下，或者被那些假装要帮助他们的同僚杀死，以防止他们妨碍自己的逃离。在这种环境下，真正愿意冒险救助受伤友人者就会得到高度赞扬。（图源：笹间良彦博士）

关原合战中的岛津骑兵。岛津义弘极度仇恨石田三成，因此他并非心甘情愿与后者结盟。他组成楔形阵，向德川军中心位置发起最后冲刺。后来，只有他和一小部分人活着返回了九州，这也让他声名远扬。但对石田军来说，岛津直至最后一刻都消极防御，无异于一种背叛。

慧过人，一心想要分化这些封臣，其初衷就是除掉那个出类拔萃的对手——石田三成。

丰臣秀吉死后，摄政王之一的上杉景胜从大阪返回他在会津的领地，做好准备应对丰臣秀吉继承人的支持者与德川家康家族间的斗争，他认为这场战争不可避免。在没有得到德川这位资深摄政王同意的情况下，他开始招募无主的侍，搜集武器，囤积粮食和补给，加强防御工事。他的领地位于德川势力的首府江户的北部，如果他反叛德川，后者就需要多线作战。上杉的举动让德川备感威胁，于是德川命令所有大名率军攻打上杉，因为上衫藐视了自己作为最资深摄政王的权威。德川的命令与丰臣秀吉的一样有分量，即使是丰臣秀吉的封臣也听从了他的号召，加入他所倡导的行动。德川家康非常善于争取人心，很受大名的欢迎。上杉景胜的举动是否是为了支持石田三成，抑或只是为了在即将到来的战斗中扩大自己的领地，都不得而知。无论上衫景胜的动机如何，1600 年 6 月 16 日，一支针对他的讨伐大军从大阪出发。

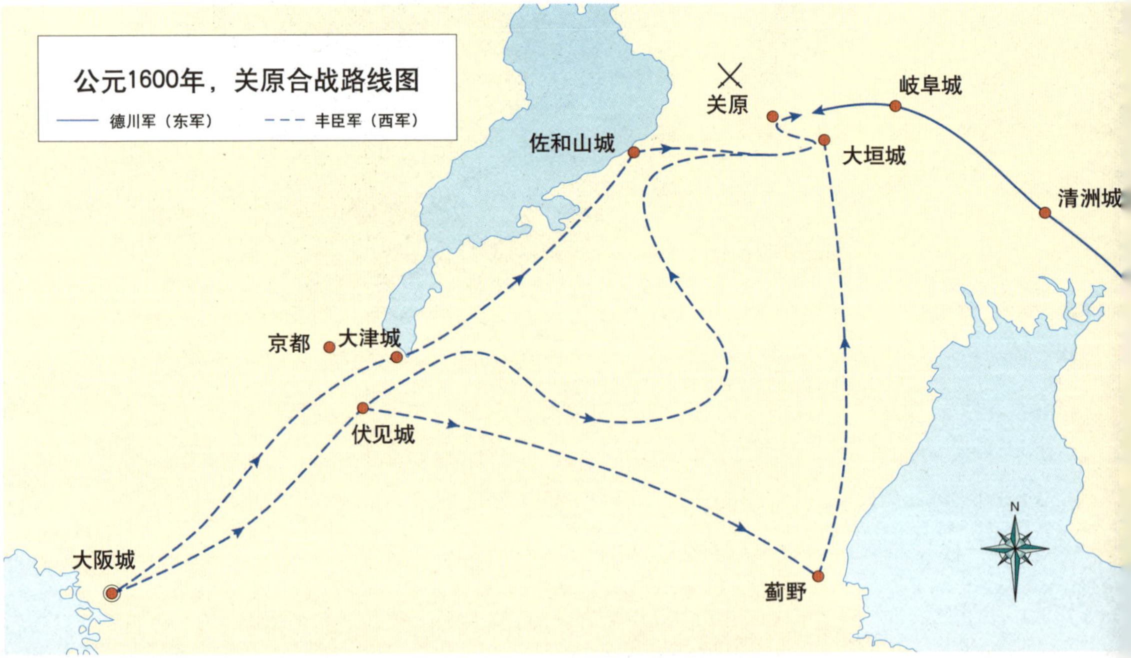

真田幸村[5]的铠甲。德川家康逼近关原之际，他正坚守上田城。他通过高超的拖延战术，阻止德川秀忠的部队及时与父亲德川家康的队伍会师。这副胸甲上的梯子图案意指步步高升。1614至1615年，真田幸村在大阪城声名远播，却未能在最后一场战斗中活下来。（图源：笹间良彦博士）

关原合战之后，德川家康查验被砍敌人头颅的遗址。

德川家康查验敌人头颅的艺术再现场景。

每个人都清楚，如果德川家康离开大阪，石田三成就会揭竿而起。但德川家康正是想要让所有针对他的阴谋明面化，以便知道谁是敌人，从而除之。此外，他希望讨伐军中的许多大名，甚至支持丰臣家继承者[6]的人，在他与石田三成公开对峙时能够追随自己。

石田三成的阴谋

正如德川家康所料，石田三成在佐和山城召集了许多支持丰臣秀吉的大名，反对德川家康。石田的计划是选择毛利辉元作为总指挥，让他驻守大阪城；给上杉景胜去信表达支持；邀请大谷吉继[7]加入他们的队伍。大谷吉继的父亲生于九州，曾效力于大名大友宗麟麾下；大友被岛津打败后，其父成为浪人[8]，带着整个家族在多个令制国间辗转。大谷吉继在 16 岁时结识了石田三成，加入了丰臣秀吉帐下。后来，大谷吉继带领一支部队加入了德川讨伐上杉景胜的远征军。他经过佐和山时，石田三成曾邀请他来到自己的城中，然后请求他加入反对德川的队伍。最初，大谷吉继竭力说服石田三成放弃反对德川的行动，但在劝说无果后，他最后同意加入石田三成的队伍。

大谷吉继和石田三成原本就很要好，这层关系因一次意外事件而变得愈发紧密。大谷吉继常年倍受麻风病之苦。一次，他病情加重，在参加了一个有丰臣秀吉出席的茶艺仪式时，鼻子中的分泌物掉入茶杯中。参加这次茶艺的客人们同饮一杯茶，然后将这个杯子传给下一个人，但要避免接触到茶杯边缘的同一个地方。因此，这时的大谷尴尬异常，却不能将污秽的杯子传给身边的人。石田三成看出他为难，来到大谷吉继身边，接过杯子，说尽管还没轮到他，但他必须将杯中的茶喝掉，因为他实在太口渴了。此举让大谷吉继一直难以忘怀。因此，他后来同意加入石田三成的队伍，毅然为故友的情谊赴汤蹈火。

军营中的石田三成。摄于2000年关原合战400周年庆典活动。

德川家康的一位重要家臣井伊直政[9]，他曾在关原合战中受重伤。

事实上，如果那些支持石田三成的大名都按照他的计划行事，他的行动也就不会成为一次破釜沉舟的冒险。石田三成与德川家康在战场遭遇之前，双方都向许多将领派去信使，想获得他们的支持或让他们明确态度，但可惜双方都无法确定谁会支持自己，谁会背叛自己。

不断挺近的德川军兵分两路。由德川家康三子德川秀忠率领的主力军，取道中仙道[10]前往大阪，却在上田（今长野县）遭到真田家的阻拦。真田幸村高超的防御战术极大地延缓了这支部队的速度，使其无法参加即将在关原发起的战斗。德川的另一支军队取道东海道[11]，即南部路线。这支军队因为诸多丰臣秀吉旧部大名的加入而势力大增，这些人中包括福岛正则、藤堂高虎[12]和池田辉政[13]，他们都宣称反对石田三成。德川家康因为害怕自己的联军中出现叛徒，而坐镇江户的大本营中，不肯离开。聚集在清洲城充当先锋的大名们，主要都是丰臣秀吉的旧部，他们对于德川迟迟不肯离开而感到不安。最后，他们得到的消息称，德川家康不会离开，除非他们在战场上一表决心。他们立即赶往丰臣家的岐阜城，打败了织田秀信。德川家康一接到这个消息，于1600年9月1日率军前往大阪。

但此时，德川军的主力部队仍在上田迟滞不前。对是否应该在德川秀忠到来前就直接挺进大阪，向石田军发动进攻，德川家康最初犹豫不决。但在战争会议上，他却被说服，立即让自己的封臣井伊直政继续前进。

9月9日，石田三成离开了大垣城[14]，前往关原阻挡德川家康直接挺进佐和山城。关原三面环山：东面是桃配山和南宫山，南面是松尾山，西面是天狗山。位于富士川旁的中仙道自东向西穿过该地，从伊势到京都和大阪。石田军就在关原西部安营扎寨，堵住了通往大阪的路。他的盟友小早川秀秋的军队则驻扎在位于此路南面的松尾山山顶，毛利秀元、安国寺惠琼[15]、长束正家[16]、吉川广家[17]以及长宗我部元亲[18]的军队则沿着此路南部高地一脉向东部署。德川军从东面到达，经过小早川和毛利的阵地左翼，与石田军主力在靠近佐和山城的西部正面遭遇。此时，双方的士兵都浑身湿透，因为在恶劣的天气中行军而疲惫不堪。假如小早川和毛利的军队的确为石田三成出力，那么德川军就像脑袋已伸进一扇随时可能关上的大门，最终将死路一条。

关原合战

与丰臣秀吉不同，德川家康是一位出色的野战将领，不喜欢采取包围战术。这也是他为何决定途经大垣城，向石田军暴露自己直接挺进大阪的行动，以诱敌出动。

在古代日本，战斗中首个向敌人冲刺的侍会得到嘉誉。关原合战中，赢得这一荣誉的是德川家康 21 岁的四子松平忠吉。德川家康希望丰臣秀吉旧部站在自己一方，并认识到这是一场丰臣家与德川家的战争。

前一天刚下过雨，地面泥泞不堪。1600 年 9 月 15 日，一个浓雾弥漫的清晨，松平忠吉和井伊直政带领一支 30 人的骑兵队伍，穿过德川军（史称“东军”）左翼，即其盟友福岛正则的阵地。然后，松平忠吉向左迂回，与丰臣军（史称“西军”）的宇喜多秀家遭遇。于是，福岛正则麾下的 800 名火绳枪手向宇喜多秀家靠近并开火。

接着，由藤堂家、京极家和寺泽家组成的东军左翼，与守卫西军右翼的大谷家军队遭遇。松平忠吉和井伊直政所部掉头进攻位于西军中心地带的岛津军。在浓雾中，德川家康从营寨里很难辨清战事进展，因此向东军每一部队都派出了传令兵。石田三成位于西军左翼的分队遭到了黑田家、竹崎家和细川家军队的进攻。东军绕过西军的先头部队，利用火绳枪手攻击西军两翼。西军将领岛胜猛（又称岛左近[19]）受伤，但他的部队配备了加农炮，得以击退敌人的进攻。东军左翼的福岛正则遭到了明石全登的反攻而被击退，恼羞成怒的福岛正则向明石全登发起冲锋，却再次被击退。

整个上午，德川家康的东军似乎在这场战役中占了上风，但石田三成的西军仍然坚守着，致使双方一直血战，僵持不下。中午时分，石田三成认为，此时应该率领西军发动一场全面进攻。他向位于东军左翼上方高地上的小早川秀秋发出信号，又向位于东军后方的毛利秀元发出信号，要求他们合上包围圈。但是，他们都按兵不动。

小早川秀秋是丰臣秀吉遗孀北政所宁宁的侄子，在丰臣秀吉还没有子嗣之时，他曾被丰臣秀吉作为儿子抚养。尽管秀秋既不聪慧也不勇敢，但丰臣秀吉仍将他视为己出。丰臣秀吉的儿子丰臣秀赖出生后，秀秋就被小早川家收养。自从小早川秀秋的岳父死后，他就继承了岳父的领地。在朝鲜战争中，他被指责领军无方，因此被赶到了福井藩。然而，德川家康在丰臣秀吉死后救了小早川秀秋，归还了他之前的领地。关原合战之前，东西两军都极力想要劝说小早川秀秋加入自己的阵营。

小早川秀秋接受了德川家康的邀请，同意在战斗中从西军倒戈到东

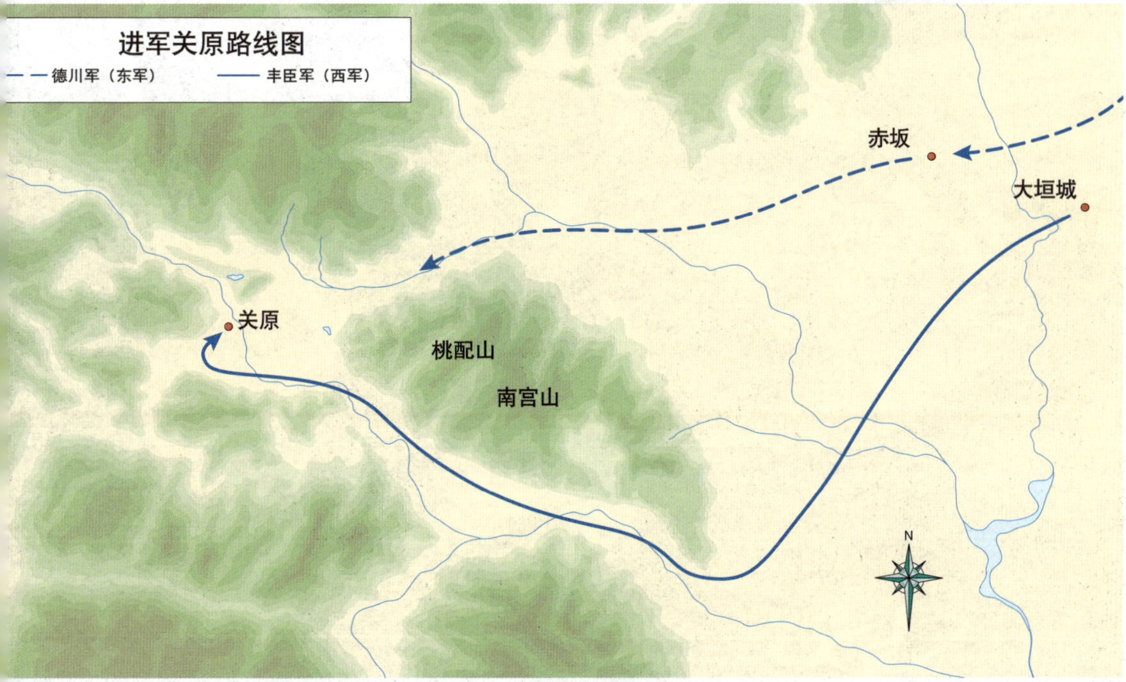

吉田重胜。

岛津丰久。

石田三成在笹尾山营寨中围栏的复原图。石田从大垣城行军至此后，不太可能在一夜间就建起这些围栏。他可能早在一个月前就曾到过这里，提前建起围栏。

关原合战400周年庆典活动中，背插小西行长旗帜的足轻。

这种铠甲被称作“一之谷”，是与黑田长政在关原合战中穿戴的铠甲类似的一种甲胄。其胸甲是由横向的甲片构成，饰有蚀刻效果，配有较大的镀金铆钉头。一之谷战役爆发于1184年，当时源义经率领骑兵越过一个险峻的陡坡，在一之谷攻击了平氏军。图中头盔的形状可以让人想起此役中那个陡坡的样子。

军。但他一直犹豫不决，不想完全投入兵力，直到他受到德川家康的威胁。石田三成和德川家康都在等待小早川秀秋加入己方军队，双方都派出信使去他位于松尾山的指挥所。德川家康对小早川秀秋的迟疑十分愤怒，命令手下的火绳枪手向小早川的军营开火；黑田长政也派出官员，用最为强硬的措辞逼迫小早川将兵力完全投入到东军的行动中。小早川秀秋最后动摇，决定彻底投入战斗，他所有的军队一起冲下山坡，进攻西军的右翼。

位于右翼的大谷吉继对小早川秀秋的背叛早有防备，实施了反击，迫使小早川军退回松尾山。但由于小早川的背叛，石田三成为应对背叛而部署的一些西军部队，此时也逐个倒戈，开始进攻西军的其他部队。此时，西军开始丧失数量优势。首先，中部的小西行长被迫撤离战场；然后，德川家康命令他的护卫队进攻西军左翼；最后，西军分裂，开始纷纷逃离战场。石田三成的朋友、麻风病患者大谷吉继此前一直忠贞地坚持战斗，但面对眼前的败局他只得自杀。他命令家臣将自己的头颅砍下，埋在战场上，这样其头颅就不会被敌人拿去做战利品。

这场战役之前，66 岁的岛津义弘最初想要加入德川家康一方。曾做过德川家康护卫的鸟居元忠占领伏见城时，岛津义弘曾向鸟居元忠送信表达此意。鸟居元忠射杀了岛津义弘的信使，拒绝了他的请求，因此岛津义弘不得不加入石田一方（在这种情况下，保持中立是不现实的）。令岛津义弘感到耻辱的是，在关原合战中他只有 1500 人，而他在鹿儿岛的兄弟却拒绝派出更多兵力。他曾计划在德川家康向关原挺进时，切断东军尾部，可这一计划被石田三成的幕僚岛左近将军否定。

尽管岛津义弘的军队数量少，但这些九州的战士却奋勇杀敌（尽管只是处于守势）。他的指挥部位于石田三成队伍的前方正中。在他的右翼，小西行长的军队与本多忠胜和户川达安的军队遭遇。岛津义弘命令手下士兵不要主动出击，而要守好自己的阵地，将所有进攻阵地的敌人消灭殆尽。在小西行长和宇喜多秀家的军队相继被福岛正则和寺泽广高打败后，岛津义弘的军队（此时只剩 500 多人）被迫直面东军的正前方。当时，几乎陷入绝境的岛津义弘想直接进攻德川家康的指挥部。但他的幕僚乞求他径直冲破东军前锋以逃离战场，因为德川的大部队正专注于追赶溃散的西军。

岛津义弘的军队以楔形阵急速挺进，经过了德川指挥部的前方，想要离开战场。福岛正则并没有攻击岛津义弘，但井伊直政却想阻止他的前进。岛津义弘的一位家臣在火绳枪中装了两发子弹，然后向井伊直政射击，并射中他的手臂，井伊直政从马上摔落。首领落马，在井伊身着红色盔甲的战士中引起一阵混乱，岛津的楔形队列得以艰难向前推进。本多忠胜想要从后方攻击岛津义弘，却被岛津义弘的随从果断地阻止。最后，岛津义弘成功带领仅 50 到 60 人冲出战场，从伊势逃到了大阪附近的堺城。他上了船，带着那些曾经被囚大阪城为人质的亲戚，返回了九州的鹿儿岛。一直留守鹿儿岛的岛津义弘的兄弟足利义尚，请求德川家康原谅岛津义弘（如果该请求被驳回，那么他们将准备发动另一场战争）。两年后，德川家康赦免了岛津义弘。

和小早川秀秋一样，29 岁的宇喜多秀家也是丰臣秀吉的养子。德川的东军到达关原时，宇喜多秀家一直急于立即对其发动进攻。当时，石田三成决定在大垣城伺机而动，因为他知道德川家康不擅长包围战术。但德川家康绕开了大垣城，石田三成被迫改变计划，准备在关原阻断德川大军。宇喜多秀家与石田三成的想法相反，他坚持认为应该留守大垣城，直至从大津城突围的援军到达。可石田三成否定了这一提议，决定在关原发起战斗。

宇喜多秀家的分队位于西军中部，拥有 1500 名骑兵、15000 名步兵和 500 多人的补给部队，这也是西军主力战线中最重要的分队。关原合战的整个上午，宇喜多秀家的军队在经过了 4 个小时的奋战后，压制住了福岛正则的部队。但由于小早川秀秋和其他丰臣秀吉旧部的背叛，宇喜多秀家右翼的大谷军和左翼的小西军被分别击垮，致使宇喜多秀家的侧翼和后方都遭受攻击，最终他的军队也被击垮。宇喜多秀家也从大

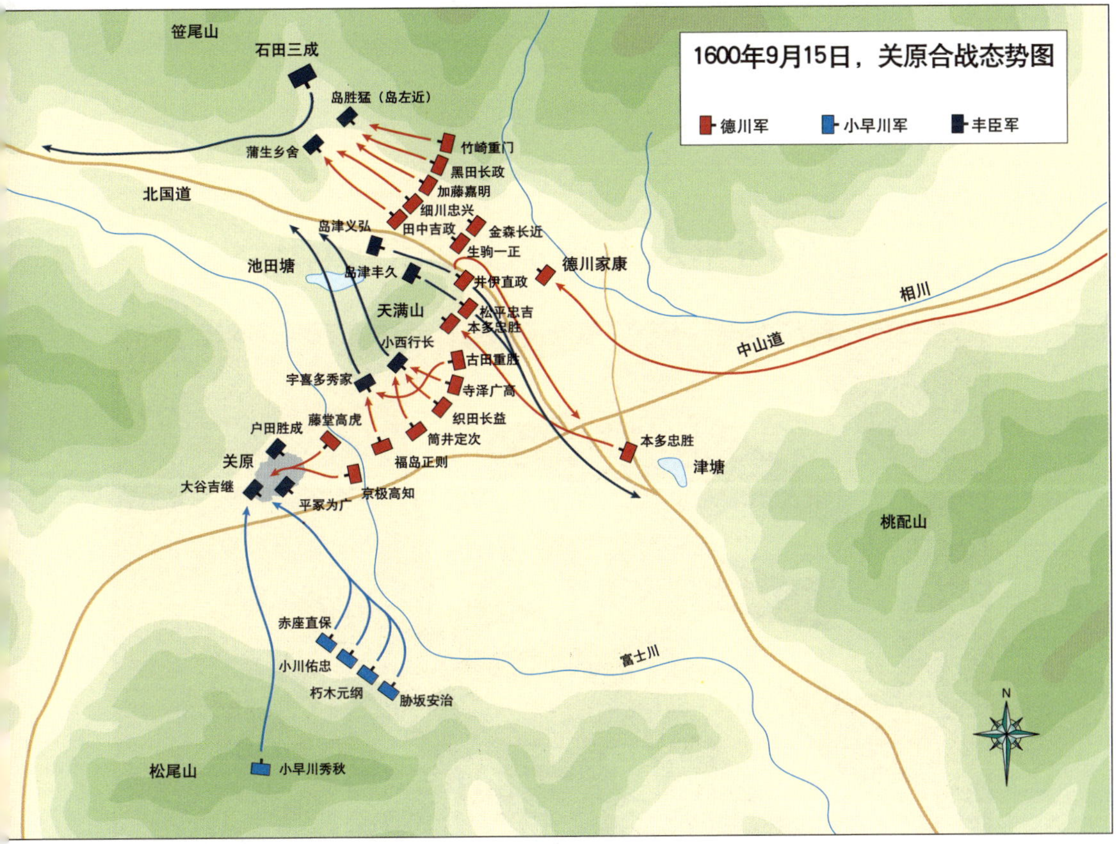

阪上船，前往鹿儿岛，寻求岛津义弘的庇护。他躲了 3 年后，德川家康才知道他还活着。可因为时过境迁，德川家康也变得宽宏大量了，对宇喜多秀家的惩罚只是令其与家臣一起流放八丈岛[20]。最终，宇喜多秀家在那里度过了漫长的余生。

关原合战后，背叛西军而改变了战争进程的小早川秀秋夺取了石田三成的城堡。作为回报，他从德川家康那里得到了一大块领地，但并没有享有很长的时间。两年后，他就因为疯病而死。

后来，石田三成、小西行长、安国寺惠琼均被俘。10 月 1 日，德川家康在京都的六条河畔将三人处决（小西行长至死都坚持自己的基督教信仰）。

但是，赢得关原合战并没使德川和平时代到来。丰臣秀吉的儿子丰臣秀赖仍然活着，就住在大阪城。正是在那里，双方将进行最后的较量。

东西军双方家族分队的旗帜

宇喜多秀家及其旗帜（西军；旗帜上为家纹，后同）

织田长益（织田有乐，东军）

前田利家（东军，未参加关原合战）

吉田重胜（东军）

利直（东军，未参加关原合战）

山内一丰（东军）

有马丰氏（东军）

浅野幸长（东军）

本多忠胜（东军）

浅野幸长（东军）

田中吉政（东军）

生驹一正（东军）

寺泽广高（东军）

京极高知（东军）

赤座直保（先属西军，后倒戈至东军）

治（先属西军，后倒戈至东军）

朽木元纲（先属西军，后倒戈至东军）

石田三成（西军）

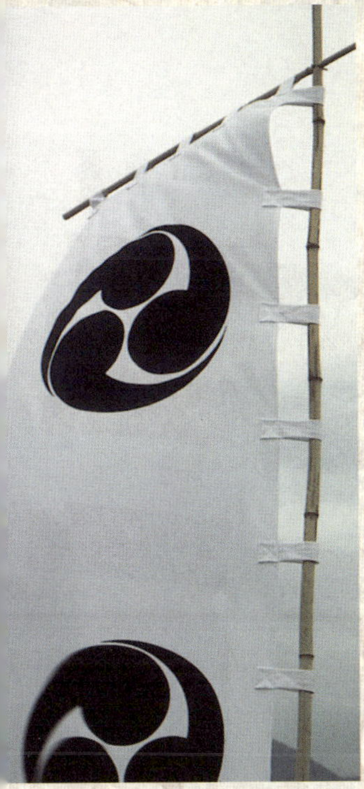

右忠（先属西军，后倒戈至东军）

小早川秀秋（先属西军，后倒戈至东军）

岛津义弘（西军）

平家为广（西军）

宇喜多秀家（西军）

德川家康的信使（东军）

池田辉政（东军）

注释

[1] 朝鲜半岛地名，在三国时代名为居列城，高丽时代名为矗石城，到了朝鲜时代改称晋州城。

[2] 指宁宁（1547—1624），丰臣秀吉的正室，又称於祢、祢祢。她一直被视为丰臣家武断派（与“文治派”相对）的精神领袖，虽终身未育，但一直像母亲般照顾着丰臣秀吉培养的年轻武士们，支持着秀吉的霸业。秀吉成为关白后，她被称为“北政所”。过世后，就葬在京都的高台寺，法名高台院湖月尼。其与织田信长正室斋藤归蝶以及前田利家之妻阿松并称“战国三夫人”。

[3] 淀殿（1567—1615），即浅井茶茶，1587 年被丰臣秀吉纳为侧室。由于秀吉正室北政所宁宁没有生育，当茶茶为秀吉生了儿子鹤松后，地位大大提高。秀吉将地名为“淀”的一座城池赏赐给茶茶，因此她后来被称为“淀夫人”“淀殿”。

[4] 织田市（1547—1583），日本战国时代女性，父亲为织田信秀，长兄为“战国第一风云儿”织田信长。但也有一种说法认为她是信长的堂妹。相传她拥有绝世美貌，被誉为“战国第一美女”，又称阿市、小谷夫人。

[5] 真田幸村（1567—1615），本名真田信繁。以真田幸村、真田左卫门佐之名闻名于世，是日本战国末期名将，战国乱世最后的英雄。

[6] 这里的继承者指丰臣秀赖。

[7] 大谷吉继（1559—1600），又名大谷吉隆，日本战国时代、安土桃山时代的武将和大名，丰臣家臣，越前国敦贺城城主。

[8] 浪人，指日本幕府时代脱离籓籍、到处流浪、居无定所的日本武士，亦称浪士。日本自镰仓幕府时期，武家开始主政，最高统治者为征夷大将军，将军下面的家臣、大名都豢养了许多武士。武士是职业军人，从家主那获取俸禄，为家主效命。有时，某些武士可能因为对家主不满、犯了错误或遭受排挤，就会离开主家，这样的无主武士称为浪人。比较著名的有大阪七将星中的后藤基次、长宗我部盛亲等等。

[9] 井伊直政（1561—1602），战国中后期到江户初期之武将、大名，井伊氏第 24

代当主（家督），近江彦根藩初代领主，德川氏家臣（战国时期为外样）。曾组建战国首屈一指的精锐部队：井伊赤备队。文治武功兼备，被史书称作“幕府开国元勋”。因建立起现代彦根市的发展基础，滋贺县彦根市每年举行“井伊直政公显彰式”祭典。

[10] 中仙道，江户时代的五大陆上交通要道（史称“五街道”）之一，自江户日本桥（今东京都中央区日本桥）直抵京都三条大桥（今京都府京都市东山区三条通）。其沿途设有 69 处宿驿，供将军上京拜谒天皇，正式名称是“中山道”。

[11] 东海道，日本江户时代的五大陆上交通要道之一，东起江户（今东京），西至大阪，与中山道在草津宿交汇。

[12] 藤堂高虎（1556—1630），是日本战国时代、安土桃山时代及江户时代的武将和大名。1570 年，他以下级足轻的身份跟随浅井长政参与姊川之战，因斩下敌军头颅，开始崭露头角，后成为浅井长政下属阿闭贞征的家臣。浅井氏灭亡后，他在津田信澄的介绍下成为织田信长的家臣。在贱岳之战、九州征伐和朝鲜战争中，他曾立下不少战功。

[13] 池田辉政（1565—1613），安土桃山时代与江户时代前期的大名。历任美浓国池尻城、大垣城、岐阜城以及三河国吉田城城主，播磨国姬路藩初代领主。

[14] 大垣城，位于日本中部地区岐阜县以西，与岐阜市、羽岛市、瑞穗市、安八町、神户町、轮之内町等地相邻，是目前日本唯一同时辖有两个飞地的城市。

[15] 安国寺惠琼（1539—1600），是日本战国时代、安土桃山时代的佛教僧侣和大名。

[16] 长束正家（1562—1600），日本战国时代、安土桃山时代的武将，早年充任丹羽长秀的近臣。长秀故后侍奉丰臣家，为“五奉行”之一。精于算术，作为内政专家从事了土地丈量、建造城池，以及处理财政等工作。关原合战中从属西军，战败后自杀。

[17] 吉川广家（1561—1625），日本战国时代至江户前期武将，岩国藩第一代领主，战国第一智将毛利元就之孙，吉川元春之子。在关原合战中，他成功阻止西军反攻，使东军取得胜利，被封为岩国藩领主。

[18] 长宗我部，土佐国豪族，曾于兼序时代遭入侵而灭亡，后凭遗儿长宗我部国亲在一条家的支持下复兴。长宗我部氏在元亲带领下，曾统一四国。后来由于丰臣秀吉入侵四国，长宗我部元亲被降格为土佐国大名。元亲乃长宗我部国亲嫡长子，幼名弥三郎。

[19]　岛左近（1552—1600），别名岛清兴、岛胜猛，日本战国时代、安土桃山时代著名武将。其出身一直被众说纷纭，后来虽名满天下，但前半生却平淡无奇、默默无闻。

[20]　八丈岛，是日本伊豆群岛中的一个岛屿，面积69.52平方公里，在行政区划上属于东京都八丈町。为了与附近的八丈小岛区别，有时也被称为八丈本岛或八丈大岛。

第12章

大阪之战[1]

尽管关原合战后丰臣家地位衰落，但丰臣秀赖仍被认为是日本未来统治者的人选，而丰臣家族依然十分富裕。在多数大名看来，德川家康应该支持丰臣秀赖。关原合战中的东军主力都是丰臣秀吉的旧部大名。因为他们憎恨石田三成，才最终将其除掉。但是，他们对于丰臣秀吉和丰臣家族并无二心。关原合战后，丰臣秀吉旧部都因为战功而获封大块领地，影响力渐长。

1603年，德川家康称将军，成为侍阶层名正言顺的首领，侍必须听命于他。尽管如此，为了安抚丰臣家族和丰臣秀吉旧部，他将自己的孙女嫁给了丰臣秀赖。1605年，德川家康的儿子德川秀忠成为家族继承人。由此，世人皆知幕府将军已然成为世袭制。德川家康命令大名们前来庆贺，丰臣秀赖也不例外。这对丰臣家族来说无异于奇耻大辱。愤怒的淀殿即丰臣秀赖的母亲，拒绝了这一邀请，并向德川家康抗议。尽管德川家康最终取消了这一命令，但他后来还是继续用侮辱性行为挑衅

大阪之战后的情景。大阪城陷落后，城里的女性和足轻都想要逃离这个人间地狱，他们丢弃了所有沉重的个人物品以及武器和铠甲。胜利者想要抓住这些男女当作战利品，然后卖掉他们为奴。当地的侍或强盗毫不留情地对逃跑的侍发动进攻，实施抢劫和杀戮。（图源：笹间良彦博士）

丰臣家族。

1611 年，德川家康在伏见城会见了丰臣秀赖，发现他已成长为一个可以主宰日本的男人。由此可以推测，这次会见是德川家康决定除掉丰臣秀赖的直接导火索。

1613 年，德川家康抱怨称，丰臣秀赖在寺钟上雕刻了诅咒他的铭文。这是针对淀殿的另一次挑衅，丰臣秀赖则对挑衅意图毫无觉察。片桐且元被丰臣家派出作为说客，可遭到德川家康拒见，但被迫接受了针对丰臣家族的苛刻条件。而淀殿私下派出的另一个游说团则得以面见德川家康，且受到友好的接待。返回大阪后，片桐且元因为带回如此不可接受的条件而受到苛责。但他仍然坚持和谈，因此受到孤立，别无选择之下只好离开大阪城。片桐且元一返回自己的领地，德川家康就劝说他投靠自己。由此，德川家康瓦解丰臣家手下的阴谋进一步推进。丰臣家招募前封臣来大阪城的又一次尝试也未能成功，但大阪城此时其实并不缺人。

截至 1614 年，许多在关原合战之后失去了主人或工作的浪人聚集在大阪城，预感战争即将到来。真田幸村和他儿子，曾经在上田城的战斗中拖延了德川秀忠进军关原的步伐，此时也从久能山上下来，进入了大阪城。诸如长宗我部盛亲[2]、毛利胜永以及大谷吉继之子这样重要的侍，也都来到了大阪城，据说当时这里聚集了 9 万名战士。

金札红糸中白腹卷甲——其名称的大体意思是，它由金质札片制作而成，配有红色绪，中间区域是白色绪。在安土桃山时代[3]，当世具足或“现代”铠甲都很常见，但高级将领也会使用腹卷和胴丸作为传统的地位象征。据说，这套腹卷是由丰臣秀吉所穿。（图源：东京国立博物馆）

德川家康像。1603 年，关原合战 3 年后，德川家康被任命为幕府将军。1615 年，他最终在大阪消灭了丰臣家族。德川家康向丰臣秀吉在世时所做的承诺均未兑现。丰臣秀吉死后，德川家康对丰臣秀吉的儿子丰臣秀赖穷追不舍，欲除之而后快。但他对丰臣家族的无情摧毁，使得日本实现了 250 年的和平。（图源：大阪城博物馆）

德川家康实施的是反基督教的政策，于是许多信仰基督教的侍聚集在丰臣家的周围。明石全登就是其中一位，他是宇喜多秀家的一位幕臣，曾经是关原合战中西军的一位将领。他在艰困的条件下顽强奋战，但在被东军打败后却因为自己是基督徒而无法切腹自杀。他徒步冲向敌人，想以此寻求一种光荣的死法，可敌人却因为无法与之抗衡而躲开了他的冲锋。后来，他遇到一位在东军中当将领的亲戚黑田长政。黑田长政劝说他逃离战场，也因此救了他一命。在躲藏了 14 年后，他决定揭竿而起，抗议德川家康对待基督徒的做法。他与数量不多的家臣一起离开九州的避难地，前往大阪。在行军的路上，他的队伍中又加入了许多其他的基督徒。当他到达大阪城时，5000 名侍组成的队伍前方是带有基督教十字架标志的 6 面巨大旗帜。（应该强调的是，他加入大阪军的动机十分不寻常，因为其他大部分在大阪聚集的侍不过是为获得通常意义上的战利品而已。）

冬季战役

德川家康仍然一如既往地全力备战，最终在 1614 年的冬天，他带着一支军队来到大阪城。这支军队的兵力到底有多少，虽众说纷纭，但大体在 18 万到 30 万之间。他们在相对比较薄弱的城南扎下主营寨。事实上，大阪是日本最为坚固的城池，其高筑的石墙由一个河口、运河、护城河和外围工事防护着。而且，这些城墙都刚刚被加固，精通包围战术的真田幸村还在城南侧建造了一座向外突出的碉堡，由 5000 名士兵驻守。大阪城已准备抵御一场旷日持久的围攻战。

真正的战斗于 1614 年 12 月 2 日打响。德川军夜以继日地猛攻大阪城，即使远在京都也能听到炮火声。由于真田幸村有力的反击，德川军多次入侵该城的努力都不成功。严冬中僵局持续了几周，德

1615 年，大阪夏季战役图。尽管井伊直政的军队以红色铠甲闻名，但红色铠甲却不是他们的专属，真田幸村率领的敌军也会穿戴红色铠甲。真田幸村最后一次向德川家康指挥部的冲锋给德川军制造了慌乱，并将其击退，可最终还是因寡不敌众而失败。（图源：大阪城博物馆）

川军付出了巨大的代价，但最终以失败告终。后来，德川家康提出了议和条件——表面上是为减少伤亡，实际上却是为长期保住自己的地位。丰臣秀赖的母亲淀殿，因为炮火受到了惊吓，强迫自己的儿子接受条件。丰臣秀赖不顾手下将领的反对，同意了德川家康的议和条件。淀殿可能不知道，她此举最终葬送了丰臣家。12 月 23 日，双方签订了和平协议。之后，德川家康凯旋，回到京都；他的部分军队也离开了。但是，德川家康一离开，他留下的手下就开始拆毁大阪城外墙，使其跌入外护城河中，然后继续填充内护城河。此举显然违反了有关只能部分拆除该城防御设施的条款（条款中用词模糊也许是刻意为之）。丰臣家的将领开始抗议，但当他们最终接到迟来的回复时，大阪城大部分的防御工事都已被摧毁。

1615 年，大阪夏季战役中，德川家康的指挥场景图。一群侍护卫着这位将军，注意在环绕他的内圈，有些人手持刻有中国汉字“五”的金色扇子。“五”这个数字的意义，表达的是对不动明王的信奉。[4]（图源：大阪城博物馆）

夏季战役

1615年4月，德川的军队再一次从京都出发，想要最终击垮了丰臣家。他出师的借口是大阪城重建了部分的防御工事（这是一种夸大的说法），且浪人们再次聚集在那里（此言不虚，大阪军已经比1614年12月时更强大）。丰臣军向大阪城周围的令制国派出数路远征军，希望在德川的各路人马会合前，将其一一击败。这一次，德川家康认为，只需要3天就可以击垮丰臣军。丰臣家无法再依靠防御优势以逸待劳，因为德川家康计划打一次他最热衷的旷野战。德川军总计15万人，从三个方向逼近大阪城。大阪守军决定奋战到死，5.5万名士兵倾巢而出，在大阪城南四天王寺的旷野与敌军遭遇。据说，因为真田幸村手下身着红色铠甲的士兵在那里安营扎寨，使茶臼山呈现出满山的红色。

在中央地带，毛利胜永麾下的士兵在本多忠朝的率领下，冲入德川军的先锋部队，将其逼回主力部队。后来，德川援兵赶至德川军左翼后方，却被误认为是敌军，致使德川军出现动摇。在近身白刃战中，战线来回移动，且陷入凶残的混战。德川家康已将战地指挥权交给了其子德川秀忠。此时，作为丰臣军后备兵力的大野治长发动了一次猛攻，向德川秀忠进逼，却

失败的惩罚。这幅图反映的是，丰臣家族的追随者正极力逃离陷落中的大阪城。（图源：大阪城博物馆）

真田家族的一套当世具足，其典型标志便是护袖上有 6 个硬币状的装饰。桶状的胸甲显然受到欧洲模式的影响，但这套胄甲是在 17 世纪的日本制作而成。（图源：大阪城博物馆）

被井伊直政和前田利常从德川军右翼挫败。丰臣军请求丰臣秀赖从城中抽调援军的情报未被及时送到，最后，德川军以数量优势大败丰臣军。听到真田幸村被杀的消息后，丰臣军失去了信心，筋疲力尽的丰臣秀赖也暂停了战斗。

黄昏时分，德川军蜂拥而至，闪击大阪城。被围困的丰臣秀赖和他的母亲淀殿自杀，秀赖年幼的儿子被残忍地处决，丰臣秀吉一脉至此彻底断绝了。丰臣秀吉的遗孀北政所宁宁在战争中幸存下来，出家为尼。德川家康从十几岁时就经历了各种斗争和算计，此时已 74 岁高龄的他无疑成为整个日本的统治者。次年春天，他死在床榻上，他的儿子德川秀忠继位。

注释

[1]　大阪之战（1614—1615），指江户时代早期江户幕府消灭丰臣家的战争，战争主要范围是在大阪城附近（今大阪府大阪市中央区），其中包括 1614 年 11 至 12 月的大阪冬之阵、1615 年 5 月的大阪夏之阵（至 6 月 4 日即农历五月八日结束），最常用的说法是“大阪之阵”。

[2]　长宗我部盛亲，是长宗我部元亲的四子。名字中的“盛”字取自丰臣秀吉家臣增田长盛。其身高达 180 厘米，在平均身高不到 160 厘米的日本战国年代，可谓堂堂伟丈夫。在长兄信亲战死后，他深受父亲的溺爱并继任了家督。

[3]　安土桃山时代，又称织丰时代，是 1573（或 1568）至 1603 年之间，织田信长与丰臣秀吉称霸日本的时代。始于织田信长驱逐最后一个室町幕府将军足利义昭，终于德川家康建立江户幕府。以织田信长的本城安土城和丰臣秀吉的本城桃山城（又称伏见城）为名。其主要特征是由战国时代的分裂走向丰臣、德川时代的统一，并伴有现代化趋势。

[4]　佛教中，不动明王为一切诸佛教令轮身，故又称为诸明王之王、五大明王之主尊；五大明王，是五智化身的五方佛为降服内外魔障所变的教令轮身。因此，“五”这个数字具有特殊意义。

第13章

岛原之乱[1]

九州的基督教信徒之前受到有马家下辖的令制国大名保护，但1615年丰臣秀吉逝世后，德川幕府下令，要求所有大名对这些信徒实施压迫。这个迫害的过程循序渐进且跌宕起伏。在大阪之战中脱颖而出的松仓重政最初想要庇护这些基督徒，但在遭第三代将军德川家光指责不作为后，他也开始大力迫害基督徒，并可能造成了1万人的死亡。

后来，有马晴信的儿子有马直纯从岛原国迁至日向国。但他的许多家臣仍留在岛原务农。在德川家康下令逮捕和处决基督徒大名小西行长后（关原合战之后），小西的家臣极力寻机报复德川家，并在岛原附近寻求庇护。

松仓重政急于向德川幕府表达忠心，提出了一个格外雄心勃勃的计划，即进攻位于菲律宾群岛的吕宋岛，那里是前往日本的西班牙传教士的基地。他在得到德川幕府的非正式首肯后，便向堺城、平户和长崎的商人借钱购买了许多武器。但德川幕府很快决定，时机尚未成熟，不这款头盔的日语全称是“天刺胁立黑漆五重兜”，意思是“黑漆五重头盔，带有‘天刺’状侧面装饰”。“天刺”在日本战国时代是一种非常受欢迎的设计，象征新月的变化，而底部的金色圆形前立自然就代表太阳。（图源：大阪城的博物馆）

南蛮胴[2]锁具足[3]，意为欧式铠甲，为榊原康政所有。事实上，只有头盔是外国制造，而胸甲、草折和笼手据信皆为本土制造。（图源：东京国立博物馆）

应贸然根除基督群体的海外支持者，因为国内的形势非常动荡不安。松仓重政突然崩逝后，他的儿子松仓胜家被债务压身，因此决定加重税赋，开始毫无节制地横征暴敛，那些无法缴纳税赋的农民死在了他手下的施刑者手中。岛原国的形势变得格外紧张，谣言四起，称未来那里会出现一位上帝的门徒，拯救所有的农民。

小西行长的家臣益田好次就是一个虔诚的基督徒。他和小西行长及有马晴信的追随者一起开会商讨，计划反抗松仓家的暴政。1637 年春天，天气十分恶劣，收成不好，大饥荒即将来临，绝望的农民都期待出现一位救世主。我们推测，此类谣言的出现是因为那些准备发动叛乱的人在背后推波助澜。在北有马和南有马两地，16 位农民因拜祭耶稣而被捕并处决。后来证明，这成了点燃反叛活动的火种。大量愤怒的农民攻击了执行这一刑罚的地方官，将其杀死。很快，其他农民也揭竿而起，反抗政府，并攻击寺庙。他们杀了僧人，将头颅挂在杆子上，然后向富冈城进军。

在天草群岛[4]上爆发的另一次起义中，反叛者们成功击败了前来镇压他们的三宅藤十郎的军队。

此时，益田好次将他的儿子天草时贞（基督教名为杰罗尼莫）推到了前台，成为基督徒们一直以来渴求的救世主。尽管反叛者进行了长时间的围攻，却仍然无法夺下富冈城。为应对德川家光即将派来的讨伐大军，反叛者修复了废弃的原城。1637 年 12 月 3 日，天草时贞进入原城。很快，约 3.5 万人聚集在那里。领导这支叛军的侍只有 40 人，队伍中有 1.2 万至 1.3 万人是女人和儿童，其余都是农民。有些讽刺的是，这些农民早年曾接受松仓重政的训练，学习使用火绳枪，为他所筹划的进攻吕宋岛做准备。

由于守卫者使用火绳枪，约 3 万人组成的德川幕府军对原城的进攻成了徒劳，且损失惨重，指挥官也在行动中被杀。此时，幕府也意识到，形势十分严峻：历史的经验说明，成功反叛的示范效应

是致命的。后来，幕府军在九州召集大名军队，特别是那些放弃基督教信仰的前信徒，以装备了火绳枪和大炮的12万士兵包围了原城。守军的防御仍然十分顽强且有效，而幕府军还是无法摧毁这座城池。后来，德川幕府从平户派来一艘荷兰舰船，下令其利用现代火药轰炸原城。反叛者听到了风声，发出公告指责幕府雇佣外国人为其打仗是懦夫行为。有趣的是，这种指责——或许因为害怕人们对这种玷污荣誉的行为可能做出的反应——使得幕府召回了荷兰舰船。幕府也曾派出忍者，渗透原城。但在这些间谍中，一些人在护城河中被抓时，吓得瑟瑟发抖；其他人则在城中被抓，因为他们既不会说岛原方言，也不明白基督徒的语言。

3个月后，即到了1638年2月中旬，原城的守卫者已经弹尽粮绝。

这件32间式瓜形筋兜，由32块辐射状的甲片组合而成，每块甲片连接的边缘都是镀金的。“狮啮”或小鬼状冠饰，很可能是后期安装上去的。这是一件极具特色的面铠。（图源：大阪城博物馆）

战国时代的铠甲，为明智左马之介所有。头盔的装饰是一对马耳朵和一个月亮。胸甲是欧式的，但在日本制造，上有小骷髅和汉字“天”的浮雕装饰。（图源：东京国立博物馆）

他们派出的觅食者也在攻击幕府军营时被杀。幕府军指挥官松本信纲下令将他们的尸体解剖，看看他们究竟吃了些什么，但最后只在他们的胃里找到草和叶子。因此，松本信纲决定在 2 月 29 日发起一次全面攻势，可锅岛分队在一天前就率先发动了进攻，所以实际战斗在 28 日就开始了。两天持续的战斗后，原城最终沦陷。天草时贞在战斗中阵亡，城内的所有人包括妇孺都惨遭屠戮。

1638 年 4 月，幕府没收了松仓家的领地，残暴的松仓胜家也被处决。

注释

[1] 岛原之乱（1637—1638），是日本江户幕府时期的一次一揆抗争，参加者多是基督徒。此战是对幕府和诸藩横征暴敛以及迫害宗教信仰的大反抗，但它的失败也促成了幕府锁国体制的最终完成。

[2] 南蛮胴，一款具有欧式风格的防护工具，传为上杉谦信所用。

[3] 锁具足，是包含头盔和护腿在内的整套锁子甲。

[4] 天草群岛，是日本天草滩与有明海、八代海之间的群岛，位于日本九州西部，属于熊木县。

第14章 德川幕府

长期来看，德川幕府所面临的最重要的问题是如何控制大名。如果它不能找到有效的解决方法，这些最强封建领主的能量和野心都会对其造成威胁。丰臣秀吉已经证明，发动一场对外战争，短期可分散注意力，但耗资巨大且十分冒险。因此，德川政权引入一系列创新举措，总体目标就是削弱大名的权力。

江户附近令制国的权力，一直以来都被授予德川氏的家臣，即谱代家臣[1]（内部领主）。德川幕府将许多丰臣秀吉之前的效忠者——总被怀疑对德川不忠心的外样大名[2]（外部领主）——发配到国家的远疆地区，将他们与祖地和旧家臣分隔开来（尽管如此，还是有些人留在了祖先的封地中）。许多人被除掉，领地也被没收。不久之后，德川将军就占有了整个国家大米生产总量的四分之一。为了迫使大名们出钱，这位幕府将军下令，要求他们修建江户城，修缮护城河，开拓江户湾。很长一段时间里，每位大名都被勒令每两年要前往江户参拜一次将军。最初，这种

江户时代，一位 500 石俸禄的侍在前往首都的途中抵达宿营地。尽管他得到的俸禄是第 20 章中所说北条家祖先的两倍（即相当于 100 贯），但他没有战斗随员——在德川幕府统治下的长久和平时期内，这种武士的随从都没有军事职能，目的只是彰显自己的财富和尊贵。（图源：笹间良彦博士）

活动都是以军事演习的形式开展，以试探大名的忠心和查看他们的战备状态。在这一过程中，列队前往江户也使大名们拥有大肆展示自己财富的机会，并大大促进了主干道路附近城镇的经济发展。但是，此时的德川幕府已将这些大名的妻儿扣留在江户作为人质。最初，大名们都自愿参加这种拜会活动，这些封建领主家族表面上也被奉为上宾。但后来，他们却被迫行事——为确保他们不会逃跑，这些曾经的贵宾遭到了严密监视。

德川幕府的基本政策就是让大名们看管自己的领地，管理自己的藩[3]——其意可以被译成“领主藩地”。一般来说，除非德川政权想要结束某位大名在其藩国内的统治，否则幕府不会干涉大名领地内的事务。根据藩国制度，大名位于领地的最高层，和平时期担负这一职位的侍需要一些行政管理能力。

在这一历史时期，江户和大阪城的人口出现兴盛，同时繁荣起来的还有日本文化。由于限制自由贸易，日本仍然是一个封闭社会，却也大大发展了自身独有的文化形式，诸如歌舞伎、俳句[4]，浮世绘[5]、相扑等。江户城的人口增长到了110万，多于同时代的欧洲城市人口，但这样的比较毫无意义，因为日本高雅的城市文化是在一种完全封闭的情况下发展起来的。从1636年起，因为葡萄牙人与基督教之间关系密切，第三位幕府将军禁止日本人与葡萄牙人开展贸易。只有荷兰、中国和朝鲜得到授权，可以继续将一部分商人送往日本。但荷兰与日本的接触被严格控制，只能通过位于长崎出岛的一个贸易站（这里也成为德川幕府晚期进入现代日本的门户）进行。在德川幕府

相马节[6]中，身背母衣的中村家后裔（这种武士被称作“母衣众”）。到了战国时代，这种母衣只有信使才会穿戴。母衣的布料内有一种轻便的鲸须状竹架，可令其保持球状。

的统治下，日本在和平中蛰伏了260年，与外部世界完全隔离。结果，西方在这段时间里发动的工业革命以及历次科学、技术和政治运动，都完全与日本擦肩而过。而造成这一情况的诸多被忽视的原因之一就是，日本抵制任何潜在的外国威胁。

在这段漫长、保守的和平时期，德川幕府倡导研究符合其统治思想的儒家学说。在封闭的两个多世纪的时间里，孔子关于顺从、等级、尊重过去的儒家准则，影响了日本人的精神结构。正是在这段时期的江户时代，武士道开始得到发展，也赋予了侍阶层存在的意义和身份，和平时期他们不再被要求提供任何兵役服务。

幕府的倒台和皇室统治复辟

从18世纪晚期开始，俄国、英国和美国的船只会间或停靠在日本的港口。特别是美国人，极力敦促德川幕府向美国船只开放港口，因为他们的太平洋捕鲸船队需要停靠以获取补给。

1853年，美国海军准将佩里率4艘“黑船”停靠在江户湾，然后将美国政府写给日本的信件呈

江户时代，一位1万石俸禄的大名驾临。10名骑马的侍、16名步行的侍、10名马夫以及步兵，一行总共235人，只有一半是战斗人员。（图源：笹间良彦博士）

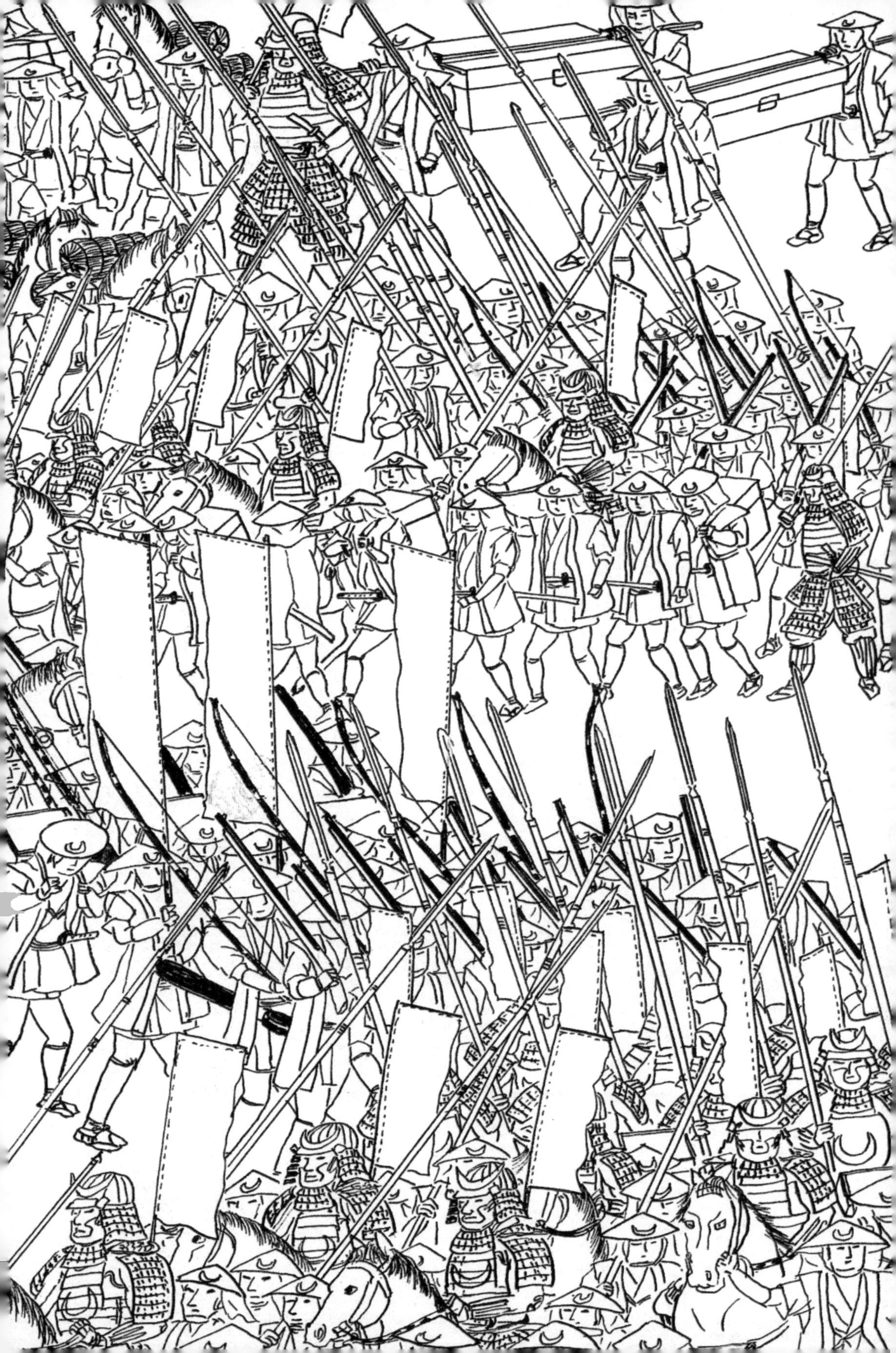

左右两图反映的是，日本东北地区相马藩的骑术运动。在江户时代，这类节日活动比较罕见，因为德川幕府担心军事演习会为阴谋叛乱提供掩护。唯有相马藩得到特许，因为该藩内的这一传统可以追溯到10世纪的平将门时代。今天，相马节也被称作“旗帜盛会”。

给天皇。因为他们对日本几乎一无所知，不理解德川幕府的核心作用，不知道日本皇室只是名义上的角色。日本对自己的军事劣势——大概由于两个半世纪闭关锁国的原因——重新评估后，举国上下都极为震惊，而幕府优柔寡断招致严厉批评。1854 年，佩里再次到来，与德川幕府签订了《神奈川条约》[7]：下田城和函馆城都向美国船只开放，在适当的时候还要接受美国在日建立领事馆。很快，日本又与英、法、荷和俄签订了条约。与此同时，德川幕府主要通过与荷兰的贸易，快速扩充军备。

当时，在统治阶层中有个热议了十多年的话题：期许增加对外交往。有些激进的民族主义者立刻提出抗议，反对日本对外开放。他们认为，日本是一个神圣的国家，即使是让外邦蛮族踏上日本土地，也是对本国的亵渎。其他人却认为这种接触不可避免，最好是逐步妥协。上述条约的签署将这一讨论推向了白热化的新高度。1860 年，当时幕府各藩邦中势力最大的领主井伊直弼被暗杀。1863 年，在这些理论倡导者[8]的影响下，长州藩开始对外国船只开火，但该令制国立即遭到英、美、法、荷联合舰队的惩处。九州的萨摩藩是另一个受到民族主义强烈影响的地区。一位来到该地的英国商人查尔斯·李察逊，因为在途中对岛津大名的队伍不敬，于 1862 年在生麦被杀。最后，在英国皇家海军中队的炮火威胁下，幕府才给予相应的赔偿。但萨摩藩领主因为坚决拒绝支付自己的份额，使得鹿儿岛遭英国海军炮击。

德川幕府已决定开放国家，于是开始镇压那些提出反对意见的人。由此，这些民族主义激进分子和幕府将军的其他仇敌结为同盟。这些人组成一支所谓攘夷派的反幕府联盟，此举鼓励了侍武士反对幕府领导层的恐怖主义行径，还引发了同样的报复行动。当时，所有人都清楚，与强大的外国舰队对抗无法取胜。幸存下来的攘夷派领袖不愿承认，实施终极报复的唯一方式就是学习这些外国人的技术手段。他们对幕府的敌对情绪丝毫未有减少，因为正是幕府的软弱无能而使得他们不得不出此下策。这场运动中最积极的分子都是来自萨摩藩（鹿儿岛）、长州藩（山口）、土佐藩（四国）等藩国中的下层侍武士。大家团结在一起，就共同筹划推翻幕府的统治，恢复天皇的神圣权威。

受攘夷派影响的大名们组成了一支军队，向京都挺进。末代幕府将军德川庆喜（一桥庆喜）并非一位优秀的军事指挥官。为了阻止大军进犯，1868 年他在鸟羽伏见之战[9]时辞去了幕府将军之职。但此时，这些外部领主雄赳赳地拿着那些异邦蛮族的武器，他们的军队由装备了现代火炮和加农炮的侍、市民和农民组成，英国海军中队对幕府的威胁也助了他们一臂之力。落败于这些现代化军队的幕府军逃回江户。1868 年 3 月，江户城没有与这支打着明治天皇旗号的皇家军队（由萨摩藩、长州藩和土佐藩组成）打过一仗，就选择无条件投降了。

推翻了幕府之后，有些效忠幕府的大名仍然在东北地区，特别是在会津家族的领地上负隅顽抗。他们组建了一支不仅包括侍还包括老人和妇孺的军队，其中很多人战死。会津的战斗失败后，绝大多数大名都逃往北海道。榎本武扬[10]率领一支部队，对被派往北海道松前城组建新政府的皇家军发动进攻。榎本武扬的军队装备了高效的现代来复枪，且按照法式条令组训。尽管如此，占有数量优势的榎本武扬军在弹药用尽后，被迫在五棱郭[11]要塞向皇家军投降。投降之后，榎本武扬被监禁在江户（今东京）。后来，他得到赦免，然后开始致力于北海道的发展繁荣。

1871 年，新任明治皇家政府宣布废除“藩国体制”，从此以后，所有的土地都处于国家政府的直接管控下。江户时代四个泾渭分明的阶级——侍、农、工、商——都被废除，除了贵族之外，所有人一律平等。保守的侍自然恪守陈规旧俗，他们不满这一政策，并发动了数次反对新政府的暴乱活动，但均被所有阶层联合组建的新皇家军镇压。1877 年，萨摩藩的西乡隆盛发动的最后一次反对新政府的叛乱活动被平息，此后内乱彻底终结。

自从源赖朝于1192年在镰仓建立幕府以来，侍阶层已经主导了日本历史近7个世纪之久。他们具有极强的适应力，但后来证明，1615年的彻底胜利[12]是对他们能力的一次毁灭性打击。长期以来被排斥的外部世界，最终还是与他们接触上了。而随后的20年时间里，他们为维护自身权力和地位而建立的组织终于从内部坍塌。

骨牌金属具足（卡片形甲片）铠甲，是通过丝线连接在一起，缝制在一个布质的模板上。该铠甲十分灵活、廉价，易于携带。这种铠甲从战国末期就为贫穷的侍使用，直至江户时代。（图源：大阪城博物馆）

侍阶层的准则

今天，我们都认为侍的道德价值体系，可被浓缩成所谓的“武士道精神”。著名的《叶隐入门》[13]一书曾将“武士道”解释成死亡的理想形式，但笔者认为更好的解释可能是将“死亡”一词换成“杀伐”。江户时代，武士道精髓得到了幕府绝对权力的支持。但我们知道，理想与现实之间存在巨大鸿沟。例如，如果我们研究一下，源氏家族成员是如何死亡的，我们就会理解，他们只是杀手。而假如我们研究侍时代的非侍阶层的生活，就会听到他们发自内心对这一精神原则的反抗。笔者难以理解的是，直至今日，仍有人认为武士道的核心价值观与日常生活息息相关。一旦我们能够读懂产生该价值准则的历史背景的相关知识，就会知道这其实是一种错觉——用欧洲的语言来说，就像是从一位凯尔特战士的角度来认识现代生活一样。毫无疑问，武士道精神中更积极的成分仍适用于现代社会，但这些都不是侍阶层独有的准则——实际上，诸如忠诚、可靠以及刚毅等都是普适性的人类美德。我们不应该将浪漫主义的错觉与现实相混淆，因为日本中世纪的侍阶层崇尚迷信、缺乏理智且轻视生命。

从明治时期到二战结束，侍阶层的准则一直被滥用。从明治皇室复辟后，侍就融入了普通人中，但明治政府却一直推崇侍准则中的意识形态。在这个阶级等级森严的社会中，天皇拥有绝对权威，武士道的准则也成为控制人民的理想工具。

20 世纪 30 年代，日本军事政权通过讲授武士道的极端信条、行使绝对权力以及控制所有媒介，迫使年轻的士兵在二战中负隅顽抗，例如最有代表性的就是所谓“万岁冲锋”[14]，以及“神风自杀式进攻”。这些意识形态完全扭曲了其应有的鼓舞人心的作用：过去，侍不会将投降或倒戈看作一种不可饶恕的行为；如果侍输掉了一次战斗，他们会从战场上逃跑，然后准备下一次的战斗。仔细阅读原始历史资料就可以发现，对于侍来说，选择战死非常罕见，他们也许竭力想要不折不扣地遵守武士道准则，但通常无法做到。

本书前文中，笔者曾不时介绍侍准则中的消极方面。极度严苛的历史环境造就了这一准则，并且以某种方式固化且影响了日本人的心理。但如果以这种方式来判断日本人民的本质则十分不妥，这就像仅仅通过历史中最黑暗的一面来评判任何一个国家一样，都是不合适的。

从人类的远古时代起，战争的主要受害者就是妇孺、老人、穷人和毫无防御能力的人，在侍的世界中也不例外。参与图中此类劫掠活动的主要是下层的侍。有时，将领们会禁止这么做，但此类命令通常都被无视，大多数侍参战的目的就是为了获取战利品。（图源：笹间良彦博士）

注释

[1] 谱代家臣，就是指数代侍奉同一个领主家族的家臣，这样的家臣一般更为忠诚，也更为自己的主子所信赖和重用。与其对应的称“外样”，指新近依附的家臣，或者是屈从于大领主的地方豪族。谱代家臣的制度起源于源赖朝将军建立的镰仓幕府，当时源氏将军把武士分为两个系统——御家人和非御家人：前者是将军的直系家臣，后者则是较为疏远的、仅仅是法律意义上的家臣。

[2] 外样大名，指关原合战前与德川家康同为大名的人，或战时效忠丰臣秀赖而战后降服于德川家康的大名。他们有的实力雄厚，如加贺藩的前田利家、萨摩藩的岛津忠恒、仙台藩的伊达政宗，三者皆为外样大名且是全国领地最多的诸侯，却没有亲藩或谱代大名的权力，又常被幕府监控。因为外样大名的领地多在偏僻地区，在锁国时期反而最容易跟外国势力结合，成为倒幕的主要力量。

[3] 藩，此处指日本封建时代大名统治的领域及其机构名称。安土桃山时代已出现藩的原始形态，江户幕府继承之，建立以幕府为顶层的幕藩体制社会。江户时代，藩在幕府的监察下，具有相对独立的政治、经济、司法和审判权。藩的组织体系大体是：如命家臣聚居城下町，设有家老、奉行等官员，向农民征收实物贡租充作主要财源等。

[4] 俳句，是日本的一种古典短诗，由“五—七—五”共 17 字音组成，即以三句十七音为一首，首句五音，次句七音，末句五音；要求严格，受“季语”的限制。

[5] 浮世绘，日本的一种风俗画。它是日本江户时代兴起的一种独特的民族艺术，是典型的花街柳巷艺术，主要描绘人们日常生活、风景和演剧。其常被认为专指彩色印刷的木版画（日语称为锦绘），但事实上也有手绘的作品。

[6] 相马节，是日本的一种拥有 1000 多年历史、传承战国时代武士道精神的传统节庆活动。以马匹产地而闻名的福岛县相马地区至今仍保留着“相马追赶野马”的节日。相马追赶野马节（日语称“相马野马追”）是由太田神社、小高神社（同在福岛县南相马市）、中村神社（福岛县相马市）三家共同举办，已被指定为日本“重要非物质民俗文化遗产”。

[7] 《神奈川条约》，为 1854 年 3 月 31 日江户德川幕府与美国所缔结的条约，日本通称为《日米和亲条约》(《日美和亲条约》)。日本全权签约代表为林复斋（大学校长），美

国全权签约代表为东印度舰队司令长官马休 · 佩里。条约中主要规定日本必须开放下田与函馆这两个港口与美国通商，并保证遇难船只的美国船员得到安全保障。

[8] 这里指那些反对日本对外开放的民族主义者。

[9] 鸟羽伏见之战，是 1868 年 1 月 27 日至 30 日，支持明治天皇的新政府军和幕府军在鸟羽、伏见爆发的战役，以新政府军的全胜告终。

[10] 榎本武扬（1836—1908），日本武士（幕臣），江户幕府和明治政府重臣，海军中将、正二位勋一等子爵，同时他还是政治家、军事家、外交官、化学家、建筑家。

[11] 五棱郭，是日本江户时代建造于现今北海道函馆市的一个星形要塞城郭，也是日本第一个以西洋建筑格式所建造的一个城堡。“五棱郭”原本是指这座建造呈五角星状的城郭，并非其城堡的本名。日本共有两座五棱郭式城堡，另一座是位于长野县佐久市臼田町的龙冈城。北海道这座城的正式名称是“龟田役所土垒”或“柳野城”，后来更广泛的直接称呼为“五棱郭”或“函馆五棱郭”，是日本指定的国家特别史迹，同时也是日本最大的西洋式城郭。

[12] 这里的彻底胜利指德川家康消灭丰臣家族，成为日本主宰。

[13]《叶隐入门》，是日本著名文学巨擘三岛由纪夫对日本武士道经典《叶隐》及武士道精神的解读之作，在日本再版达 50 次，堪称超级畅销书。《叶隐》对日本人精神影响之深刻，不亚于《论语》对中国人的影响；不了解《叶隐》，就很难真正理解日本民族和日本民族性中的扩张欲。在《叶隐入门》中，三岛由纪夫对《叶隐》进行深入研究，并用现代理念、文学化语言加以解读。因此，该书是一部十分独特、极具价值的学术随笔。

[14] 万岁冲锋，日本军队进行最后冲锋时所高喊的口号，全句是“天皇陛下万岁”。

第15章

龙马：现代日本的先驱

序　幕

正如莎士比亚所言，如果世界是一个舞台，那么各个时代的交替就是一幕结束、另一幕开始的过程。历史是由少数几个重要的表演者演绎，他们的角色可能残酷无情，因此似乎无人可活到剧终。他们的光辉业绩，虽在舞台上转瞬即逝，却也永远闪耀在历史长河中。在日本历史的转折时期，也是在整个国家从江户时代漫长的专制统治进入现代阶段，就出现了这样一位表演者。尽管他既不是一位声名远播的武士，也不是有权有势的大名，但他的思想还是得到许多日本人的尊重，也激发了年轻一代追随于他。当统治阶层痴迷于实施血腥的恐怖主义行径之时，他却想要指引日本进行和平转变，而非效仿建立最后一个幕府的德川家康的先例。我们可以通过多幕剧来呈现他的故事——恰如在许多的

近藤勇，是江户末期德川幕府在京都的新选组[1]头目。他生于东京的调布市。他也是德川幕府最后一批勇猛武士的代表。后来，他向皇家军投降，并在东京的板桥区被处决。

剧目中，需要安排几幕来讲述在不同地方同时发生的事情。

第 1 幕：坂本龙马和美国黑船

坂本龙马生于 1835 年 11 月 15 日，是坂本海一的次子。坂本家族是传承于土佐藩的小侍阶层，从乡村搬至高知城。在高知城，他们先祖开了一家当铺，后来积累了大量财富。他们用钱买来乡士[2]之位。龙马的祖父继承了这一职位，并给后人留下了这家当铺。

1600 年时，丰臣军输了关原合战，其追随者长宗我部家原领地土佐（今高知县）被德川家康封给了山内一丰。山内家族重新设立一个土佐藩统治机构，但效忠长宗我部氏的下层侍反对此举。通过严酷镇压长宗我部的旧臣，山内家保住了自己在该地的权力。但从那以后，土佐藩的侍就被分成了两个阶级：一个是山内家的家臣，被称为“上士”（高层侍）；另一个是“乡士”（“藩国人”）。乡士在这些傲慢的统治者手下遭到屈辱性的区别对待——对他们实施严禁奢侈的法律，规定他们穿的鞋子类型，不允许他们穿木屐。不难推测，山内家的这种统治激起了乡士阶层的一股反叛势头，因为他们在整个德川和平时代就已为类似待遇忍受了 200 多年。

龙马的父亲不仅擅长武术，还是一位优秀的诗人和书法家。龙马的母亲很早去世，他因此与年长 3 岁的姐姐十分亲近。他的姐姐也和男子一样精于弓箭、骑术以及剑术。他还经常拜访经商十分成功的叔父，并向其学习贸易知识。在这样一个可以自由求知的环境下，他学到了广博的知识，思维方式也受到了影响。

1853 年，海军准将佩里的 4 艘军舰出现在江户湾，要求天皇允许美国船只进入日本的海港。无能的江户幕府，无力坚持其几年前制定的将所有外国船队逐出日本的政策，因此决定对外开放，接受了美国

江户时代侍的宅邸。在入口处，宅邸的女主人在欢迎客人。（图源：会津若松城的侍武士宅邸）

毛槍

江户时代，番所是家臣放哨的警卫室。（图源：会津若松城的侍武士宅邸）

政府的要求。此举并不出人意料。几年前，荷兰——唯一一个船只被允许停靠在平户的国家——就曾告知幕府有关1839至1842年鸦片战争的结果：中国在一个西方国家的手下受到百般羞辱。由此，幕府的幕臣们意识到日本在亚洲的处境也岌岌可危，难以保持闭关锁国状态而独善其身。虽然幕府做出了明智决定，接受了对外接触这一不可避免的结果，但还是遭到攘夷派强烈反对。

1854年，即日本与美国签订条约的那一年，龙马来到江户，进入著名的剑术学校学习。当时，这座首都城中的侍都热血沸腾，四处都是有关战争的讨论。土佐藩命令其在江户的家臣防卫品川海岸，龙马也参与进来，承担守卫之责。那一年，19岁的他已感到世界正在经历变革。

1856年，根据日美条约的规定，美国政府派总领事汤森·哈里斯前往日本。哈里斯坚持要求美日缔结通商条约。幕府的幕臣们一致认为，无法拒绝这一要求，于是就向京都的皇室去函，要求允许对外开放。但是，孝明天皇的朝廷仍然恪守着对世界的旧有看法，没有答应这个要求。此时，幕府将军的继位之争引发了内讧，德川家族一分为二，令局势进一步恶化。

1858年，彦根藩的井伊直弼——幕府的铁腕人物——被任命为幕府的大老[3]。他在没有得到京都朝廷许可的情况下，与美国签署了通商条约，并继续迫害反对派。保守的侍阶层被这一独裁行径激怒了，最终于1860年初在江户城门处刺杀了井伊直弼。同年，年轻的坂本龙马完成了剑术学习，返回土佐藩。他已经开始憧憬，日本终有一天会与世界其他国家建立外交和贸易关系。

在土佐藩，支持反对开放者观点和其他领地的“神圣土地运动”的人组成了“土佐金土地派”。他们毫不手软地谋杀其他积极反对自己的人。尽管坂本龙马秉持的是国际主义的倾向，但他还是加入了这个激进的民族主义派别。在遇到挫折后，他离开了土佐藩，返回江户，并在那里进入了千叶剑术学校。1862 年，坂本龙马带着一位友人拜访了越前藩（今福井县）的大名松平春岳，要求对方为自己写一封引荐函，以便他去拜访胜海舟和横井小楠，因为这两人是对外开放的主要拥护者。作为一名激进民族主义者，坂本龙马的来访意图显得很可疑，但胜海舟还是同意见他。龙马在指引下进入会客室后，胜海舟说："你是要来杀我的吧？我们先讨论一下世界形势，然后如何行事悉听尊便。"两人都是剑术高超的武士，可他们后来都没有拔出兵器。

第 2 幕：海权和恐怖主义

胜海舟生于 1823 年，是江户德川家臣胜小吉之子。尽管他受雇于幕府，却生活窘迫。为了维持生计，他办了一家荷兰语学校。25 岁那年，他参军，进入德川幕府的海防部。对荷兰文化的学习，使他更加了解目前亚洲的局势。许多年轻人都聚集在他周围，向他学习，其中不仅包括幕府的家臣，还包括那些来自各藩的人，大家都渴望了解外部世界。1860 年，胜海舟乘坐日本船只"咸临丸"号[4]，跨越太平洋前往当时已与日本签署通商条约的美国。在 1862 年见到坂本龙马之前，他已经被任命为幕府海军的文官。

经过讨论后，坂本龙马决定做胜海舟的学生。胜海舟在日记中写道："龙马和友人剑术高手千叶终太郎来到我家。从早到晚，我一直在宣扬为何要重新看待这个世界，建造新式海军抵御殖民者以及保护日本的必要性。龙马对我说，他本来想要杀我，但在我讲授完毕后，他为自己对日本在亚洲的处境一无所知而感到羞愧，并宣布他要师从于我。此后，他将致力于建造我们的海军……这次拜访之后，龙马也告诉自己的友人，他本打算砍杀我。我对此付之一笑，他是自尊之人，事实证明他的确为人正直。"

江户时代领主的接见室。（图源：会津若松城的侍武士宅邸）

与胜海舟会面后，坂本龙马被说服，他也认为日本必须实实在在地开始现代化改造。1862年，他与胜海舟一同乘坐幕府船只“顺渡丸”号前往大阪城。次年，坂本龙马邀请许多来自家乡土佐藩的侍进入胜海舟的学校。那时，他已成为胜海舟的助手。

此时，幕府位于筑地[5]的海事训练学校只对该政权的家臣开放，胜海舟却想在神户建立一个新的海军军官学校，向各藩有能力的志愿者开放。胜海舟认为，与幕府的幕臣、有影响力的大名以及朝廷贵族一起建立一所此类训练学校非常有必要。但让这些人达成共识却十分困难，任何此类项目都会在支持和反对对外开放的派别间引发争端。胜海舟在京都时，就曾遭到一名侍的攻击，但一名贴身侍卫救了他的命。作为他建立新式海军学校运动的一部分，胜海舟邀请幕府将军德川家茂登上了他的新式蒸汽船。正是在这艘船上，他获准在神户创建一所海事训练学校。

当然，坂本龙马也是进入新式学校学习的人之一。胜海舟回忆道，此举获益匪浅，因为龙马提振了学生们的士气。可是，来自幕府的财政支援却不足以运营整所学校。因此，龙马再次拜访了越前藩大名松平春岳，请求他对学校进行资助。龙马作为胜海舟学生中的领头人，一直在各方奔波游走。

当外国海军威胁要惩罚长州藩于1863年在下关[6]炮轰美、法、荷船只的顽固民族主义者之时，幕府的幕僚一桥庆喜（即后来的幕府将军德川庆喜）命令胜海舟与外国势力谈判，以达成和约。胜海舟和坂本龙马以及学校的其他学生一起来到长崎，与外国代表共同讨论，寻找“长州藩事件”的解决方案。但是，谈判没有达成任何协议，这种敌对状态又延续了两个月。后来，胜海舟返回江户，龙马没有跟随左右，而是访问了另一位导师——熊本的横井小楠。

横井小楠出身于熊本的下层侍。他制定的经济发展计划曾得到越前藩大名松平春岳的支持，因此他被请到越前藩，以便将计划付诸实践。

在越前藩，他极力推动自己的改革项目，但他的想法似乎不够成熟。后来，他因“反侍阶层的态度”而饱受诟病，最后不得不返回熊本。坂本龙马去熊本拜访横井小楠时，抱怨幕府将长州藩的命运丢到了外国舰队的手中。但是，横井仍认为应该保持耐心和谨慎，不能反抗。（后来，在明治时期，横井小楠因为他的和平主张和基督教信仰而遭暗杀。）

19世纪60年代早期，亲幕府派、支持对外接触派和攘夷排外派间的暴力冲突长期存在。由土佐藩的武智瑞山和长州藩的久坂玄瑞率领的排外主义者发动了一场针对京都亲幕府派的恐怖运动，他们逐个暗杀了亲幕府的人物。幕府政权的治安组织对此发起反击，很快京都血流成河。为此，土佐藩的攘夷排外派还遭到了该藩领主山口治宪的严厉惩罚。

1862年，作为一位顺从的幕府封臣，萨摩藩的岛津久光曾一直反对长州藩的反幕府运动。但是，他想要改革幕府腐朽的组织结构。他支持一桥庆喜，在后者的推荐下，他成为幕府将军的幕僚。尽管幕府很不情愿地接受了岛津久光的一些改革方案，但他还是遭到幕府政权中反对派的排挤。他返回萨摩藩时，幕府拒绝其乘坐政府船只的要求，他因此不得不通过陆路返回家园。在岛津久光回家途中，他的家臣认为英国商人查尔斯·李察逊不敬而将其杀死。

我们都知道，此举招致英国的强烈抗议。后来，一个英国海军中队出现在萨摩藩的海湾，要求得到赔偿并引渡需要对此事负责的侍，但被时任萨摩藩的实际负责人岛津久光拒绝了。不久，当岛津久光的鹿儿岛遭英舰猛烈炮轰后，他开始后悔自己的上述决定。在接下来的谈判中，萨摩藩答应了英国的要求。这一事件之后，英国和岛津久光的关系变得格外友好。在当时日本的历史条件下，这并不令人意外，因为无数大名早已与实力强大的外国人成为盟友。岛津久光亲睹这一幕时，也认识到英国的实力比自己更具优势，想在推动萨摩藩军队现代化的进程中得到对方的帮助。（而当时英国的真实动机，只不过是要削弱法国对日本幕府的影响力。）

江户末期的木质大炮原物，被保存在会津藩，这里也是最后反对明治皇室复辟的众多起义地之一。显然，这种大炮的发射力和压缩力均不足，无法快速连发，不能摧毁城墙，但可以像霰弹枪一样向敌人射击金属弹丸。

1863 年 7 月，长州藩激进主义者在京都旅馆池田屋住宿时，遭到了近藤勇率领的幕府新选组的攻击。近藤勇和 4 名刀客冲进长州藩和土佐藩攘夷派开会的房间，杀死了 5 人；等候在外面的幕府暗杀小组成员杀死了其他 11 人——只有少数几人逃脱。“池田屋事件”令长州藩攘夷派的愤怒情绪沸腾起来，这些排外主义者组建了一支军队，并于 1864 年初向着京都的皇家宅邸逼近，计划攻占皇宫。但在萨摩藩士兵的配合下，会津藩的军队在皇宫的禁门（蛤御门）粉碎了这一企图。禁门之变[7]后，幕府开始害怕土佐藩和萨摩藩会对孝明天皇施加影响。于是，幕府将军德川家茂实施了一次机会主义政策，但不久后他就为此付出代价。当时，他的主要做法似乎就是挑拨长州藩和萨摩藩中有势力的大名，使其彼此争斗，以防止他们联合起来反对他。

1863 年 8 月，一支英国海军中队炮轰了萨摩藩首府鹿儿岛，因为当时已过了萨摩藩为杀死英国商人而支付赔偿的最后期限。孝明天皇下令惩罚长州藩，直接导致西方四国的军舰在关门海峡[8]采取行动，轰炸下关海岸的长州藩炮台。这些西方舰船用强大的炮火，完全压制住了那里的炮台。随后，他们的登陆部队要么摧毁了日军的火炮，要么将它们作为战利品缴获。

而由德川庆胜率领的幕府讨伐大军，在 9 月份离开大阪城，向长州藩挺进。就在不久之前的 8 月份，胜海舟曾让坂本龙马拜访萨摩藩讨伐大军中的一位谋士。

第 3 幕：龙马和西乡

1863 年 8 月，坂本龙马受命拜访萨摩藩讨伐大军的这位谋士就是西乡隆盛。西乡隆盛出身于萨摩藩一个次末等侍家族。年轻时因右肘受伤，他不得不放弃原来准备作为武士效忠领地的想法，开始涉足行政管理。

他改革萨摩藩农业经济的政策得到了关注和认可，很快就获准自由拜见时任领主岛津齐彬。对一个出身最下层的人来说，得到无须上级家臣许可就能进谏领主的地位，如同平步青云。而岛津齐彬是同代人中最出色的一位领主。他极富远见，想要通过引进现代工业来发展萨摩藩经济。他建立了一个工厂区，在那里建造了一个高炉、一家玻璃厂、一家纺织厂和一家瓷器厂。

从政治方面来看，第 13 代德川幕府将军德川家定死后，岛津齐彬开始介入了幕府继位之争。他积极支持一桥庆喜，认为后者是应对日本当前所处困境的最佳人选。但令人失望的是，德川家茂因幕府大老井伊直弼的支持而得以继任。岛津齐彬死后，他的侄子岛津忠义接管了岛津家的藩国（但忠义之父岛津久光作为国父掌握实权，成为真正的领主）。西乡隆盛对岛津齐彬和一桥庆喜的忠诚，引发了这位新任领主的不满，他也由此被逐出中央政府、派往奄美大岛[9]。井伊直弼遭暗杀后，西乡隆盛从荒地的流放中又被岛津久光召回，因为这位领主想要利用西乡隆盛在江户的政治经验为其效力（西乡隆盛受到岛津齐彬在此方面的培养）。

西乡隆盛很怀疑这位新领主的从政能力。岛津久光同其兄岛津齐彬一样，想要通过干涉幕府改革而成为要人，西乡隆盛却劝说他不要去江户。但他的这一建议却招致岛津久光的不满。后来，西乡受命前往下关，在幕府讨伐长州藩排外主义者的运动中，成为岛津久光分遣队的先锋官。但他并未遵照指示待在下关等候主人到来。相反，他擅自离开下关，赶往京都，以阻止孤注一掷的萨摩藩攘夷派发动政变。

因为岛津齐彬和岛津久光都支持日本对外开放，所以，如果攘夷派此时发动政变就无异于自掘坟墓。岛津久光觉察这一威胁后，就率领手下的萨摩藩军队前往江户。攘夷派误以为岛津久光此举是对幕府宣战，其实后者不过是想向幕府展示自己的实力，无意倒幕。根据岛津久光的命令，他的一些家臣攻击了京都旅馆寺田屋中的攘夷派，杀死了其中一些成员。而西乡隆盛因未服从岛津久光的命令，被再次流放荒岛，但他后来却凤凰涅槃。

在大久保利通的建议下，岛津久光很不情愿地同意将西乡隆盛召回议事会，毕竟只有西乡在天皇朝廷与幕府中都有往来之人。1864 年，西乡隆盛粉碎了长州藩在蛤御门的叛乱。紧接着，幕府决定向长州藩派出讨伐大军。最初，萨摩藩的领导者对此态度积极，并推荐一桥庆喜担任讨伐军总指挥。但最终，西乡隆盛想要将一桥庆喜变成幕府领导者的愿望再次落空。因为在纪伊藩的大力支持下，德川庆胜被任命为讨伐大将军。纪伊藩和一桥家族之间的敌对关系，此时已阻碍了萨摩藩改革幕府的计划。

即使西乡隆盛仍认为幕府基本支持改革，可幕府政权持续的内斗也使得改革无法实现。在远征长州藩前夕，西乡在大阪见到了坂本龙马，龙马转达了胜海舟的口信："幕府就像一棵老树，树干已腐烂，毫无指望。实力强大的藩国必须建立一个新政府。在事关紧要的时刻，平定长州叛乱毫无意义，现在并非各藩国间相互争斗之时。"听到这些，西乡隆盛十分吃惊。龙马后来告诉胜海舟，西乡隆盛的反应就像钟一样：轻敲，则发出很小的声音；但如果重敲，就发出很大的声响。胜海舟点头表示同意，毫无疑问这不禁令他想起自己说服龙马不杀他的那个晚上。

幕府讨伐长州藩的首次远征时，坂本龙马就跟随着胜海舟。在遭受强大的外国军舰炮轰后，长州藩的领导者认为他们无法抵御幕府的进攻，因此向幕府政权道歉并投降。这一事件之后，幕府恢复了自信。而此时，胜海舟位于神户的海事培训学校却成了幕府政权内保守派攻击的目标，因为该校培训的是侍，而非为幕府效力者。1864 年 10 月，胜海舟被赶出学校，并被召回江户，龙马和来自其他藩国的同事也丢了工作。1865 年，海事培训学校被封。但龙马与同事却得到了萨摩藩的保护，这其中的一个原因是，胜海舟请求西乡隆盛这么做的；另一个原因是，被英国击败后，他们对重组萨摩藩海军仍有用处。

第 4 幕：萨长结盟

1865 年 5 月，西乡隆盛来到萨摩藩，告知坂本龙马，幕府正计划对长州藩发动第二次讨伐战争。另外，他请求龙马在萨摩藩和长州藩之间做调解工作。表面来看，这是一次让人气馁的任务，因为这两个藩国属于完全敌对的派别。萨摩藩希望幕府实施温和的改革，而长州藩总是更为激进，甚至有些极端。无论是萨摩藩的岛津久光还是土佐藩的山内容堂 [10] 都不想改变让他们位高权重的日本政治体制，所以从未想过进行真正的革命。相反，长州藩激进派与京都的一些贵族过往甚密，野心勃勃地想恢复皇族统治。制定单一计划，完成两藩间的调解工作，最初看来实在是不可完成的任务。长州藩大名毛利氏实际上是一个傀儡，真正的领导者是桂小五郎，后者是一名富有医者之子。（在皇室统治复辟的运动中，绝大多数激进分子都来自贫寒的侍阶层，支持他们的桂小五郎和坂本龙马却都出身富足阶层。）在禁门之变中，萨摩藩曾为击败长州藩攘夷派出过力。因此，桂小五郎和他的组织并不信任西乡隆盛。但是，龙马拜访了桂小五郎，说服他与萨摩藩和解。土佐藩的另一名家臣中冈慎太郎忠于攘夷派，拜访了西乡隆盛，并在下关又安排了一次会见。但这次西乡隆盛没有现身，因为他直接去了京都。龙马和中冈慎太郎也匆忙追到京都，谴责西乡失约。

当年年底，萨摩藩的一位家臣黑田久助拜访了桂小五郎，请求他在京都与西乡隆盛见面。桂小五郎当然并不情愿。要想消除长州藩对萨摩藩的疑心还需要一些实质的行动。龙马在长崎建立了一个叫作“龟山社中” [11] 的贸易公司，后来更名为“海援队”。（与世界各国进行商贸交易是龙马的终极梦想，实际上不夸张地说，他参与日本的改革运

江户时代，各令制国的大名都受命来江户参拜将军。他们带着家臣随行，在行进过程中会极力炫耀自己的地位。当抵达沿途的驿站时，队伍前部就会进行行军表演，但因为路过者都要坐地低头行礼，实际上没人会看表演。

这些役子都是江户时代大名的表演者，大名则坐在一种被称作“驾笼”[12]的轿子中，被帘子挡着，防止平民偷窥。

动就是为了追逐这一梦想。）自幕府对长州藩发动第一次讨伐战争后，外国都被严格禁止与该藩进行武器贸易。龙马的公司从英国商人托马斯·格洛弗那里购买了一些小型武器，然后卖给长州藩。结果，长洲藩的结盟派[13]实力变得更加强大，最后桂小五郎同意拜会西乡隆盛。1866年1月，桂小五郎进入驻京都的萨摩藩会馆。

这次会谈没有西式的直言不讳。西乡隆盛和桂小五郎间的谈话未直接涉及政治议题。因为顾及脸面，西乡隆盛没有立刻提出彼此结盟的建议，而是希望桂小五郎祈求他帮助长州藩。桂小五郎的立场是，西乡隆盛先邀请他来京都，如果西乡不先提出结盟，他就没有必要留在此地。这种僵局持续了10天而无果，直至桂小五郎真的开始收拾行装准备离开。此时，坂本龙马拜访了桂小五郎，并批评了他这种过分看重个人面子的愚蠢做法。桂小五郎答道，长州藩如果落入一个心存报复的幕府和四支外国海军的手中，就必将面临灭顶之灾；他们需要帮手来拯救长州，但除非萨摩藩真心愿意全力以赴摧毁幕府统治，否则他们也不在乎自己的灭亡。龙马完全理解桂小五郎的关切，并劝说西乡隆盛坐下来与桂小五郎磋商并缔结联盟。在龙马的斡旋下，没过多久，萨摩藩和长州藩就达成了共识。1866年1月，他们缔结了六条秘密盟约，一致同意双方的共同目标就是摧毁德川幕府。

第二天晚上，坂本龙马还待在寺田屋之时，伏见的治安组织就派人袭击他。过去的几个月，他一直遭到幕府保守派探子的尾随，一位友善的幕府家臣也曾警告他要加倍小心。当时，龙马和他的朋友三吉慎藏正在旅馆二层房间内谈论他促成长州、萨摩两藩结盟的壮举。突然，旅店老板的养女阿龙[14]赤裸着冲进房间，警告他们小心突袭：她正在楼下沐浴时，透过窗户看到捕头们手执马灯和长矛慢慢靠近。正当龙马扔给她一件和服并拔出左轮手枪时，捕头们就从门外冲进来。龙马击中了一个捕头，然后与三吉慎藏成功逃到后院。他们破墙穿过隔壁房间，跑到大街上。萨摩藩的一组家臣很快冲上来救出他们，受伤的龙马最终躲进萨摩藩驻京都的会馆。这次事件后，龙马和阿龙结了婚，然后前往九州旅行（这可能也是日本的第一个“蜜月之旅”）。

第 5 幕：将军的困境

就在大名们的家臣积极筹划倒幕运动时，幕府政权也正面临一个巨大的困境。

德川幕府与美国缔结了一个通商条约，但孝明天皇并不喜欢这些外邦之人，对此幕府需要谨慎应对。1864 年，亲幕府派粉碎了长州藩攘夷派发动的禁门之变，此时正是劝说朝廷同意对外开放的一次绝佳机会。但是，幕府因为害怕失去天皇的支持，只得装作同情攘夷派。

1864 年，四位举足轻重、一呼百应的大名聚首京都，讨论日本的未来政策，但他们并未真正达成共识，无果而散。幕府一直担心，这些大名可能会一致同意对外开放，剥夺幕府与朝廷谈判的控制权。幕府更关心的是国内的权力斗争，而非对外关系。于是，幕府将军向大名们做出让步，让后者更加独立并有权在京都或京都附近保留私人军队。而且，朝廷和幕府合作最符合双方的利益，正是这种结盟的愿望引发了他们对长州藩激进攘夷派的讨伐行动。

对于幕府来说，第一次讨伐长州藩的结果并不理想，因为萨摩藩的西乡隆盛建议讨伐大将军德川庆胜不要操之过急。幕府将军德川家茂和幕府的幕臣们都认为需要再给长州藩一次教训。于是，1865 年德川家茂进入大阪城，筹备发动一次规模更大的讨伐行动。

正是在 1865 年，因为幕府没有完全履行通商条约，引发外国的失望情绪，使得美、荷、法、英将舰船开至大阪湾。外国使节带来消息称，如果幕府不开放贸易，他们将会与天皇直接谈判。于是，德川家茂

江户末期，侍的服饰。

将军不得不去拜见天皇——这是250年来幕府首次向皇室示弱。孝明天皇驱逐了幕府的两名幕臣，因为他们和将军一起去京都，意图不经过天皇许可就开放神户港。德川家茂为抗议这种对他特权的侵犯，辞去了将军之职。但经过一桥庆喜调解，德川家茂撤回了自己的辞呈。一桥庆喜在朝廷上威胁攘夷派，强迫他们同意履行通商条约。根据一桥的建议，孝明天皇改变了想法，同意对外开放。这样就解决了幕府的困境，使其无须对是否支持两种截然相反的政策立即表态。此时，朝廷中的攘夷派却陷入了困局。

讨伐长州藩的第二次远征在1866年夏季如期发动，却惨遭失败。无论在士气还是现代化武器装备方面，幕府军都远逊于长州藩。英国海军中队还阻止幕府舰船在下关附近活动，提出的借口盛气凌人，称此举会威胁国际海运。第二次对长州藩的远征行动失败后，德川家茂在大阪逝世，一桥庆喜被选为第15任德川将军，并改名为德川庆喜。

第6幕：幕府交权

1867年1月，之前属于幕府一派的土佐藩幕臣后藤象二郎，在长崎拜访了坂本龙马。他提出代表土佐藩购买龟山社中公司，对其进行重组以推动该藩经济发展。4月份，该公司更名为“海援队”（即海事援助公司），龙马被任命为总经理。海援队的职员薪水发放公平，并成为一家经济独立的公司。

1867年，龙马和后藤象二郎乘船从长崎前往京都时，制定了有关未来政府的基本政策，包括8项推动日本现代化发展的条款（史称“船中八策”）。尽管条款清楚表明，天皇是最高权威，龙马还是希望能够从幕藩体制向皇室复辟和平过渡。他的下一步计划就是极力劝说幕府将统

华丽的江户铠甲。海螺式头盔覆盖着金箔，两侧还有波浪形装饰物。胸甲是欧式的，有袖甲（笼手）和鳞状构造的裙甲。（图源：东京国立博物馆）

治权还给天皇——这个过程史称“大政奉还”[15]。最初，龙马希望一如既往地寻求松平春岳的帮助，但这位越前国大名却毫无反应。龙马只好求助于土佐藩大名山内容堂。山内容堂性格十分保守，希望在这场革命中继续以幕府封臣的身份发挥作用。

1867 年 10 月 13 日，土佐藩向幕府提交了一份有关将统治权归还天皇的请愿书，德川庆喜下令所有的幕臣对此进行评估。当然，萨摩藩同意这一让步。10 月 14 日，幕府向天皇呈递了一封公文，以执行“大政奉还”，得到了朝廷的批准。

萨摩藩和长州藩先前的结盟主张武力倒幕，但坂本龙马认为日本在关键时刻进行平稳、和平的过渡非常重要。如果幕府将统治权归还皇室，萨摩藩和长州藩就没有理由再去倒幕。无论如何，这一结果也并非萨摩藩领主岛津久光的初衷。统治权的移交使得德川庆喜从复杂的局势中得以脱身，不用同时面对来自攘夷派和外国势力的双重压力，但他此时仍然是日本势力最大的大名。德川庆喜的决定让龙马印象深刻，再一次证明了他之前的观点，即德川庆喜是在皇权统治下领导日本步入未来的最佳人选。

第 7 幕：龙马的生日访客

1867 年 11 月 15 日，一个寒冷的夜晚，大约 9 点，武力倒幕派的 2 名刺客来到近江屋旅馆。他们询问旅馆的店员，是否有个名叫西矢的人在这里住——“西矢”是坂本龙马掩盖身份的假名字。没有丝毫怀疑的店员对此表示肯定，然后开始带他们上楼。正当此时，一名刺客抽出刀，插入店员后背，然后爬上楼，在黑暗的走廊里向前摸去。其中一人在拉开龙马房间的门后说：“西矢主人，我一直在找你呢。”

当龙马抬头看时，这名刺客挥舞着刀，在他的头盖骨上斜砍了一刀。为了抓住刀，龙马的后背又挨了一刀。第三刀被龙马的刀鞘挡住了，但他的头部又受了一刀。在这狭小空间进行的混战中，中冈慎太郎被另一名刺客误伤，他想要逃到走廊上，却被砍了第二刀。后来，刺客匆忙离开，没有给受害者致命一击。龙马在镜面一样的刀锋上检查自己的脸，喃喃道："头部受伤，我命休矣……"，然后渐渐失去了意识。后来，店主发现了躺着不省人事的中冈慎太郎，他于两天后才死去——这段时间已经足以让他说清楚那天晚上发生的一切。坂本龙马则在他 32 岁生日这一天死去。

谁应该为坂本龙马的死负责呢？京都守护的手下有两个治安组织：新选组和京都见回组[16]。会津藩领主松平容保[17]被任命为守护时，他的手下都驻扎在光明寺中，京都见回组则待在光明寺的分寺里，负责在该城各寺庙周围执行巡逻任务。龙马一直被认定为罪犯，因为他曾在"寺田屋事件"中遭一名捕头攻击时，用左轮手枪将其击毙，所以他无疑会被治安组织视为眼中钉。根据松平容保手下的一位新选组督察手代木英卫门

明治复辟后，还有一些最后誓死抵御皇家军的事件。1868 年，松平容保领导的会津若松城，将年轻的男孩甚至是女孩送去作战，但遭受了巨大损失。在二本松藩，男孩 12 岁时就配发来复枪，然后送去参加倒皇的战斗。

回忆，是松平容保下令刺杀了龙马。尽管这种说法可能具有一定可信度，但如果龙马是罪犯，为何京都见回组要使用暗杀的手段？作为执法者，他们根本无须如此。

如果这不是见回组的报复，那么谁会因龙马之死获益？答案显而易见，正是那些想要对幕府采取暴力军事行动的人！他们一心想要挣脱龙马的约束，因为龙马反对内战的呼声在当时最具影响力。

他的名字在日语字面上就是“龙马”之意。他生活在侍阶层的最后时代里，像蛟龙飞越天空。他的个人魅力吸引了一大批仁人志士，力图改革日本僵化的封建社会，建设一个充满活力的现代国家。但他却英年早逝，只能将遗志留给自己的人民。他让日本与全球自由开展贸易的梦想，一直到二战后才得以实现。

尾　声

1867 年 12 月，孝明天皇——他不喜欢长州藩那些暴力的侍阶层，也不喜欢那些年轻、野心勃勃的贵族——死于天花，对长州藩的激进派来说一切都更加便利。他的死非常及时，因为京都中四处流传着有关长州藩的谣言，称天皇为贵族激进势力所暗杀。当时，他的继任者睦仁即明治天皇只有 14 岁，无力应对这一混乱的局势。控制他的那一派别得以假借天皇旗号，铲除自己的敌人。坂本龙马死后，再也没有任何人能阻挠长州藩和萨摩藩的倒幕企图。土佐藩的山内容堂顽强对抗激进派，提出了一个幕府将军能够接受的解决方案：废除幕府将军之职，但将军可保留自己的土地和太政大臣之职，并与一个强大的大名议会一起共理国政。但是，长州藩和萨摩藩对这一方案并不满意。在一次皇室会议上，激进派以性命要挟山内容堂，想以此推动他们反对德川庆喜的图谋。龙马的和平过渡梦想，已随着他的死亡一起消逝。

1868 年 1 月，在激进派控制下，年轻的明治天皇宣称他将收回国家的一切权力。被算计的末代幕府将军德川庆喜落入一个困局：他必须在违逆天皇和失去权力之间做出选择。于是，他带着 1.5 万人，从大阪城向京都进军。不久，德川军与西乡隆盛率领的长州藩、萨摩藩和土佐藩的皇家军在鸟羽、伏见开战。皇家军人数只有德川军的三分之一，但装备更为精良、训练更为有素。德川庆喜被打败后，逃回江户，两个月后投降。

于是，皇室统治在长州藩和萨摩藩手中复辟。但很久以前，这两个藩都曾是关原合战的输家。1869 年，明治政府废除了德川幕府僵化的等级制度。自此，所有日本人不是贵族、绅士，就是普通人，而普通人也被授予了职业选择和居住的自由。但是，这不意味着日本人民彻底从封建残余统治中被解放出来。1871 年，大名的职位被废除，其藩地由中央政府管理的县所取代；其城池和私人军队也永远消失了，军队开始由国家从各个阶层中征召。历经 700 年后，侍阶层的地位和职位终于都随风而逝了。1876 年，除了军队之外的所有人都禁止携带刀剑。

桂小五郎死于 1877 年。同年，西乡隆盛在九州发动了最后一次萨摩藩叛乱活动，失败后身受重伤，死在了一位忠心耿耿的家臣怀中。1899 年，胜海舟因中风死于家中。来自萨摩藩、长州藩和土佐藩的人们成立了明治天皇政府，坂本龙马竭力反对的这种地方主义最终导致日本发动了那场毁灭性的世界战争。

注释

[1] 新选组，是日本幕府末期的一个亲幕府武士组织，也是当时的浪人武装团体。其主要在京都活动，负责维持当地治安，对付反幕府人士。他们在戊辰战争（即 1868

年的皇室复辟之战）中协助幕府一方作战，1869 年战败投降后解散。

[2] 乡士，也称乡侍，是江户时代居在乡村的武士总称。这一群体不同于居住城下町的武士，可分两类：一类是从大名处得到领地或禄米，平时居住乡村从事农耕，战时为主君作战的藩士；另一类是地方旧家豪族，或因治水、捐款有功而被将军、大名授予武士资格者。

[3] 大老，是江户幕府时代辅佐将军的最高官员，统辖幕府的所有事务。此职只在非常时期设立，且只设一人。

[4] “咸临丸”号，指幕府末期江户幕府拥有的一艘初级军舰，是一艘配备 3 桅帆的蒸汽船，是继“观光丸”号后日本第二艘装备西式螺旋桨的初级军舰。

[5] 筑地，距东京不远，其字面意思为“填海所造的土地”。在日本，很多填海的地方均以此命名。

[6] 下关，位于日本本州岛最西端，是山口县最大的城市。

[7] 禁门之变，指 1864 年 8 月 20 日在日本京都爆发的武力冲突事件，又称蛤御门之变、元治之变、元治甲子之变。1864 年，长州藩及尊皇攘夷派势力被逐出京都后，长州藩以会津藩领主、京都守护职等人为目标，派兵进入京都，在京都市区内与幕府联军进行了激烈巷战。这是自 1615 年大阪夏之阵以来，大名之间在畿内首次交战。

[8] 关门海峡，旧称马关海峡，日本本州西端山口县下关市与九州北端北九州市门司区之间的水域，濑户内海的西门户，自古为兵家必争之地。从日本地图观察，关门海峡实在是一个绝妙的所在，其一边是本州岛，一边是九州岛，地理位置极其重要。

[9] 奄美大岛，属于鹿儿岛县，岛上设有奄美市、龙乡町、大和村、宇检村和濑户内町，是日本九州南方海面上奄美群岛中的主要岛屿，面积 712.39 平方公里。它是全日本第七大岛（不包括行政上已不由日本控制的南千岛群岛），仅次于本州岛、北海道岛、九州岛、四国岛、冲绳本岛和佐渡岛。

[10] 山内容堂（1827—1872），又名山内丰信，幼时叫山内辉卫，幕府末年的外样大名，也是土佐藩的第 15 代领主，“幕末四贤侯”之一，酷爱诗与酒，自称“鲸海醉侯”。

[11] 龟山社中，幕末志士坂本龙马组建的由脱藩浪人组成的结社、商社性质的组织，为海援队的前身。

[12]　驾笼，日本的一种轿子。

[13]　指那些同意让长州藩和萨摩藩结盟的人。

[14]　阿龙，即楢崎龙，生于 1841 年，是日本京都市的医师楢崎将作的长女。她一开始为养家而在餐厅工作，不久被天诛组贿赂而辞去餐厅的工作，又因天诛组受幕府追捕而被迫四处流浪。后来，她与坂本龙马相遇，被他自由奔放的性格吸引，很快与之相恋，并受其引荐得以在寺田屋帮佣。

[15]　大政奉还，指庆应三年（1867 年）10 月，第 15 代将军德川庆喜把政权还给了天皇，标志着持续 260 多年的德川幕府统治终结。

[16]　京都见回组，是幕府末期由幕臣结成的组织，同新选组一起负责维护京都治安、取缔反幕势力。

[17]　松平容保（1836—1893），是日本江户时代会津藩第 9 代（即末代）领主。曾担任京都守护职，官称肥后守。号佑堂、芳山，神号忠诚灵神。美浓国高须藩领主松平义建之子，母亲是侧室古森氏。与兄长德川庆胜、德川茂德及弟弟松平定敬四人并称“高须四兄弟”。

PART 2
THE AGE OF THE COUNTRY AT WAR

第二部分 战国风云

经典战役和代表家族

第16章

桶狭间合战[1]：1560年

1560年5月，骏河国大名今川义元率领2.5万人，进军三河国和尾张国边界。他的直接目的是想要控制最近刚从尾张国的织田信长易手至他手中的城池。三河国的沓挂、大高和鸣海等城池之前都与织田家族结盟，但它们基本都位于今川义元当时的封臣松平元康（也是未来的德川家康）的领地中。

过去，人们都认为，今川义元向尾张国边界挺进，其目的是意图进入京都，以向其他令制国的大名炫耀武力。战国时代，保卫天皇所在京都的军阀，都是公认实力最为雄厚的大名，能够管辖其他军阀。战国时代早期，即15世纪末，大名们彼此争斗，也不过是为了保卫或扩张自己的领地。但是，他们逐渐意识到，或许应该由一个中央机构来统一整个日本。根据这样的观点，今川义元向尾张国的挺进行动可以解释成是他想进军京都、建立霸权的标志。然而，仍然有人反对这一看法。

一般情况下，一个大名如果计划进攻邻国，他首先要与其他地区的军阀积极开展谈判，以确保在他的军队投入新战役期间后方无虞，或至少令环伺四周的对手不会妄动。但是，今川义元在行动之前并未采取任何此类防御措施。他的领地以东还有另一个强大的家族，也就是相模国的北条家族。在未与北条家族事先结盟的情况下，今川义元不太可能冒险惹怒北条家而大举进犯京都。他向三河、尾张两国边界挺进的举动，目的似乎只在于保卫这三座刚刚成为其事业盟友的城池。

1560 年 5 月 18 日，今川义元进入了沓挂城，然后召开战争会议。他的封臣松平元康也向另外两座城池派兵、送去补给，继而攻打织田信长的丸根砦要塞。与此同时，今川义元的其他封臣也开始攻打鹫津砦要塞。

5 月 19 日上午，织田信长只带了 6 位骑手和 2000 名足轻离开了清洲城。他首先前往丹下砦，然后去了善照寺和中岛要塞。这些行动似乎意在孤立此时已经落入今川义元手中的鸣海城。在他们看来，今川的主力部队前往桶狭间，意在支援鸣海城的战斗。

有关桶狭间合战的经过，有段流传已久的描述：织田信长看到今川营寨中战士们都在喝酒、跳舞，提前庆祝胜利，于是越过敌方前线，穿过山坡，从后方进攻对方营寨，击败敌人，杀死了今川义元。但是，最新发现的织田信长一位家臣贵池大田的回忆录，却描绘了一幅完全不同的图景。

由 2000 名侍组成的织田军，在 5 月 19 日正午时分抵达中岛要塞。尽管织田的家臣极力劝阻他不要进攻今川主力部队，他还是宣布了自己的这一意图。织田认为，今川军在进攻鹫津砦和丸根砦两座要塞后已疲惫不堪，同时还要驻守鸣海城，力量大为削弱；相比而言，他的士兵却以逸待劳、士气高昂——他们不应该错失这个良机。但他却算计错了：进攻友邦要塞的不是今川的主力部队，而是今川盟友松平家和井伊家的军队。然而，最终他却因错得福。

织田信长的军队穿过低地，向着今川军的前锋挺进，可能意在采

烈马可为良驹……日本古代战争中使用的马匹完全是纯种公马，而非骟马。侍一般都喜欢以暴力的方式上马，因为马被认为是一种武器。图中几位家臣围绕在主人周围，用缰绳勒住他的纯种公马。前方右侧的士兵在搭箭上弦时会舔一下自己的手指。（图源：笹间良彦博士）

平安时代和镰仓时代末期的战斗中，当敌人发起一对一的挑战时，侍不想被看成懦夫而不得不迎战，他的家臣通常不会介入这种个人决斗。但到了战国时代，战争形式发生变化。在混战中，取下一名倒地敌人的首级作为战利品不啻为一种危险的举动，因为对方的追随者可以轻易介入，胜利者可能很快就会被消灭。

取“打完即跑”的游击战术来进攻敌人，得手后就退回来。对数量占绝对优势的强大敌人发动正面进攻，无疑引火自焚。这个时代的侍都很现实，精于算计的织田信长自然也没有蠢到要将兵力投入到一场无望的进攻中去，针对今川军的一到两次小的胜利就足以阻止他向尾张国进军。对于敌人来说，后方不稳的情况下深入织田的领地也太过冒险。但是，事态的发展却出人意料。

织田军抵达桶狭间山脚下时，后方突然出现风暴，猛烈的程度足以刮倒大树。今川军的先锋部队在这一骇人的天气中，几乎什么也看不见，被织田军的进攻打得溃不成军。织田本来十分慎重，下令如果敌人撤退，就继续挺进；如果敌方向前推进，就撤退。但当时今川军的前线已经在大风中溃散，于是织田率军向前冲锋。就在他们深入敌方阵地时，织田信长认出了今川的旗帜，下令手下士兵向着旗帜方向冲刺。敌方将领有 300 名护卫，几次冲锋后，只剩下 50 人。织田和自己的贴身护卫向着他们猛冲过去。最后，今川义元被服部小平太和毛利新介所杀，他的首级照例被敌人当作战利品拿走。

在这场战斗中，双方都犯了错误，织田的胜利完全是因为幸运女神的眷顾。历史学家通常会从胜利者决断正确、抛弃了错误决定的角度来解释这个结果。但是，桶狭间合战告诉我们，战场上总有运气的成分存在。

要塞与城池

公元8世纪，京都政府极力想要将统治权扩张至东北地方，因此常与他们口中的“虾夷人”发生冲突。京都军在对抗这些所谓蛮族的战役中，修建了诸多防御工事，以阻止虾夷人渗透到他们已平定的地区。几百年以来，这些防御工事的建造方式从未改变。即使在织田和德川联军对战武田家的那场著名的关原合战（爆发于1575年）中，也是如此。从公元7至8世纪开始，野战防御工事的基本构造就没有改变过。

此类防御工事的基本元素是壕沟、防御土墙和围栏。绝大多数情况下，防御一方会砍倒树木，将未经修剪的树枝朝向敌人，以建造鹿砦[2]。通常来说，防御方会选择山顶的位置，以便向任何靠近的敌人射箭。他们还会增加一排诱杀装置，进一步延缓敌人的前进速度，如果时间允许，还会建造瞭望塔。在火器被引进之前，防御方和进攻方都会使用便携的盾牌或活动掩体，大小为4.5英尺×1.5英尺（大约1.4米×0.45米）。这些盾牌在要塞前被连成一排。野战中，这些装备由家臣或农民来携带，他们与配备了可投掷武器的侍一起前进，在侍遭到射击或重新装弹时提供掩护。考虑到早期侍武士战争中的惯用战术，这些防御工事的首要目标是阻止敌方骑兵冲入己方大本营。

在福岛县的笃借城，有1.86英里（3公里）长的双排壕沟。这些壕沟曾令源赖朝的军队在1189年的战争中受益匪浅，由5000名工人耗时1个月修建完成，这还不包括诸如修建防御土墙、围栏和瞭望塔等其他任务所需的人力。这一大型防御工事大概建于1180至1185年间的源平合战之前。1184年，平氏军曾在一之谷修建了大规模的防御工事，源范赖的军队费尽周折才将其攻破。

修建临时性防御工事的目的，在于阻断敌军前进的主要路线。此外，平安时代，侍的居所四周还有护城河和围栏防护。这种防御性住所

茨城县逆井城中重建的中世纪防御工事。

茨城县逆井城中重建的另一处中世纪防御工事。

也可修建在野外——在这种情况下，住所的战术特性就变得次要。镰仓末期（13 世纪），此类战地住所都在诸多建筑的严密防护下，但基本的防御要素仍然没变：壕沟、防御土墙、围栏和瞭望塔。

1281 年，元军第二次远征日本时，镰仓幕府曾下令在博多湾修建石墙。这些墙有 12.4 英里（20 公里）长，6.5 英尺（2 米）高，顶部有 3.9 英尺（1.2 米）宽，墙内就是壕沟。修建这些石墙的目的，显然在于阻止元朝骑兵登陆和部署。最近有研究指出，这种防御体系还被应用在 16 世纪日本入侵朝鲜的基地中，但那次行动却无果而终。更为合理的推测是，这些石墙是因防御目的而修建，但一个要塞的围墙修建得如此大的规模，显然耗时耗力、效率不高。13 世纪时，石墙仍然十分罕见，

在安土桃山时代风格的姬路城中，这是最大的一座城门。

大阪城的一条宽大的护城河。1615 年，大阪城陷落后，完全被德川家康所毁。第二位德川幕府将军德川秀忠，下令在旧址上重建该城，但要求负责这项工程的藤堂高虎将护城墙加高到原来的两倍。

姬路城的射箭孔，是一种建在城墙上的下倾孔洞。

直至 100 年后的室町时代，石头建造的城池才出现。

室町时代，在守护大名的统治之下，商业和城市经济不断发展，财富开始集中。“守护”是令制国的行政长官，由室町幕府任命；“大名”是指那些封建领地范围内的土地所有者。（需要指出的是，有些作者将日语“大名”翻译成“知名人士”，但日语“名”指的是已登记的地产，而不是“名字”的意思。）这些巨头通常会在山顶修建防御要塞，他们的家臣则生活在山下的平房中。和平时期，大名住在位于山脚下的宅邸中，敌人进犯时则会撤回到山顶的堡垒中等待援军。

彦根城中，通往壕沟上方主建筑的引桥。战国时代和江户早期，城墙以各种方式被全面加固，通过猛攻来夺取某座城池的情况很少见。进攻方包围城池后，一般会通过造成守军饥饿难耐或收买策反达到目的，以避免进攻带来巨大伤亡。

姬路城中的火绳枪、火药袋、火绳和长矛。这些武器都不是很长，所以更易于用在室内。

此类要塞的数量惊人：据推测，战国早期，日本就有 3 万到 4 万座山顶要塞。

人们认为，第一座拥有大面积石墙和高塔建造的要塞城，是织田信长下令在琵琶湖旁修建的安土城。安土城是遏制从东部和北部两方进犯京都行动的最佳地点。琵琶湖是日本最大的湖泊，这里的水上贸易非常繁荣。织田信长在该要塞城的庇护下建造了一座很大的城池，命令家臣和士兵都在那里居住。该城池由此开始拥有了几个功能：居住地、防御工事、关卡、商业中心和统治者权力的象征。随后，城中逐渐修建了诸如庙宇、教堂和塔等各类建筑，成为丰富城市的点缀。

1582 年，织田信长死后，丰臣秀吉接管了日本的霸权。他决定修建一座比安土城更强大的防御工事。第二年，他下令从大阪城中原来的石山本愿寺的位置开始动工。织田信长包围该寺庙期间，该寺就证明了自己的坚不可摧，不仅因为其战术层面难以攻克，还因为其位于淀川之上，确保丰臣秀吉在京都至琵琶湖一线交通无碍，而濑户内海的海上贸易也为他从中国带来了大量财富。大阪是第一个在平地上建起的城池。有了这个先例，大名们开始在地理位置适宜开展商贸活动的地方修建自己的城池。其中，神户附近的姬路城拥有最合理的建筑比例。1601 年，池田樽正下令建造该城；1616 年，由本多忠政完工。因为原始的木质内在结构几乎完美无缺，姬路城的建筑不仅外表美观，还是坚固的防御工事。

大多数日本的城池都不是毁在战争中，而是常毁于地震和意外的火灾。最后一次大规模破坏则是由 19 世纪时明治政府造成的，当时除了 3 座城池外，其余尽毁。仅剩的姬路城、彦根城和松本城得以将魅力和优雅带给它们今天所在的城市。

姬路城近景。

注释

[1] 桶狭间合战，是一场发生于 1560 年日本战国时代的战役。骏河国大名今川义元亲自率军攻入尾张国境内，在今爱知县名古屋市一带，遭织田信长领军奇袭后阵亡。战后，原本称霸一方的今川氏从此没落，而获胜的织田信长则在中日本和近畿地方迅速扩张势力，奠定其日后掌握日本中央政权的权力基础。

[2] 鹿砦，用树木设置的形似鹿角的障碍物，分为树枝类与树干类两种。在现代战争中，前者主要用于防步兵，后者主要用于防坦克，设置时可用带刺铁丝、手榴弹和地雷予以加强。

第17章

九州之熊：8—16世纪

古时，九州人被称作熊袭人或隼人[1]。他们不承认曾派兵征服自己的京都大和政府[2]。即使在今天，我们也无法确切地知道他们是什么样的人。我们只知道九州是日本的门户，该岛的文明主要源自大洋彼岸，由当时的朝鲜半岛转道而来。毫无疑问，无论哪个时代，九州都是各家必争之地。公元700年左右，京都的大和政府建立了一个跨越九州岛与东北地方的帝国时，在博多附近设立太宰府。当时，太宰府是一个半独立的政府机构，有时被称作“远方朝廷”。这里不仅是九州的首府，而且是整个日本的防御中心，还是一个与亚洲大陆特别是朝鲜半岛开展贸易活动的商业中心。

今天，考古证据表明，在九州北部，诸多定居点的居民都种植大米。显然，这些人大部分来自亚洲大陆，小部分人来自朝鲜半岛。据传，这里曾存在一个极富影响力的王国，可能是日本天皇的祖先从九州向东迁移到大和地区所建立，但当时的大和王朝和九州王朝的确切关系

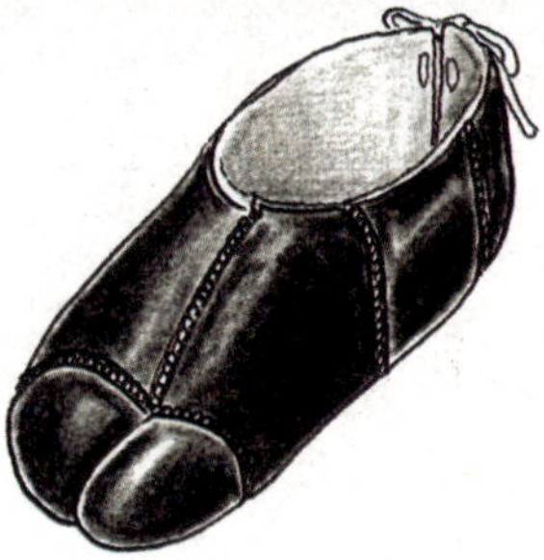

室町时代，全副武装的侍首领的典型形象。上面两个细节图展示的分别是不带袖或杏叶板的铠甲左腋窝区域，以及由细锁子铠串铁片做成的铠甲鞋。（图源：笹间良彦博士）

镰仓至南北朝时期的侍武士图。上方：侍首领，身穿胴丸、胸口覆盖着一块装饰用的印花皮革板；其头盔上有一对长鹿角（即锹形立物）和一个龙形前立[3]（即额前饰物）；其身穿披肩，披肩外挂箭袋；这种披肩后来演变成母衣[4]（即背后的球状标志物）。下方：身穿腹卷甲的贫困侍武士；左侧侍头戴的不是头盔，而是面铠。（图源：笹间良彦博士）

却不得而知。

自日本派出帮助朝鲜百济王朝的远征军被新罗和唐朝联军击败后，大和政府就决定从朝鲜半岛撤军，因担心联军反攻日本而加固了太宰府的防御工事，并在那里驻扎防卫部队。这些防卫部队——防人从关东地区被征召而来，他们的任务十分艰巨。他们接到服役的召集令后，不得不自掏路费，跋山涉水来到九州。不过，朝鲜半岛最后出现和平，这给太宰府带来了繁荣的机会。从此，太宰府成了日本和亚洲大陆间的贸易中转站，而代价则是这里通常会成为九州叛乱者的目标。

少弐氏与大内家

镰仓时代，元军曾分别在 1274 年和 1281 年两次远征日本。当时，太宰府成为防御指挥部。幸运的是，元军没有太深入日本，因此未能抵达这里，使之逃脱了被毁的命运。在元军两次远征日本后，镰仓幕府在博多设立了镇西探题[5]，授予其管领军事、行政和法律的权力。幕府还任命了 3 名守护（即司国）管辖九州，并将这些职位授予少弐氏、大友家和岛津家。设立探题之后，博多成为日本门户。在元军远征日本期间，日军多数主力都是九州的侍。这些侍曾在 3 位守护的领导下，表现得骁勇无畏。尽管如此，战后统治他们的却是来自镰仓的北条家族。因此，不出所料，当 1333 年后醍醐天皇发动政变时，九州积极响应他的号召，然后一起摧毁了镰仓幕府。

对于后醍醐天皇来说，大为不幸的是足利高氏[6]在 1335 年发动了叛乱。足利高氏被皇家军打败后，逃往九州，前去征服少弐赖尚。尽管少弐赖尚表示顺从，足利高氏却任命一色纪氏为大探题。少弐赖尚对此十分不悦，转而支持皇家军。足利这种短视的行为，延长了南、北朝廷之间在九州的冲突期。1354 年，少弐赖尚将一色家逐出了九州。在此后10年的时间里，少弐赖尚一直控制着该岛，并与南方朝廷关系友好。

后来，室町幕府的足利义满将军派今川贞世（今川了俊）去九州镇压南方朝廷的党羽。经过两年的动乱之后，今川贞世的镇压行动几近成功。他将南方朝廷的主要支持者菊池家族包围在城池中。最后，他邀请3名有势力的守护——岛津氏久、大友亲世和少弐冬资（少弐赖尚的儿子）共同商讨九州战后的安排。因为少弐冬资对这一邀请未做回应，今川贞世请岛津氏久从中斡旋。对此，少弐冬资无法拒绝，只好来水岛赴宴。宴会中，今川贞世的兄弟今川仲秋将少弐冬资捅死。岛津氏久自然颜面尽失，怒气冲冲地返回萨摩国。这一事件很不幸地干扰了今川贞世的努力，足足过了20年，他才最终得以恢复了九州的和平。不久之后，今川贞世被足利义满将军免去探题一职，重新召回京都。当然，他的革职令九州的3位守护十分高兴。

与前任不同的是，继位的探题涩川满赖并非一位铁腕统治者，在长门的大内家的帮助下，才得以保住自己的职位。1423年，势力强大的少弐光贞将涩川满赖赶出了博多。室町幕府镇压了这次叛乱，并把博多纳入自己的直属领地，任命大内盛见作为室町政权的地方执行官。自此以后，大内家开始涉足九州事务。丰后国的大友家对于幕府的干预行为十分不满，便与少弐家结盟，两家盟军攻打了大内家，杀死了大内盛见，而1433年大内家在反击中杀死了少弐光贞。在1467至1477年的应仁之乱期间，京都的混乱局势加剧了这一冲突。1533年，大内政弘消灭了少弐家和涩川家，夺取了九州北部。

信仰基督教的统治者：大友宗麟

大友家原来是关东的侍武士。12世纪90年代镰仓幕府建立之后，

第一任镰仓幕府将军源赖朝授予大友能直丰后国、肥后国和筑后国地头之职。三代之后，由大友赖泰继承守护之职。尽管该家族得到幕府的偏护，但在元军远征日本后，他们还是为反抗北条家族的摄政统治，而加入了皇家阵营。14 世纪 30 年代，镰仓幕府被推倒后，足利尊氏建立了室町幕府，在九州任命了另一位探题。与少弐家不同的是，大友家族并没有公开反对这次任命，但与岛津家族一样，他们也不欢迎这一任命。

在南、北朝廷敌对的南北朝时期（公元 1336 至 1392 年），内乱阻碍了大友家的发展。大内家和幕府将军都介入到大友家的继位危机中。1467 至 1477 年的应仁之乱期间，大友家面临灭顶之灾。1498 年，幕府将军继位问题引发了广泛争议，也加剧了大友家内部的不和。大友政亲杀了自己的儿子大友义右，自己也被大内家逼得自杀。可大友家还是得以在这个关键时刻存续下来，开始自我重建。

1515 年，大友义鉴接任了大友家的家督之位。统治期间，他摧毁了诸如朽木、大神和佐伯等叛乱家族，在丰后国建立起不可动摇的地位。他亲近幕府将军，并得到了肥后国守护的职位。他在自己的领地上统治了 35 年，但到了 1550 年春季，他却未得善终。

大友义鉴的长子是大友义镇。1550 年，大友义鉴因为一些未知的原因，剥夺了大友义镇的继承权，然后提名他的一名宠妾所生之子大友正一丸为继承人。大友义鉴将大友义镇送到别府，然后召唤他的 4 名幕臣，宣布了自己的想法。但幕臣们却强烈反对这一做法，并告诉他此举定会引发破坏性冲突。幕臣们的抵制令大友义鉴十分不悦，于是将他们全部免职。可几天后，他再次邀请这 4 名家臣到家中。只有两人接受了邀请，然后被主人所杀。另两人称病没来，当得知同僚的遭遇后，认为自救的唯一办法就是杀死自己的主人。他们偷袭了大友义鉴，令他身负重伤，在被主人的护卫击倒之前，杀死了他的宠妾和大友正一丸。后来，大友义镇从别府返回，大友义鉴同意让这个儿子继位。大友义镇继位后，一直未坐稳位置。几年后，他被 3 位家臣暗杀。（这些事件说明，在战国时代，封建领主的家臣仍然拥有巨大的权力，他们的愿望对大名的决定有着重要的影响。）

不同的人对大友义镇（后改名大友宗麟）的历史评价也有所不同。江户时代的历史学家将他视作恶棍，因为他保护基督徒，而基督教传教士却认为他是一位理想的统治者。我们很难描绘出大友宗麟的真实形象，传教士呈递给罗马教廷的报告中对他外表的描述被认为极度可信，但其与江户时代历史学家的观点相悖，后者都认为大友宗麟体质羸弱。当然，如果传教士的说法是真的，就不应该因为他的基督教信仰而对他持有偏见。事实似乎是，大友宗麟不是战士，他有着贵族的品位，常以茶道、球类活动、绘画和书法等作为消遣。

大友家是自镰仓时代以来的一个老派家族，恪守传统文化，无论是处理内政还是废除传统方面，他们的观点都不是革命性的。镰仓和室町时代的侍武士社会是一种金字塔形的等级结构，取代前任领主的大名或军阀都必须有进步性观点，才能突破当时僵化的机构设置。大友家的家臣由三类人组成：亲属派系的家臣、从镰仓时代就开始跟随他们的家臣以及新的追随者。因为该家族的家督实力不济，难以控制其家臣，所以经常遭受叛乱之扰。

1551 年，大友宗麟邀请葡萄牙传教士弗朗西斯科·泽维尔来到他所居住的府内城。他提出这一邀请最初仅仅出于好奇，希望获取罕见的贸易品。但随着时间的推移，他后来皈依了天主教。当传教团最初被允许在府内布道之时，信徒中都是穷困潦倒与疾病缠身之人。很快，信徒就达到了 1500 人。1562 年，大友宗麟成为佛教禅宗的一名僧人，他的妻子是一位神道教[7]祠掌的女儿。所以，当他后来想要皈依基督教时，他的妻子十分不悦，也挑起了其领地中佛教和基督教间的冲突。那些属于佛教宗派的家臣离开大友宗麟，不再效力于他。尽管大友统治下的世俗领地一直存在这种信仰争端，但他还是在 1567 年正式和妻子离婚，与另一位认同他信仰的女子成婚。

一旦战败，侍被砍下的头颅往往成为一种战利品。他们手下的人被俘后，会作为奴隶在市场上出售或在胜利者的领地做苦役。历史总会忽视这些可怜和无名的受害者。（图源：笹间良彦博士）

大友家的领地位于九州东部。以前，九州北部属于少弍家，东部地区则属于菊池家族，但各类冲突使得这些地区都被并入大友家领地。后来，大内家消灭了少弍家。1557 年，大内义隆又被他的家臣陶晴贤[8]所杀。自然，大友家夺取了九州北部、筑前国和丰前国。1553 年，大友宗麟摧毁了肥后国的菊池家，成为当时九州最强大的大名。此时，岛津家正在全力应对内部冲突，且实力不济，无力抗衡大友家。

门司城之争

毛利家在严岛之战[9]中杀了陶贤晴后，就宣称要从大友宗麟手中拿回大内家曾经在九州的领地。面向关门海峡、扼守濑户内海入口的门司城，具有重要的战略地位。对于毛利家来说，门司城是通向九州的起点。1558 年，毛利元就从大友家手中夺取了该城，仁保右卫门被任命为治安官，统领 3000 名士兵。后来，大友宗麟派出了两名将领，将仁保右卫门和毛利家的防卫部队逐出该城。毛利元就得知该城被夺之后，立刻命令长子毛利隆元和三子小早川隆景前去攻打大友军。

1558 年 9 月，小早川隆景手下的将领乃美宗胜横渡关门海峡，在门司和小仓之间的海滩登陆。他从后方突袭了门司城，消灭了大友家的守军，然后切断了大友军的供给线，迫其撤退。尽管门司城已经再度失守，大友宗麟却没有放弃。1561 年 8 月，他命令手下将领吉弘加兵卫率领 1.5 万名士兵，再次攻打该城。他还请求当时停靠在府内湾的葡萄牙军舰舰长，协助他进攻门司城。这艘侧舷大概各有 17 门炮的军舰，对门司城发动了猛烈攻击。尽管毛利军从未见过这般猛烈的炮火，但仍坚守住了城池。最终，这场危机因葡萄牙军舰的突然撤退而结束，大友军只得在城外安营扎寨，旨在围困门司城。

1561 年 8 月 21 日，毛利隆元和小早川隆景率领的毛利援军，出

发前往位于关门海峡大陆一侧的防府城。毛利家在村上家和江内家海军的帮助下，控制了这一海域，所以他们横渡关门海峡时几乎没有受到大友军的阻碍。堀馆家和杉家的军队也渡过了关门海峡，进入门司城，突破了大友军的包围圈。但是，援军的到来也增强了大友军的实力。尽管毛利家采取了夹击战术，即登陆以切断大友军供给线，大友军还是坚守住了包围圈。10 月 10 日，大友军开始发动对门司城的大规模进攻，却因小早川隆景跨过关门海峡、进入门司城而失利。最后，毛利家的登陆部队成功切断了大友军的后方补给线。11 月 5 日，为避免更多损失，大友军撤退。

1563 年，在足利义辉将军的调和下，两大家族停战。毛利家同意和谈，因为他们担心同时遭到大友家和出云国尼子家的进攻。后来，毛利元就消灭了尼子家，九州北部这种暂时的和平状态也随之结束。1567 年，九州北部的许多领主开始发动反对大友家的叛乱，并寻求毛利家的支持，4 万名毛利军进入这一地区。这次，大友宗麟派出了 3.5 万人。半年的时间里，双方军队在多多罗河两侧对峙。与此同时，大友宗麟还分给大内家的亲族一些军队，让他们发动进攻，收复他们以前的领地，并从后方袭扰毛利军。于是，毛利军只得撤退以应对新敌。毛利军在山口城消灭了大内辉弘的军队并返回九州之时，大友家已粉碎了所有叛军。此时，九州岛一半的土地已经落入大友家手中。

镰仓时代，身着大铠的侍。

龙造寺家

镰仓时代，高木季平被幕府任命为地头，然后迁去了肥前国的龙造寺村。自那以后，他的家族就改姓龙造寺。室町时代末期，龙造寺家兼是少弐家在肥前国的守护。1530年，当筑后国的大内家派兵平定肥前国时，龙造寺家兼就跟随少弐辅元，在锅岛清久的帮助下击败了大内军。龙造寺家兼英勇的冲锋让锅岛家印象深刻。后来，龙造寺家兼将自己的孙女许配给锅岛清久的儿子锅岛清房。1533年，少弐资元攻打岩屋城，打败了大内家任命的筑前国守护代。为了收复失地，大内家派出了最强大的家臣陶兴房前往筑前国，他在多多良滨海滩大败少弐军，收复了太宰府。后来，陶兴房又挺进肥前国，包围了少弐军的大本营，即作为龙造寺家基地的水江城。龙造寺家兼则指挥了一次针对陶兴房营寨的大胆夜间突袭，击溃了这些进攻者，迫使他们撤退到了筑前国。不过后来，大内家的猛攻还是击溃了少弐家：少弐资元在专称寺自杀，他的儿子少弐冬尚躲进了莲池城。

龙造寺家兼继续支持少弐冬尚，但眼见龙造寺对自己主人的影响力不断增加，少弐家的老臣开始怨恨不已。老臣之一的马场赖兼总在少弐冬尚面前诋毁龙造寺家兼。1544年，少弐冬尚终于同意除掉龙造寺家兼。他们设计了一个阴谋，让龙造寺家兼的军队去平息位于肥前国西部的叛乱，以消耗其实力。当疲惫不堪、铩羽而回的远征军从肥前国西部撤出时，少弐军很快包围了水江城。马场赖兼拜访了龙造寺家兼，假装示好，然后建议他如果弃城并退回筑后国，就替他与少弐冬尚进行调解。龙造寺家兼离开了水江城，前往筑后国，马场赖兼立即去攻打龙造寺家兼的儿子和孙子。马场赖兼的手下封臣将他们全部杀死，并割下头颅献给少弐冬尚。90岁高龄的龙造寺家兼虽然愤怒不堪、忧伤不已，但仍然无奈地留守筑后国。

战国时代，乡士是一种介于真正的侍和足轻之间的阶级。他们在和平时代是农民，但当情况紧急时，会穿上铠甲——这些铠甲总是被放在田地里——随时准备直接去战斗。但在播种季节，这种战争召集令十分不受欢迎。（图源：笹间良彦博士）

后来，龙造寺家兼孙女的公公锅岛清久集结军队，支持龙造寺家兼向马场家寻仇。当龙造寺家兼回师的消息传到他之前的领地时，隐藏起来的家臣开始聚集，意图为他的事业出力。在毫不费力地重新夺取了水江城后，他们向着马场家守护的祇园城挺进。当时，所有阶层都蜂拥加入龙造寺的军队。马场赖义和儿子从城中逃出，却被紧随而来的侍抓住并杀死。此后，龙造寺家兼让他的长孙圆月坊[10]还俗，进入龙造寺家的领导层（他就是后来的龙造寺隆信）。

龙造寺家兼的大侄子龙造寺胤荣，也是家族下一代领导者之一，逃去了筑前国，并在那里寻求大内家的帮助以报复少弐家。后来，龙造寺胤荣和龙造寺隆信联手，在大内家的守护代杉高光的支持下，意图除掉少弐家。1548年，龙造寺胤荣病死，20岁的龙造寺隆信在家族老臣的要求下，继承了家督之位。

事实上，龙造寺家主要依赖于大内家的支持。尽管年轻的龙造寺隆信非常自信，他的家臣却并不团结。陶家灭掉大内家后，龙造寺隆信的家臣就与大友宗麟结盟，发动针对主人的政变。1551年，龙造寺隆信的佐贺城被其之前的家臣包围，他与家人躲往筑后国。直到5年后，他才得以收复佐贺城。1558年，少弐冬尚极力想在江上家的支持下，攻打龙造寺隆信，但后来江上家与龙造寺隆信进行了和解。江上家为了避免与龙造寺家出现进一步的冲突，要求少弐冬尚自杀。1560年，少弐冬尚自杀，和他一起消亡的还有从镰仓时代开始就声名远扬的少弐家。

1557年，毛利元就在中国地方消灭了大内家后，又在严岛征服了陶家。如前所述，毛利家宣布占领大内家之前在九州的领地。同时，实力雄厚的大名大友宗麟开始插手肥前国事务。对大友宗麟来说，龙造寺隆信及其5000名随从只是个小麻烦。于是，大友宗麟率领6万人动身前往肥前国攻打龙造寺隆信。龙造寺隆信很幸运，由于毛利军开始入侵筑前国，大友宗麟不得不暂停对肥前国的进攻。1560年，因为毛利军撤退至中国地方，大友宗麟得以再次派出其子大友亲贞率领大军前往肥前国，意图征服龙造寺家。在佐贺平原附近进行了5个月的机动之后，大友宗麟的军队准备在8月20日发动一次总攻。通过忍者得知这一情况后，龙造寺家的战争委员会出现了意见分歧：他们是抵抗，还是求和呢？显然，只有5000名侍无法打败具有压倒性数量优势的敌人。就在该委员会因为进退维谷而争论不休之时，手下的探子又带来消息称，大友军计划在发动进攻的前一天举办晚宴。龙造寺隆信最出色的家臣锅岛信生（锅岛直茂）坚称要针对大友的阵营发动夜袭，但考虑到这样的行动需要承担巨大风险，绝大多数的家臣都不同意。对此，龙造寺隆信的母亲告诉他们："在一只猫的面前，你们竟都表现得如同老鼠一般。如果你们是真正的侍，就发动夜袭——不妨赌上一次，不成功便成仁！"

是晚，锅岛信生率领的一支龙造寺家的队伍，悄悄穿过敌军包围圈的一个缺口，在驻扎于今山一处小山坡的大友亲贞的营寨后方伺机而动。因为这座山不太陡峭，锅岛信生的军队不费吹灰之力就爬上了山。他们一直等到天亮，当时敌人在宴会后仍处于酣睡之中。早晨6时，锅岛信生下令，火绳枪手开火，他的800名侍穿过硝烟，向下冲入大友亲贞的营寨。大友的侍毫无防备，无法组织起有效抵抗，很快就血溅营寨。这是一次大屠杀，大友营中有2000至3000人被歼，在混乱中，龙造寺家的家臣成松信胜杀死了大友亲贞。就在锅岛信成组织黎明突袭之时，龙造寺家的另一个家臣攻击了佐贺城周围的大友军残部，并突破了包围圈。尽管大友军的主力仍然完好无损，大友宗麟还是将其撤回了自己的领地。

今山之战结束后的几年内，龙造寺隆信征服了肥前国、筑后国和筑前国的所有军阀。尽管这些军阀都已臣服，但他们从未真正效忠。那个时代，有些军阀因为出色的领导才能而闻名，但龙造寺隆信却为人残暴，毫无性格魅力可言。有些传教士的评论失之偏颇，称其为基督教领袖，将他与尤利乌斯·恺撒相提并论。但1584年，龙造寺隆信在冲

夜袭或突袭，都是侍武士战争中高超的进攻战术。如，1560 年 8 月，锅岛信生率领龙造寺军对大友家军营实施突袭。战时，只要能取胜，任何诡计都不为过。（图源：笹间良彦博士）

田畷之战[11]败北后，他的“王国”便迅速瓦解。后来，九州三巨头大友家、龙造寺家和岛津家很快就被渴求统一的丰臣秀吉所吞并。

岛津家

毫不夸张地说，岛津家是战国时代最强大的战争机器之一。九州最南部有两个令制国：萨摩国和大偶国。从镰仓时代开始，被幕府任命为守护的岛津家就负责管辖这些地方的军阀。自 16 世纪中期起，在室町时代的最后阶段，日本出现了巨变。室町幕府的足利政权失去了权威，大名中出现了离心的趋势——不仅出现在本州，同时也出现在九州的岛津家领地。地侍（令制国侍阶层中的小土地拥有者）甚至岛津家的旁支，也开始反对守护岛津家。更为重要的是，这种反叛行为从未受到责罚。后来，岛津忠久和他的儿子岛津忠时结束了岛津家 24 年的内斗。他们解决了内部纷争后，便开始收复此时被强大的地侍或国众占领的旧地。

1554 年，岛津忠时进入大偶国去征服蒲生家，经过 3 年的战争将他们逐出那里。在更靠北的地方，岛津家开始攻打菱刈家。菱刈家得到相良家和伊藤家等临近军阀的支持，使得自己在抵抗岛津的战争中多支撑了两年。岛津家的下一个目标就是肝付家——一个抵御岛津家霸权长达 80 年的家族。1561 年，岛津忠时派出弟弟岛津忠纲和儿子岛津高久，以重新夺取已经落入肝付兼辅手中的大隅国巡璃城。但直至 16 年后，肝付家才向岛津家投降。尽管如此，到 1574 年，岛津家已收复他们之前在大隅国的土地。

岛津家统一了萨摩国和大隅国后，成为势力强大的战国大名。但这远不能满足他们扩张领地的想法，此时的岛津家已将触角伸到东北地区。在他们看来，应该除掉日向国南部曾经支持肝付家的伊藤家。伊藤军曾进攻兜城，进攻失败并撤离之时，岛津义弘伏击了他们，和诸多家臣一起杀死了对方的将领。1577 年，遭到削弱的伊藤家迁去了日向国北部，并寻求大友家的保护。而此时的岛津家通过在整个九州南部的土地扩张，开始与他们在该岛北部最为强大的两个对手遭遇。

1578 年，3.5 万名大友军进入日向国，支援伊藤家，消灭了此时已经倒戈加入岛津一方的土持家。在这场战役中，大友军曾因为结盟关系一度增至 5 万人，但这种关系并不稳固。因为他们打着基督教十字旗进入日向国，摧毁佛寺和神社，令那些仍恪守日本传统信仰的家臣恐惧不安。他们中的一些人也因为要去进攻凶悍的岛津军而焦虑。

大友军从府内国出发，一路向南挺进，以夺取岛津家的高城要塞。这座山中要塞的一侧有高城川防护，另一侧则有大冶城的保护，由岛津家臣山田有信带领 500 人守卫。大友宗麟一直待在后方，从未去过前线，只让他手下的将领们冲锋陷阵。岛津家的野战军兵分三路。

当大友军包围高城之时，他们切断了城内的水源供应，尽管守军顽强防御，但是否能够长期坚守仍不确定。不久，岛津家久带着 1000 人，冲破了包围圈，进入了该城，岛津义久的主力部队则占领了高城川一侧的山坡。形势急转直下之时，大友军将领的战争委员会也出现了意见分歧。佐伯惟教提出建议，采取迂回和隐蔽行动。最初，这一提议得到支持。但田北镇周坚持先发制人，于是带队率先发动进攻。岛津义久预料到了敌人的进攻，在前一天就将部队撤到了河边。

大友军渡过河流，冲向了岛津军的中心。这支部队由田北镇周率领，而佐伯惟教率军掩护。岛津军假装被击退，然后机动前进，去包围大友军的先锋部队。河岸另一侧的岛津军分队伏击了大友军的后方，然后城内的守军倾泻而出，两面夹击。大友军在敌人的包围下土崩瓦解，四处逃散的士兵跳入河中逃遁，但因为不知道哪里是浅滩，许多士兵都溺死在 11 月冰冷的河水中。尾随而至的岛津军在耳川击败了另一支大友军，彻底将大友家从日向国驱逐出去。

岛津军的秘密武器之一就是，他们很早便引进了火绳枪。他们通过与西班牙和葡萄牙的贸易，获取了大量此类火器。因此，岛津军中的侍在开始冲锋之前，会大规模、高效地使用火绳枪。岛津家四兄弟之间的指挥与控制，在各个场合都配合得天衣无缝。长兄岛津义久负责指挥统领，他的另外三个兄弟负责在战场上执行战斗计划。他们通常会全面勘察地形，设下埋伏或准备突袭。这种谨慎的行动使得诸多组织无序的敌人都被消灭殆尽。值得注意的是，绝大多数军阀麾下的部队实际都缺乏严密组织，这也是为何极少数军队会例外地取得瞩目的战果。一个军阀如果无法控制自己野心勃勃的家臣，往往会导致战术上的失败。这也会进一步威胁到他的权力，并为其带来毁灭性的悲惨结局。

1587 年，丰臣秀吉的军队进攻高城，山田有信率领 1500 人，再一次负责防御。但这一次，他被强势的征服者丰臣秀吉的家臣羽柴秀长率领的 8 万人包围。4 月 10 日，岛津义弘对根白坂要塞发动了一次夜袭，但守军预料到了这次进攻，布下陷阱，阻止其靠近。岛津义弘受制于这些陷阱，无法在黑夜的这段时间夺取该城，随着黎明的到来，羽柴秀长的援军也到达。岛津义弘和岛津义久被迫撤退。即使是岛津家兄弟间的联合行动，也无法抗衡丰臣秀吉训练有素的军队。

再回到 1584 年，在高城被击败后，大友家在筑后国和肥后国的影响力开始衰退。当地的军阀大多都处于龙造寺家的控制之下，岛津家和大友家总是试图破坏这种统一战线。很早以前，日本军阀之间彼此的忠诚都基于短期的利益，一旦平衡开始向着另一侧倾斜，他们的联盟就会被轻易打破。侍武士之间真正的忠诚和稳定的结盟关系，在千万次的背叛后也难以存续。

左右两图分别为室町时代胴丸及头盔的正面和背面。随着徒步作战的发展趋势，对铠甲活动灵便性的要求越来越高。图中的裙甲由7片组成，头盔是筋兜风格，看不见铆钉头；宽大的阳伞形錣（护颈）在这个时代很常见；三角式头盔装饰，即头盔上有三个锹形立物，也不罕见。

冲田畷之战

岛津家阻止了大友家向日向国挺进后，便将注意力转向了筑后国和肥后国。恰好，在远离肥前国西北的岛原半岛上，有马晴信寻求岛津家的支援。有马晴信是一位信仰基督教的军阀，一直受到龙造寺家的袭扰。尽管岛津家因为平定叛乱的肥后国得以壮大，他们还是同意与有马结成联盟。1584 年，岛津义久不顾家臣的反对，横渡有明海，将岛津家久和 3000 名士兵派往岛原。3 月，龙造寺隆信因为有马家的叛乱勃然大怒，带着 5 万人前往岛原。

两军在冲田畷对峙。龙造寺军分成三路：山路分队、中央分队和海岸分队。龙造寺政家和锅岛直茂率领中央分队，龙造寺隆信则带领山路分队。岛津军也相应地兵分三路：有马晴信的主力军占领了海岸一侧；火绳枪连则在松林中埋伏；赤星信家在岛津家久的策应下，率领岛津中央分队。另外，在山路一侧，岛津家久还部署了一支由猿渡信光率领的伏军。

岛津家营寨前面的地面非常湿软，从龙造寺家营寨延伸而来的一条狭窄小道直穿其中。岛津家久修建了一座扼守该小道的坚固大门，利用围栏来防御两翼。他意在引诱人数更多的龙造寺军来到这片湿地，使其无法自由机动，由此抵消敌军在数量上的优势。

3 月 24 日，龙造寺隆信看到了岛津军的弱势，改变了自己的阵地部署。无疑，他受到基督教魔鬼[12]的诱惑，意图亲手摧毁自己的宿敌，于是重新将军队部署在中路。上午 8 时，龙造寺军开始穿过湿软的地面，沿着那条唯一的小道前进，渐渐靠近岛津家的路障。突然，他们遭到了猛烈的火绳枪和三个方向的箭雨攻击。随着伤亡人数的增加，这支先锋军开始动摇。就在这时，敌营大门打开，50 名赤星家的侍冲出——赤星家一直想为被龙造寺家押作人质的家人报仇。龙造寺隆信曾下令对他们的家人大开杀戒。

龙造寺军的队伍中，前方的士兵想要逃跑，后方却在不断前推，不可避免地乱作一团。龙造寺隆信看到了这一混乱局面，派出传令兵想一探究竟，但他的口令却被误解为继续前进。尽管龙造寺军英勇奋战，可当他们极力想要向侧翼运动时，却陷在路两侧湿软的泥潭中，动弹不得。绝望无助中，他们遭到岛津家埋伏的弓箭手和火绳枪手屠戮。

此时，岛津家的侍瞅准时机、恰到好处地再次打开大门，全力冲向那些士气低迷的敌人。他们冲破了龙造寺军的前三道防线。龙造寺军首领的贴身护卫也无法抵御这种猛攻。在肉搏战中，岛津家的一名家臣杀出血路冲到龙造寺隆信近前，大叫道：“我乃川上忠智，来取你项上人头！”然后，他手起刀落，说到做到。

在得知龙造寺隆信的死讯后，龙造寺军撤回到自己的领地。岛津家在战后阅兵式中展示了龙造寺隆信的人头，然后才将其归还，但龙

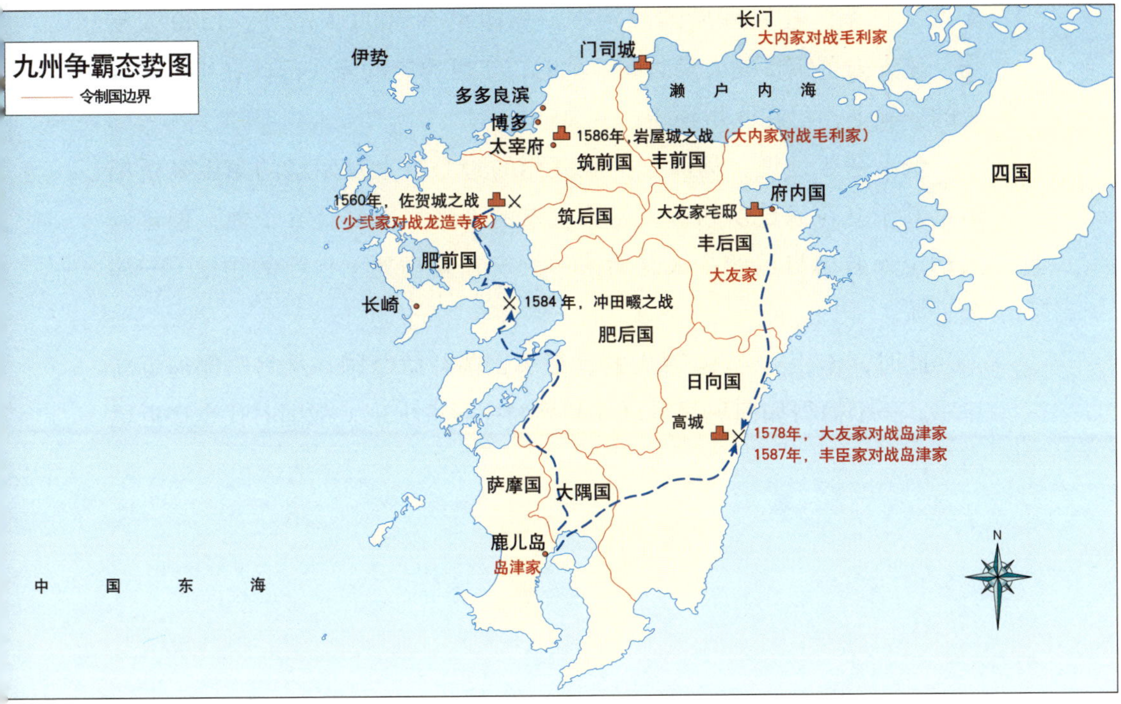

造寺家拒绝接受。这位“肥后之熊”被萨摩国的岛津家消灭，却无人哀悼。

龙造寺隆信之死和大友军在高城的失败，使得岛津家得到一个前所未有的机会来征服整个九州。尽管兵败高城削弱了大友的权力，大友宗麟还仍然统治着丰后国和丰前国。1585 年，岛津家的一支军队兵分两路，开始向丰后国挺进：一队从日向国而来，由岛津义久带领；另一队从肥后国而来，由岛津义弘率领。大友宗麟和家臣英勇地守卫着自己的领地，却无法阻止实力与日俱增的岛津家。后来，大友宗麟带领家族前往京都，寻求丰臣秀吉的帮助。现在，结果取决于岛津家是否可在丰臣秀吉的军队到来前征服整个九州。岛津家认为，自己必定胜算在握，因为丰臣秀吉正在小牧、长久手对德川家康发动战役。但是，丰臣秀吉很快就与德川家康和解，然后将军队调往九州。

1586 年，大友宗麟的家臣高桥绍运率 763 人守卫岩屋城，对抗进军肥前国的 5 万名岛津军。守军拥有大量的火药、弹药、弓箭和食物，因此在岛津军的突袭中坚守了 13 天。最后，守军全部战死，其中有 50 人选择自杀。在岩屋城的战斗中，岛津军有 3000 人战死，1500 人受伤，还失去了宝贵的大量时间。此时，丰臣秀吉的先头部队在小早川隆景的率领下，已在九州登陆。

毫不夸张地说，岛津家征服九州的野心被大友宗麟的家臣高桥绍运及其子立花宗茂所粉碎。尽管大友的许多家臣都背弃了他，但这两人却至死效忠自己的主人。后来，大友宗麟病死于自己的领地——津久见城。

此时，丰臣秀吉 10 万人的远征军正前往萨摩国，从另一侧逼近岛津军。一个懂得如何巩固自己战利品的征服者出现，战国时代也接近尾声了。

战国时代，战争有多种侦察形式，最常见的是使用忍者作探子。他们不仅会偷偷潜入敌方军营刺探消息，还会在晚上扰乱敌军，制造混乱。但是，敌方总是能够预见到这些战术，有时会派出自己的忍者来截击对方的探子，然后跟随这些探子返回敌营。因此，在发动侦察行动之前，要确定一个暗号，探子完成侦察任务回来后，首领会不动声色地使用这个暗号，然后他手下的人按照事前规定的暗号站起来，没有站起来的人就会被认为是敌方的细作。（图源：笹间良彦博士）

注释

[1] 隼人，是古代日本九州岛西南地区的原住民，是日本古代国家熊袭国的主体民族，大和王权时期被和人当作异族人看待，但后来被日本大和王朝政府彻底收编，其部落贵族成为日本大和王朝的中下层贵族，平民百姓也被和族人所同化。“隼人”一词在平安时代初期的史料中曾多次出现。亦称熊袭人。

[2] 这里的大和政府指公元 4 至 7 世纪的日本奴隶制国家，又称倭国、大倭国。建国初期，以近畿大和地方为中心。

[3] 前立，指日本武士头盔前镶嵌的金属装饰物。

[4] 母衣，古代日本战时士兵背在身后的一种球状饰物，内由竹架支撑，外用颜色鲜艳的布罩住，早期用于防流矢，后作为识别军队的一种标志。

[5] 镇西探题，是镰仓幕府设置的九州统治机关，负责管辖行政、诉讼（裁判）、军事等。

[6] 足利高氏，就是后来成为室町幕府的第一代征夷大将军的足利尊氏。镰仓幕府灭亡后，他由后醍醐天皇赐名为尊氏。

[7] 神道教，简称神道，原本是日本传统民族宗教，最初以自然崇拜为主，属于泛灵多神信仰。该教原本没有正式的名称，直至公元 5 到 8 世纪，佛教渐渐被日本人接受，为与“佛法”一词分庭抗礼，“神道”一词得以出现。

[8] 陶晴贤（1521—1555），父亲为大内家臣陶兴房，原名陶隆房，大内氏名将，被主公大内义隆称作“西国无双的侍大将”。后因主公大内义隆不理政事、沉迷玩乐，陶晴贤发动政变杀死了主公，招致讨伐。1555 年 10 月，他率 3 万大军在严岛与毛利军交战。毛利军在村上水军协助下发动奇袭，导致陶晴贤的军队陷入混乱。陶晴贤在混战中自刃而死，享年 35 岁。法名卓针轩吕翁全羡，墓地位于广岛县廿日市市洞云寺。

[9] 严岛之战，指 1555 年 10 月 16 日在日本安艺国严岛（今广岛县廿日市市）爆发的一场战争。对战双方是毛利元就与陶晴贤，最后毛利军取得胜利。

[10] 龙造寺隆信曾 7 岁出家，法号“圆月坊”。

[11] 冲田畷之战，指 1584 年 5 月 4 日，岛津家久联合有马晴信在肥前国岛原半岛

对抗龙造寺隆信的一场战役。“畷”意为湿地中的小径，汉音同“辍”。岛津氏通过此战极大削弱了龙造寺氏的实力，为以后统一九州奠定了基础。

[12]　基督教魔鬼，指堕落天使撒旦（Sadan）。《圣经》记载，撒旦曾是天国地位最高的天使之一，后因自己的地位、权力和尊贵的身份，开始骄傲自大，妄图与上帝平起平坐，于是发动反叛，最终被逐出天国。

第18章

中国地方之箭：1498—1571年

“一支箭易折断，三支箭抱成团”，这是毛利元就对儿子们的训诫。从较低阶层的小地侍开始，毛利元就便对本州南端中国地区的大名实施了霸权统治。团结是毛利家族最强大的武器。

毛利元就是毛利弘元的次子，生于1498年。长兄毛利兴元英年早逝后，在封臣的推举下，他成为继承者。这个时期，中国地方有两个强大的大名家族：长门国的大内家和出云国的京极家。守护代尼子家后来推翻了京极家，成为出云国的统治者。在这些势力强大的家族中，较小的毛利家、吉川家、武田家、松田家和小早川家都在挣扎着求生存，不是寻求守护的保护，就是成为某一个大家族的家臣。毛利家虽小，却是安芸国最古老的军阀家族。室町时代（14至15世纪），毛利元就的祖先一直效力于大内家。15世纪60至70年代的应仁之乱期间，毛利元就的爷爷毛利丰元曾跟随大内家，从敌人手中夺取了16块土地。

1499年，被废黜的幕府将军足利义植寻求长门国的大内家庇护。

于是，毛利丰元之子毛利弘元给幕府上函，为让后者放心，承诺会听从幕府的号令。后来，幕府命他去攻打足利义植和大内义兴。此时，毛利弘元已将家督之位传给长子毛利兴元，并送信给大内家称，他愿意加入他们一方，救赎毛利家族。当时，强大的封建领主彼此争斗之时，弱势的贵族必须做出此类艰难的决定，以保护自己的领地。两面讨好有时的确能够奏效。当大内家和前幕府将军足利义植率军进入毛利弘元的领地，以约定恢复义植的将军之位时，幕府极力求和。第二年，大内家和足利义植将军恢复了对幕府的统治，年轻的毛利兴元受到重用。

毛利兴元从京都返回之后，就与安芸国的尼子家、平贺家、小早川家和吉川家结盟，想要获得一个稳定的环境。但是，一位有权势的封建领主肉户——后来成为毛利元就统治下的重要家臣——顽强地抵抗毛利兴元。他们曾几次交战，都无果而终。后来，年仅 24 岁的毛利兴元因为饮酒过度而死，他年幼的儿子毛利幸松丸[1]继承了权位。

毛利元就

如果不是毛利幸松丸英年早逝，毛利元就永远也没有机会崭露头角。父亲毛利弘元死后，毛利元就继承了吉田的领地，但当时他的地位不稳，领地被一位有权势的家臣元盛[2]所窃取。毛利兴元和毛利幸松丸之死，使得毛利家族面临重大危机。如果他们没有可靠的继承者，家族的遗产就会因下层侍武士的争抢而被瓜分殆尽。在这个令人绝望的时刻，元盛和其他 15 位家臣将赌注压在了毛利元就身上。1523 年，毛利元就被推举为令制国的继承者。战国时期，家臣都拥有幕臣的地位，如果家督做出错误或对家臣不利的决定，家臣会迫使其取消这一决定。毛利元就在成为毛利家家督后，也不得不处理一些内部纷争。

毛利元就继位后，对尼子家表达了敬意，但两年后，他又倒戈与大

避往山中要塞里的农民，以免遭到行进的敌军掳掠。每个山村都有这样的藏身处。有些领主允许这种设施存在，但也有领主认为这有辱自己的威名。织田信长就曾经一怒之下派出侍来摧毁这些藏身处。有文献记载，这些侍杀死了那些可怜的农民，并从村民那里抢走稻米。（图源：笹间良彦博士）

内家结盟。直至很久之后的1540年，尼子晴久才决定惩罚这种不忠的行为。他不顾一些家臣的反对，派尼子国久带着3000人前往吉田，毛利元就所在的郡山城就位于那里。有两种路线可以接近吉田：一是取道备后国，从西面前往吉田；二是取道石见寺，从东面前往吉田。尼子国久的首轮进攻选取了备后国这条路线。野心勃勃的尼子国久需要在他路途中夺取一个关键的防御阵地，即五龙城，这里由毛利元就父亲的宿敌肉户家所镇守。此前，毛利元就已将女儿嫁给了肉户隆家，并与其建立起牢固的同盟关系。毛利元就的父亲在世时，肉户隆家无疑会成为毛利家区域防卫的软肋，但此时他们却成了紧密相关且可靠的盟友。镇守五龙城的肉户元秀[3]采用诱捕机关和石头装置击退任何试图爬上城墙的敌人，并且在防御土墙上安排投石兵，以此守卫城池。他顽强且富有技巧的抵抗活动，使得尼子军损失巨大，尼子国久最后撤退。

同年9月，尼子晴久带着3万人的军队，又选取了石见寺这条路线，抵达吉田。毛利元就命令所有当地的农民收割稻谷，然后存储在城池之中，当时约8000人被困城中。后来，肉户隆家带着100多名侍，从五龙城赶来增援。他们的到来无疑是及时雨，因为城内的士兵只有3000人。尽管数量对比悬殊，毛利家还是坚守郡山城长达数周，甚至还数次突袭，成功袭扰了围城者。4个月的包围战后，陶隆房[4]率领的大内家援军抵达吉田。1541年1月，尼子军再次被毛利家在青山城击败，在大雪中撤退。在经历了这次惨败后，他们返回了自己的富田城，可13位主要的家臣离开了尼子家，开始效忠大内家。

战争的进程却开始一发不可收拾。1543年，大内义隆入侵出云国，意在消灭尼子家，毛利元就也是他的追随者之一。但是，尼子家顽强地守卫着富田城。大内义隆的这次远征失败，并在接下来的撤退行动中失去了自己的儿子。他返回山口城之后，再无斗志成为大内家族的军事首领。这一战中，毛利元就差点被紧随而来的尼子家士兵抓住，几近丧命，但他通过替身躲过了一劫（这种策略在战国时期无休止的战争中并

不罕见)。这次战役失利后，大内家对毛利家的影响力开始衰退。

1550年，毛利元就杀死了他最有权势的家臣之一赤川元保，原因可能有多种——元保无视命令，不向毛利家交税，也不帮助修复毛利家的城池等等。在这个时代，任何大名的权威都依赖他们的地侍，也就是他领地内侍阶层中的土地所有者，这些土地所有者通常会结成一揆(即联盟)。如果领主和侍家臣之间能建立合作关系，令制国就能得以繁荣发展，但有时家臣也会违逆主人。有权势的地侍都是家族议会的成员。如前所述，毛利元就是在得到该议会的首肯后，才成为继承人。由此，有些家臣愚蠢地认为，毛利元就的权力完全依赖于他们的认可。赤川元保就是其中之一，他一贯不敬毛利元就，且态度极其傲慢。其实，他应该能够想到他的行为已令自己处境危险。当然，对同仁和时机，赤川元保也出现了误判。家族议会承认，共同生存离不开一位强有力的领袖，如此才能压制家臣间长期以来无休止的争斗。毛利元就认为，只有能够成功控制家臣的大名才能在这种充满血腥和纷争的时代生存下去。当他将一份文件放在地侍们面前，确认他们不反对他杀掉赤川元保之时，他们中的绝大多数都选择签署，没有提出异议，这也在意料之中。

大内义隆的重臣陶晴贤（陶隆房）一直担心自己的主人无能，无法成为一位军事领袖。大内义隆是个文人、音乐家、学者和高雅艺术爱好者，但这些特质无法在一

南北朝时期，佩戴太刀的侍。扇子不仅具有原本的用途，还被当作一种指挥工具，紧急时刻也可成为自卫的武器。

个军阀割据、藩邦争雄的时代中，确保大内家的地位稳固。糟糕的是，大内义隆过分依赖一位家臣，致使他的幕臣联盟开始瓦解。更加不幸的是，大内义隆还通过课征重税来购买艺术奢侈品。对此，陶晴贤的回应就是开始策划反叛活动。

陶晴贤是大内家的亲属，一直以来都是家臣议会的主要人物。他何时开始决定反抗自己的主人不得而知，但到 1550 年，他已经与毛利家就边界问题开展了密谈，因为在发动最后的进攻时他需要毛利家的支持。1551 年新年临近，陶晴贤并没有拜访他的主人，而待在他的领地萩城。在当时的时代背景下，这种行为一般都被认为是一种谋反的迹象，可大内义隆却没有阻止陶晴贤进一步的违逆行动。是因为他是一个非常乐观的人，还是因为他虽想惩罚陶晴贤，却缺少这样做的军事实力，这些已都不得而知。1551 年 8 月，陶晴贤占领了严岛，然后向山口城挺进，消灭了大内家。此后，陶晴贤开始效忠九州海峡对岸的大友家。

毛利元就一向不会忽视周边纷争所带来的可乘之机，在大内家和陶晴贤军混战之时，他将手伸向了备后国和安芸国西部，并夺取了这两个地方。最初，毛利元就欺骗了陶晴贤，同意后者的反叛计划，但这只是他长远目标的开始。1554 年，3000 名毛利军向南部挺进，夺取了金山城，逼近陶晴贤领地的边界。陶晴贤对毛利军的反击在折敷畑合战中受到对方极大压制。后来，毛利元就横渡濑户内海，夺取了严岛，在那里建起一座城池。在严岛上，有一个古老且神圣的侍武士神社，该神社是濑户内海的宗教中心。陶晴贤占据严岛时对这个神社很痴迷，每次出征之前，他都会首先到这里向上天祈祷。严岛除了宗教上的重要作用外，还是濑户内海海上贸易的枢纽。毛利元就之所以选择这里作为他与陶晴贤决战的战场，是因为他知道，即使他夺取了严岛，陶晴贤也无力收复它。

濑户内海

濑户内海，是亚洲大陆前往日本东海岸以及大阪和京都的重要通道。风平浪静之时，这片不大的水域能够为船只提供一条相对安全的航线。但是，本州东南的安芸国和四国北部的伊予国之间的海峡分布着诸多岛屿，为海盗提供了方便的藏身之所。这些海盗有时会反抗京都政府(例如住友的叛乱活动)，但总体来说，他们组织涣散，对政权构不成严重威胁。由于海峡和洋流的复杂性，来自中国和朝鲜的商人和传教士的船只需要领航员才能安全通过。海盗正好可以提供这样的服务，但需要收取通行费。

镰仓时代，小早川家族曾奉幕府之命，剿灭这个区域的海盗。他们一开始是听命行事，但最后却成为濑户内海贸易的主使者和控制者。1544 年，毛利元就将三子送与小早川家抚养，因此结交一位势力强大

身穿胴丸裹革铠甲的家臣。这是一种覆盖着皮革的胴丸胸甲。

的海上盟友。但拥有舰队不只是小早川家，还有三个大海盗集团扎根在因岛、野岛和来岛，由村上家族的三兄弟分别控制。毛利元就通过小早川家与因岛舰队取得联系，得以倚重于它。不过重要的是，他需要知道其他两支在野岛和来岛的舰队是否能答应他的要求，协助摧毁陶晴贤的海军。

除了家族因素之外，村上家的三岛舰队和陶家曾在对严岛商人和百姓征税的问题上出现了冲突，影响了村上家的态度。当陶晴贤于1552年夺取了大内家领地之时，他终结了村上家族征收此类税赋的权力，也因此树下了一个危险的敌人。

毛利元就的目的就是诱使陶晴贤的军队出城，进入严岛，然后通过盟友的舰队将其切断。为了赢得胜利，他需要强大的海上力量。因为陶晴贤军队的基本力量到目前为止已超过了毛利军，所以毛利元就不想在陆地上与之激战。然而，一旦陶晴贤没有落入毛利在严岛所设的圈套，毛利家就将劫数难逃。

毛利元就为了进一步实现自己的图谋，让城池位于边界地带的家臣桂元澄给陶晴贤送信称：陶晴贤应该渡海去严岛，攻打毛利家的城池；一旦毛利元就也渡海防御严岛，桂元澄就会倒戈，攻击位于吉田的毛利家大本营。毛利元就还设法接近陶晴贤实力最强的家臣江良荣房，劝说后者倒戈加入毛利家，但双方就报酬问题未能谈拢。毛利元就知道谈判失败后，立刻将江良荣房的背叛活动昭告天下。后来，江良荣房在琥珀印寺被主人处死。最后，毛利元就又生一计，故意让敌方探子获悉：他此时后悔将城池建在严岛，因为其防御太过脆弱，无法抵御陶晴贤的围攻。于是，毛利元战利用一系列周密的计谋，终于将陶晴贤的军队诱入严岛。

1555年9月21日，陶晴贤率2万人的军队登上400艘舰船，在严岛毛利城池以西的海滩登陆。当毛利元就知道陶晴贤在严岛登陆，于27日离开吉田前往港口。他在准备渡海时，通过小早川隆景向村上家送信，要求他们加入自己的军队。陶晴贤也邀请村上家加入自己一方，

战国时代，火绳枪手在身上挎刀的方法。侍在挎刀时会让刀尖朝下，但火绳枪手则反其道而行之，这样他们跪下射击时，刀尖就不会碰到地面。

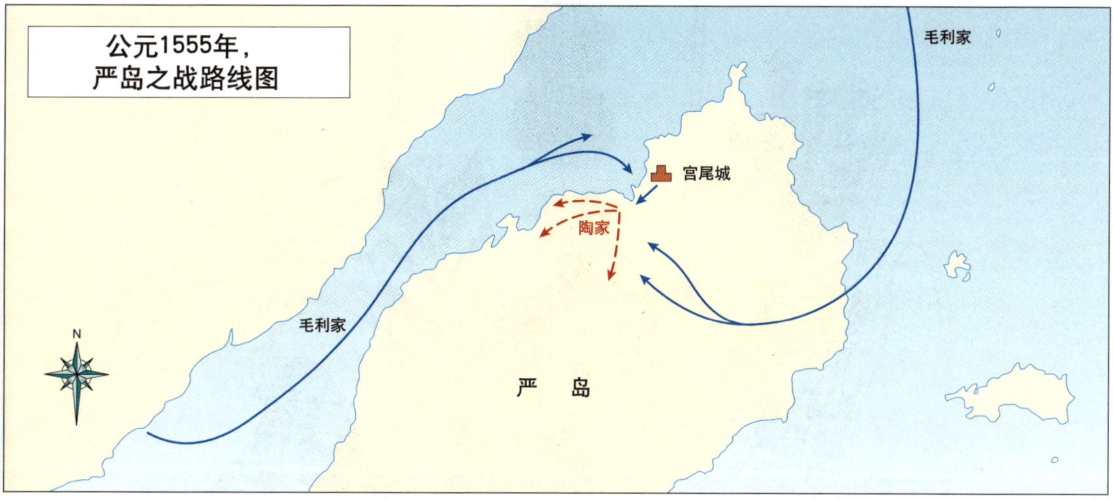

但此时他却要为 1 年前剥夺村上家对严岛的征税权付出代价。

毛利元就的军队兵分三路。第一分队在塔之冈登陆，这支队伍将穿过山脉，攻击陶晴贤营寨的后方；第二分队会在敌方营寨前方的海滩登陆；第三分队将攻击陶晴贤的舰队，使得敌方供给线瘫痪。城内的守军会打开大门，在进攻中与其他的毛利军会合。

攻击在天未亮的凌晨时分发动。来岛的舰队在陶晴贤营寨前方登陆，未发出任何战斗呐喊，向敌营不断靠近，冒充陶晴贤的援军，因为来岛的舰队曾与大内家有过联系。不出所料，陶晴贤的军队中计。从海上、山脉和城堡三个方向发起的联合进攻，令陶晴贤的大营乱作一团。陶晴贤逃到了西海岸，本该在那里等待他的海军舰队却没有出现，因为它们早已被毛利家的海军消灭。最终，陶晴贤在那里自尽而亡。

1557 年，毛利元就将大内家和陶贤晴的领地都纳入自己势力范围后，他写信给三个儿子，说道：“不用说其他的令制国，即使是在我自己的土地上，也无人对我等友善。因此，你们必须精诚合作，否则毛利家即将覆亡。”传闻，毛利元就曾给儿子们看一支箭，然后轻易将其折断，但告诉他们如果将三支箭放在一起，则很难折断。

毛利元就一直都清楚自己面临着地侍背叛的危险，他耐心且充满智谋地发动了一次战役，以消灭领土内的敌人。他写给儿子的信可能夸大了危险的程度，但至少他的话引起了注意。他的长子毛利隆元已成为一

战国时代，侍都急于让主人注意到自己在战斗中的英勇表现。他们会走向一个极端，那就是每名侍都要弄一种可彰显自己的个人标志。这些标志被举起后，就像胸甲背后所插的旗帜一样醒目。（图源：笹间良彦博士）

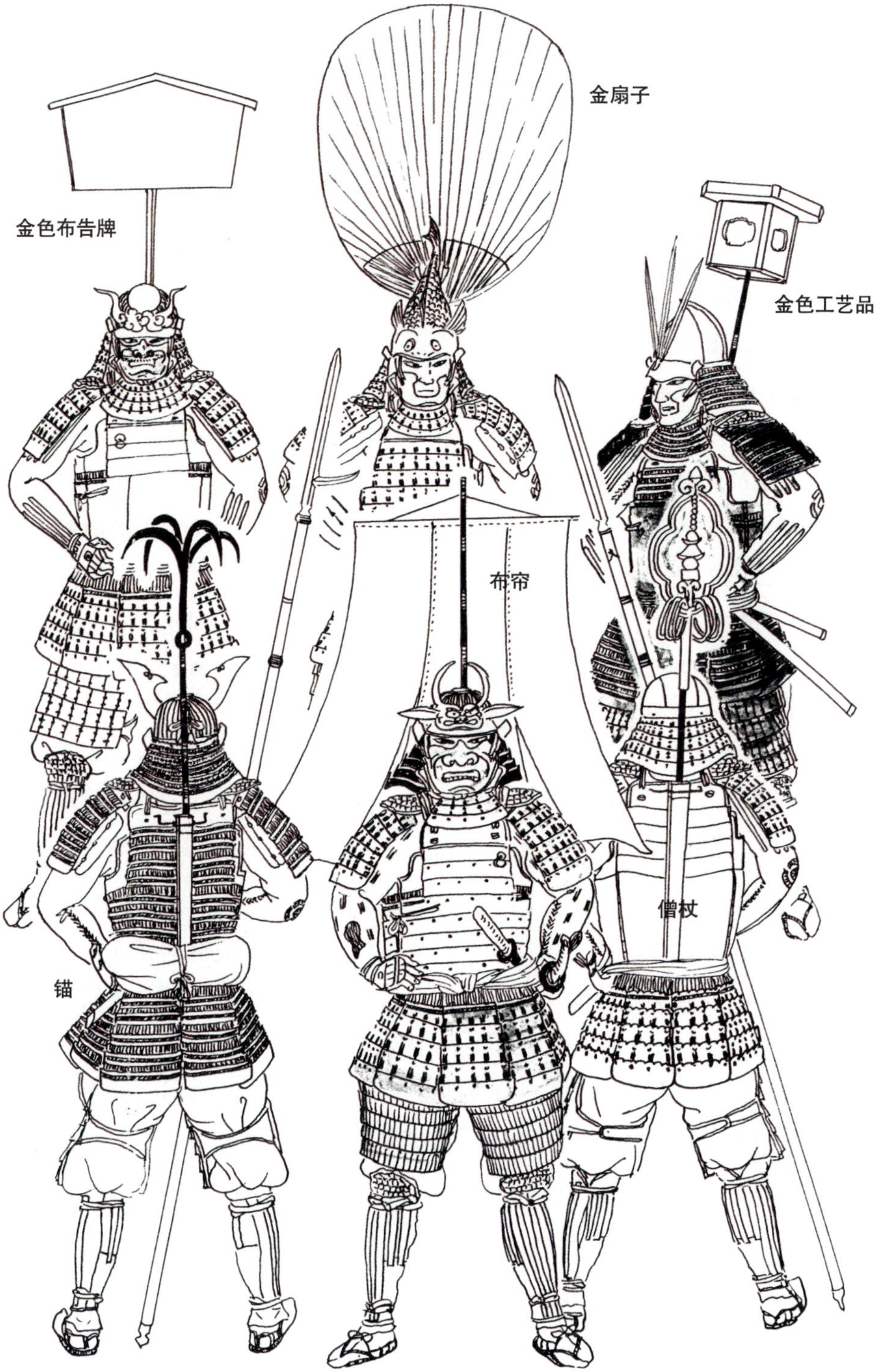

尽管这些标志都由轻巧的材料制作而成，还是被认为会妨碍战斗。但是，侍武士坚持要进行这种展示，他们总相信如此可以带来好运。（图源：笹间良彦博士）

名优秀的军事领袖，声名远播；次子毛利元春被他母亲的家族吉川家收养（后改名吉川元春）；三子隆景被小早川家收养。元春和隆景在这些家族中都掌握了权力，且能助毛利元就一臂之力。

在兼并大内家领地的过程中，毛利家和大友家军队不可避免地出现冲突。大内义隆和他的家臣陶晴贤死后，毛利家宣称大内家在九州的土地应该转给它。大友家和毛利家在经历了一些小规模冲突后，在京都幕府将军的斡旋下达成和解。毛利元就请求将军支持这些谈判结果，因为他不想两线作战——同时对抗尼子家和大友家。他的注意力此时都放在了出云国的尼子家领地上，因为1543年，他的军队和大内家残部正是在那里被击败。但是，此时的局势已经大不相同。毛利元就在消灭了大内家和陶贤晴后，已成为中国地区最有权势的大名，他的家臣们及盟友吉川家与小早川家也都野心勃勃。

1565年4月，毛利元就对户田城发动总攻，将其包围，完全切断一切外援渠道。可即使对这位十分狡黠的将军来说，这也不是一件容易的任务。因为这座城池的主体拥有一个强大的外部工程防护网。但在长时间的被困后，尼子义久向毛利家投降。成为阶下囚的尼子义久要求毛利家允许他切腹自杀，以饶恕自已家臣的性命，但被毛利元就拒绝。不过，毛利元就后来接受了尼子义久兄弟的投降，条件是尼子家兄弟俩此后必须生活在毛利家的领地里。

当时，这一仁慈之举十分罕见。由此可以看出，毛利元就不仅是一位精明狡猾的军阀，也是一名儒家思想的虔诚信徒。尼子家的所有家臣都得到了赦免，从此效忠毛利家。几年后，尼子家兄弟被释放并获封领地。1571年，毛利元就在吉田栗山城的床榻上逝世，终年75岁。这在当时是非常少有的高寿。

不出所料，中国地区仍然不稳定。未过多久，大内家和尼子家的残部发动叛乱。毛利元就的儿子吉川元春和小早川隆景及孙子毛利辉元很快就必须共同面对两位强敌：统一者织田信长和他的家臣丰臣秀吉。

侍的武器：长柄武器

薙刀（一种长柄刀），是从普通日本刀发展而来的。侍从战斗经验中学会将刀柄（把）加长，从而扩大攻击范围。此类刀的刀柄与普通刀不同，是由刷漆的木杆制成。较低级别的侍在进行近战时喜欢使用薙刀，不仅因为其长度具有制敌优势，还因为长柄的杠杆效应可使攻击力更强。这种武器的刀锋比较宽，且在锋口处有明显的弯曲。与之类似的长卷刀则具有更长、更窄的刀锋。长卷刀从长刀发展而来，和刀一样，其刀柄上包裹着鲨鱼皮，并用编织线缠之，防止在战斗中染血而容易从手中滑落。早期的薙刀刀锋有 2 英尺（60 厘米）长，但后来出现了更长的刀锋。日本历史上曾出现一把柄长 9.8 英尺（3 米）、锋达 5.9 英尺（1.8 米）的刀。但这样的例子十分罕见，一般武器的刀柄长度不超过使用者从其脚底到耳朵的距离。江户时代，薙刀还被认为是一种女性武器，侍的女儿通常喜欢使用此类武器。（她们中的一些人在侍时代末期也会上战场杀敌，与明治皇家军队强大的火药相抗衡。）

日本枪（一种矛），在南北朝时期得到不断发展，在 14 世纪达到顶峰。古时，有种叫作“戟”的刺杀性武器，通常被战士单手挥舞，且和盾配合使用（有时也会以双手使用）。今天，戟和日本枪被认为有着不同的发展路线。当侍使用日本枪时，他用右手来刺，然后用一个拧的动作来穿透敌方的铠甲，左手只用于支撑枪柄。因此，日本枪的枪柄涂有油漆，表面光滑，方便其旋转。后来，更长的日本枪被引入战争，作为抵抗骑兵冲刺的防御武器，还被足轻成建制地用于逼近敌人之时，就像装备着长矛的马其顿方阵[5]一样。

这些枪的矛头，形状各异，长度也不同，但已知最长者可达 3.3 英尺（1 米）。日本枪的枪柄在战国时代的高峰期变得更长，通常增加到 13 英尺（4 米），但骑马的侍更喜欢较短的把柄，以方便使用。

室町时代，足轻带着耙子，以便将敌军骑兵拉下马来。

除了上述主要武器外，在实际战斗中，士兵还会根据易得性和战场环境，使用许多其他武器，包括投石器、铁耙（以便将敌人掀翻下马或钩住敌船）；他们也会使用大斧头和较重的木槌，以破门而入、打通关口。但这些都被认为是特殊用途的武器，并不常见。

从 16 世纪末的室町时代开始，枪或长矛成为侍武士战争中的一种主要武器。带着各种头的长柄武器，长度从 9 厘米到 74 厘米不等，安装在长度从 2 米到 7 米的把柄上，常被步兵用作刺杀和击打的武器。（图源：东京国立博物馆）

镰仓时代，带着薙刀的步兵。他们蹬着分趾的日本式短袜，穿着草鞋。那时，很多普通士兵都是赤足战斗。

注释

[1] 毛利幸松丸，毛利兴元的长子。

[2] 元盛，即杉原元盛（？—1582），战国时代武将，毛利氏家臣。

[3] 肉户元秀，肉户隆家的儿子。

[4] 陶隆房，即陶晴贤。

[5] 长矛，是古马其顿重装步兵配备的主要武器之一。在重装步兵组成的马其顿方阵中，长矛的威力发挥到古代战争的顶点：前6排战士平持长短不同的长矛(2至7米)，让矛头一致向前，就像一面带刺的墙向敌人逼近。

第19章

上杉谦信与武田信玄：16世纪中期

上杉谦信1530年生于越后国，是守护代长尾为景的次子，幼名虎千代——生于虎年——成年后的名字是长尾景虎。越后国的守护虽为上杉定实，但实权却掌握在长尾为景手中。后来，上杉定实的一位亲戚想要帮助他除掉长尾为景，自此越后国爆发内乱。

在这个时期的日本，许多独立的小侍阶层都依附于土地，而地侍则拥有很大的影响力。任何封建领主如果没有地侍的支持，就无法实施统治。在越后国，地侍分成了两派，这种冲突似乎无穷无尽。1534年，长尾为景的军队打败了反对派，但1536年，长尾为景死于疾病。因为不稳定的外部环境，7岁的长尾景虎穿着铠甲参加了父亲的葬礼。后来，长尾为景的长子长尾晴景成为长尾氏家督，长尾景虎则去往林泉寺学习禅宗。景虎的思想和性格，可能就是在寺庙的岁月里得以形成的。

长尾景虎15岁时，被兄长长尾晴景派往栃尾城监督城中的封臣。1544年，当地反对长尾晴景的强势地侍家族，率领1300名侍攻打栃尾城。长尾景虎带领该城的主人本所实赖成功将敌人击退，景虎也让他所在家族的对手闻风丧胆。

与此形成鲜明对比的是，景虎的长兄长尾晴景却缺乏控制领地混乱局势的才能。1545 年，上杉家的一位幕臣黑泷城的黑田秀忠发动叛乱，还杀死了长尾晴景的另一位兄弟。长尾景虎立刻动身去川中岛支援长尾晴景。发动叛乱的黑田秀忠，畏于长尾景虎的名声，愿意剃度出家，以求得和解。他的请求得到许可，长尾景虎返回了枥尾城。但第二年，黑田秀忠再次进入黑泷城，叛乱活动升级。在守护上杉定实的命令下，长尾景虎进攻了黑泷城，消灭了黑田家。

长尾景虎与日俱增的名气与实力，让身体每况愈下的长尾晴景坐立不安。此外，两兄弟之间的冲突也让守护上杉的地位摇摇欲坠。上杉劝说长尾晴景招长尾景虎为养子，然后退位。尽管长尾晴景并不情愿，却还是接受了这一调解方案。于是，19 岁的长尾景虎继承了守护代之职，最后入主养父[1]的川中岛。

本州中部的越后国以南有一个叫作甲斐国的地方，长久以来因盛产良驹而闻名，由此也拥有日本最强大的军队。甲斐国附近的山脉位于今天的甲府盆地，那里夏天炎热、冬天严寒。

根据被发掘的马骨来判断，当时日本的马匹从地面到马肩，高度平均为 51 英寸（130 厘米）。一位身材矮小的侍骑上马时，看起来就像是步兵群中较为高大的人。骑兵在没有步兵支援的情况下，无法通过偷袭或绕道从后方攻击来突破敌方防线。当领主召集手下的侍为其效力时，侍会到达指定地点，身着不同的铠甲，然后根据被称为“触状”或“着到状”的官府公文，被分配到各战术单位。领主的军队由此类较小的独立组织组成，他们没有接受过大规模的机动训练。战国时代，独立行动的骑兵部队从未出现过。因此，甲斐国的武田军不能被称作真正的骑兵军团。那么，为什么他们却拥有无往不胜的名声呢？除了甲斐国士兵性格坚韧外，答案可能就在于他们无以匹敌的运输资源——充足的良驹供

上杉谦信和武田信玄的军队在川中岛共进行了5次对峙，但不是每次都打遭遇战。1561年8月，在两军主力之间的最后一次激战时，上杉谦信发动对武田信玄军营的突袭，导致两人直接单挑。上杉谦信骑马向武田信玄冲杀了3次，挥刀猛砍，但武田信玄用铁扇挡开了这些攻击。图中，上杉谦信在头盔外包着白色头巾，因为他当时已经成为一名僧人。

1561 年，第四次川中岛战役中，上杉家的足轻准备发动进攻。(图源：胆沢郡)

原隼人佐昌胤

武田军（下图）在守卫他们的阵地，抵御上杉军（上图）的车轮式猛攻。（图源：胆沢郡）

应使得武田军具有出色的机动性。无论如何，强大的武田家很快就会遇到一个强大的对手——上杉谦信（即长尾景虎被赐姓及出家后的名字）。

很久以前，甲斐国由源义光（新罗三郎义光）之子源义清统治。源义清因为行为粗鲁被驱逐至甲斐国前，一直居住在常陆国的武田城，也就是今天的茨城县[2]。到甲斐国后，他的子孙都以“武田”为姓。当武田信虎长大后，甲斐国已经因叔父的叛乱而陷入纷争。武田信虎支持自己的父亲，想让该令制国脱离危险。武田信虎继承了父位后，将大本营从胆沢城搬至甲府，建立了甲府城。今天，这里仍然是山梨县的首府。但是，武田信虎对家臣的严酷统治和专制的态度，令他在地侍中不得人心。

武田信虎的儿子武田信玄生于1521年，本名武田晴信。他最初支持自己的父亲，可随着时间的流逝，武田信玄的家臣和地侍开始筹划政变，让他取其父而代之。他们可能的确对武田信虎的独裁统治不满，也可能认为控制武田信玄更容易。1541年，武田信虎和另一个儿子攻打信州的海野家，将其击败，于6月返回甲府。在战争间歇期间，武田信虎去骏河国看望女儿及女婿今川义元，不料自己被女婿扣押。武田信玄在父亲的主要家臣以及姐夫今川义元的协助下，通过一次不流血的政变取得权位。武田信虎后来在流放中死去，终年81岁。

无论这些家臣的目的何在，武田信玄最终成为一名强大的领袖。1542年，他的军队入侵了诹访。这种快速动员意在转移一些人对政变的不满情绪，通过共御外敌，重新团结他们，让其继续效忠。

诹访家的起源可以追溯到上古传说的时代。诹访大社主要是为了供奉建御名方神[3]而建。传说，他从天照大神[4]手中逃出，来到了诹访。因为建御名方神被作为战神崇拜，故该神社对当时的人们来说十分重要，尤其是武田信玄。武田信玄的妹夫诹访赖重[5]是该神社级别最高的僧人，同时也是一位武将。诹访神社在当时被一分为二：上社和下社。上社可以监督两者，但负责管理下社的金刺家对诹访家的统治十分

不满，因此发动叛乱。武田信玄利用内乱的机会介入其中。来自诹访家的高远赖继支持武田信玄，因为他希望能够继承该神社。

武田信玄在完全包围诹访赖重扎根的桑原城后，提出了和谈的想法。尽管诹访赖重决定开战，但当这些和平条款突然摆在他面前时，他还是选择和谈。如果他认为自己是武田信玄的妹夫就安全无虞，那他一定大失所望。因为他很快就遭囚禁，然后被押往甲府，最后又被下令切腹自杀。

诹访家的领地此时一分为二。高远赖继得到了其中一半，但他对这一回报却并不满足。因为他一直希望得到诹访神社的高僧职位，不过现在这一职位已被废除。武田信玄则得到了另一半的领地。当年的晚些时候，高远赖继入侵诹访，占领了两个神社。武田信玄立刻做出反击，派出一支军队前去镇压，并任命诹访赖重的儿子担任这支军队的领袖，因为他知道诹访领地中的侍会尊重诹访家族的直系祖先。结果，有影响力的侍武士都没有加入高远家领导的叛军，高远赖继在安国寺之战失败后逃往伊奈城。

紧随而来的武田军，取道杖突卡，进入了伊奈盆地，然后包围了福用城。城中高远赖继的盟友藤泽赖亲向武田军投降。尽管遭遇了前一次的失败，1544 年，藤泽赖亲还是在高远赖继的支持下再次发动叛乱。武田信玄快速做出反应，再次进军伊奈城，包围了藤泽赖亲所在的荒神山城，但后来因为遭到高远赖继军队的威胁而被迫撤退。

1545 年春，雪融一结束，武田信玄就组织了另一次对伊奈城的挺进行动。这一次在骏河国今川义元军队的支援下，武田信玄成功攻入高远城、龙崎城和福用城。经此一役，上伊奈落入了武田信玄手中，但下伊奈仍被小笠原信定所控制。后来，武田家花了 10 年的时间，才最终从小笠原家手中夺取对下伊奈的控制权。

1543 年 9 月，在村上义清的支持下，佐久的大井贞隆发动了反对武田家的叛乱。后来，叛乱被粉碎，大井贞隆被武田信玄所杀。两年后，大井贞隆的儿子大井定清又发动了一次短暂的叛乱，但很快就向武田信玄投降。佐久的另一位领主志贺城的笠原清繁顽强地抵抗武田军，因为他认为可以得到上野国（今上关东地区）的上杉宪政的支援。1547 年，上杉宪政的军队在金井秀影的率领下，共有 3000 人跨过碓冰岭，前往佐久。武田军留下 2000 人继续包围志贺城，其余的 3000 人向东挺进，与上杉的远征军遭遇，在小田井原将后者歼灭。此时，笠原清繁的守军已对援军不抱希望，从志贺城不顾一切地向外突围，但被全部歼灭。留在城内的妇孺都被押往甲府，贱卖为奴。

当然，盘踞在佐久西北方的葛尾城的村上义清，对武田家向西的扩张行动早有戒心。1548 年 2 月，村上义清向南挺进，与向北挺进的武田信玄的军队遭遇。两支军队，各带 7000 人，于 2 月 14 日在上田原开战。最初，武田的中央军突入了村上军的中心，但板垣信方[6]过于鲁莽冒失地挺进而被村上军包围并剿杀。武田军在严寒中长途跋涉，实力

第四次川中岛战役中，河边的一场搏斗。将敌军诱至河边，迫其跳水溺死，这对成功的侍将领来说是一种常见的战术。

大为削弱。此时，村上发动反攻，击退了武田军。混乱中，武田信玄带着长矛陷入肉搏战，左臂受伤。他的几位将领也在这次行动中倒下了。战斗慢慢陷入僵局。尽管损失巨大，但双方军队都没有撤退。他们对峙了至少 20 天，却无法取得决定性胜利。最后，武田军从战场撤退，铩

羽而归，返回甲府。这是武田信玄的首次失败。

当时，还有一个强大的诸侯，那就是信浓国的小笠原家族。他们是极具影响力的大名，在室町时代就成为守护，却未强大到可以统治整个地区。1544 年，武田信玄入侵伊奈城时，小笠原长时支持高远赖继和藤泽赖亲。武田信玄被村上义清在上田原击败后，小笠原家组织反武田的侍，于 1548 年 4 月入侵诹访。一支小笠原军占领了盐尻卡，然后等待武田信玄做出反应。7 月，武田信玄的军队靠近盐尻卡。令小笠原军迷惑的是，武田军原地休息了 6 天。然后，次日晚上，武田信玄组建了一个突袭小组，于午夜时分向前挺进。马蹄被裹上草，士兵们的草折——垂挂下来的裙甲甲片——也被折捆起来，以免发出声音。为避免内部出现混乱，他们没有在黑暗中发动进攻，而是先进入阵地，等待黎明。天空露出鱼肚白，在敌方的侍穿上铠甲之前，武田信玄的军队就冲入敌方阵地，消灭了许多敌军，并将慌乱的敌军残部驱逐到林城。

两年后，武田信玄进攻了林城。小笠原家因为无法抵御进攻，逃入信州北方村上义清的领地。武田信玄持续向北挺进，然后沿信浓川一线的山脉，包围了户石城。夺取户石城可以让武田军有一个攻打村上军主要要塞的前进基地。武田军经过了充分准备，包括劝说村上手下的侍倒戈，最终于 9 月 9 日发动了一次全面进攻。经过 8 天的密集进攻后，武田信玄仍无法夺取户石城。更糟糕的是，村上义清原来被认为是在守城，却突然在武田军后方发起进攻。武田军只得放弃包围，于 10 月 1 日开始撤退。但在撤退的过程中，他们遭到村上军的追击。在后卫部队拼死掩护下，他们才得以逃脱。这是武田信玄的第二次失败。

第二年，户石城意外地落入武田信玄的封臣真田幸隆手中。于是，武田信玄有了一个稳固的前进基地，可以对信州北部发动进攻。1553 年，武田信玄终于将村上义清从信州驱逐出去，村上义清逃到上杉谦信的越后国避难。

武田信玄的入侵式扩张，无疑对上杉谦信造成了威胁。上杉谦信将自己的军队调入信州北部，由此拉开了在川中岛的一系列著名战役（历史统称“川中岛合战”）的序幕。此时，武田信玄已经 33 岁，比上杉谦信年长 10 岁。

11 年的时间里，两位将军 5 次在川中岛遭遇。当两位强大的大名沿边界彼此对峙，战争就成为一种自然且不可避免的结果。但令人不可理解的是，他们为何多次在同一地点开战，为何这些战斗都没有分出胜负。我们猜想，可能的原因是，武田信玄的战斗策略是避免太大损失，并非取得完全胜利，而上杉谦信对领土扩张没有太多野心。

双方第一次遭遇战发生在1553年8月，当时武田信玄刚将村上义清从信州驱逐出去。整个战斗的进程，我们今天仍然不得而知。显然，当武田信玄向信州进军时，上杉谦信感到了威胁。上杉谦信重视诺言，既然已经与村上义清结盟，他就会尽力帮助对方收复领地。

川中岛的第二次和第三次战斗分别发生在1555年和1557年。这两次战役的细节虽不得而知，但似乎在这样的遭遇战中，双方的主力军都没有参战。

第四次川中岛战役

1561年8月14日，上杉谦信带着1.8万人前往川中岛。他向着善光寺平原进军，然后在西条山安营扎寨。武田信玄一接到探子的烟雾信号，就向茶臼山挺进，最后进入海津城。（但另一种说法是，武田信玄先挺进海津城，上杉谦信后到达西条山。）无论事件的实际发展顺序如何，20天的时间里，双方军队没有开战，而是各自安营扎寨。随着僵局的持续，上杉谦信一边享受诗歌之乐，一边在营寨中纵情舞蹈，显然并不关心敌人的存在。

武田信玄以海津城为基地，将他的军队一分为二：9月9日晚上，他派出一支1.2万名侍组成的分队，来到上杉谦信在西条山营寨的后方；他的主力部队则向八幡原挺进，准备在上杉军营寨遭袭、想要撤退时从侧翼对其发起攻击。武田主力部队的另一目标就是攻击上杉军位于善光寺的补给基地。他们对上杉谦信营寨后方发动的进攻是声东击西，被称作“啄木鸟行动”——通过啄食将虫子引诱出来。无论武田信玄的真实意图何在，他们都未能成功。

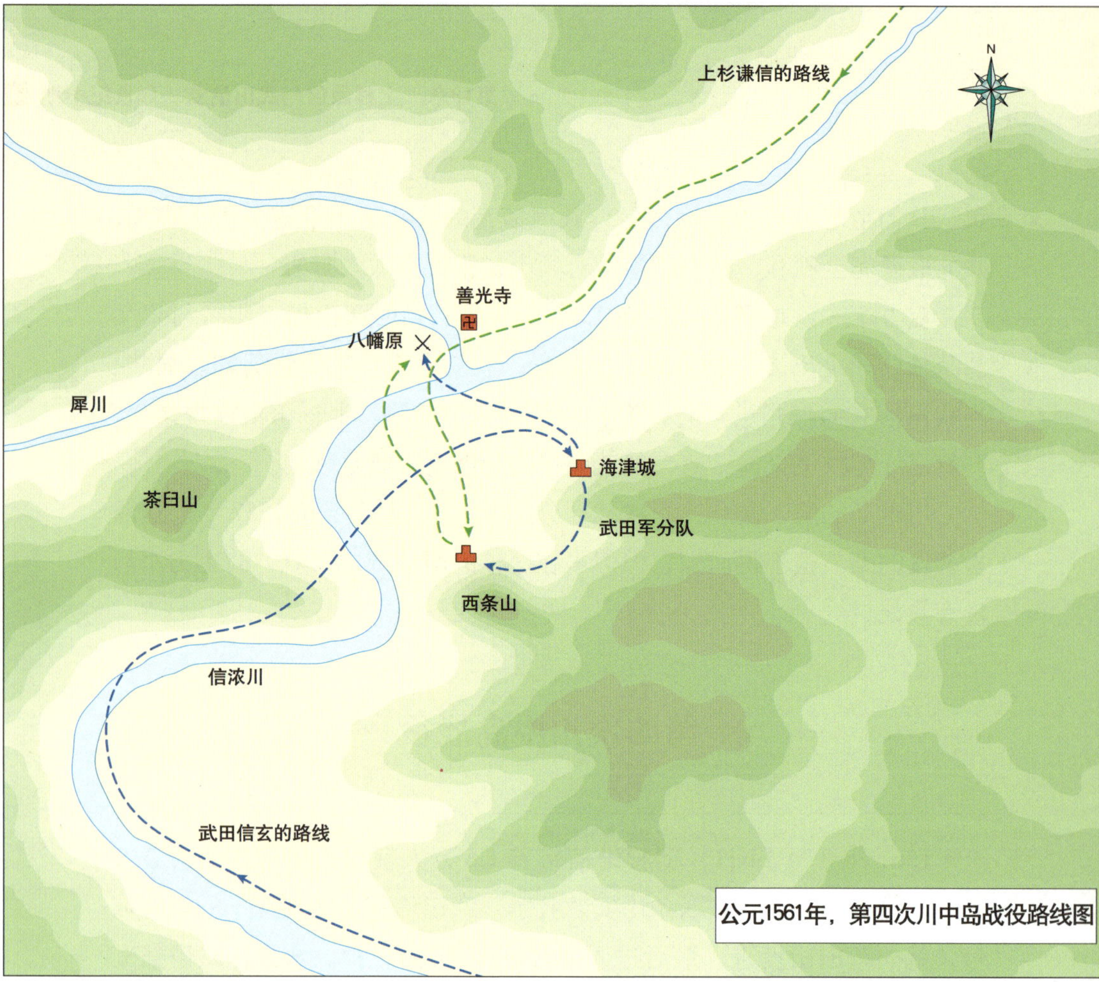

上杉谦信一大早就从西条山上下来，只留下1000人在后方作为后卫部队。在敌方没有发现之时，他们在晨雾的掩护下向北方前进，然后跨过了信浓川。据说，他曾得到情报，称武田军即将发动进攻，因为敌方军营中升起的炊烟比平时更多。

当双方主力军开展遭遇战时，上杉谦信将他的部队像滚动的车轮一样机动起来。今天，这被称作“车轮战”，但上杉军的实际运作方式却不得而知，历史学家只能对此进行推测。最有可能的解释就是上杉谦信的军队以三路纵队，沿着信浓川的左岸，向武田军驻扎的善光寺挺进。当浓雾突然散开，上杉谦信的右列纵队发现了敌人，立即向右机动冲

色糸威腹卷，意思是带有彩色绪的腹卷铠甲。这件日本战国时代的铠甲为上杉谦信所有。它的筋兜有多层的护颈，横向的伞状裙甲下端加有防护甲，前立（前方的冠饰）是一尊佛像和一只狐狸。（图源：上杉神社）

刺；接着，第二列和第三列纵队逐一加入战斗；随后，上杉军右列纵队又开始进攻武田军左翼；稍倾，其他两个纵队也接二连三地进攻敌军左翼。上杉军战斗的整个过程，看起来就像一个不断转动的车轮。

上杉谦信先发制人，武田军左翼遭到柿崎景家和柴田家军队重击，武田信玄的兄弟武田信繁击退了三波进攻，但最终被杀。武田军右翼由诸角虎定和初鹿野源五郎两位将领负责防御，但他们也被杀死。只有武田军中部和左翼外围仍完好无损。武田军大本营也遭袭，武田信玄在混乱中受伤。而上杉军大本营同样遭到武田信玄之子武田义信进攻，上杉谦信不得不进行肉搏战。经过数小时的战斗后，武田军彻底溃散。恰逢此时，武田信玄用于声东击西的诱敌分队赶到，战场的天平出现倾斜。尽管如此，战斗又持续了 6 个小时。最后，上杉谦信的军队被迫横渡犀川而后撤。到夜晚时分，这场战役才慢慢偃息。上杉谦信召集约 4000 人的残部，开始返回自己的城池。武田信玄则仍留在八幡原战场。经此一役，武田军损失了 88% 的兵力，而上杉谦信则损失了 77% 的部队。第四次川中岛战役并无决定性结果。虽然武田信玄夺取了犀川以南的土地，并控制了信州北部，但他进一步的扩张行动因上杉谦信持续抵抗而受阻。

1564 年，两军间的第五次、也是最后一次战役爆发，可在持续了 60 天的阵地机动中，双方并没有进行大规模的交战。

上杉谦信的打刀。（图源：东京国立博物馆）

注释

[1] 这里的养父就是长尾晴景。这种兄立弟为养子的做法，虽今人觉得无法理解，但在当时的日本却不罕见。——编注

[2] 茨城县，是日本本州岛中部一县，坐落在关东平原东北部，离东京 40 公里，属于首都圈。

[3] 建御名方神，日本神话传说中的神，古时一直被敬为风神，也被视为龙蛇之神。在《诹访明神画词》里，它具有长龙的模样；在甲贺三郎的话本和泉小太郎的传说中，它又被描写为蛇形。

[4] 天照大神，日本最核心的神，即太阳女神，被奉为日本皇室的祖先，尊为神道教的主神。据《日本书纪》记载，伊奘诺尊在逃离黄泉国的归途中，在日向国的橘小户阿波岐原，洗刷污秽时左眼生出一美丽女神。因女神出生时光辉耀天照地，伊奘诺尊甚喜，将其命名为天照大神。

[5] 诹访赖重，日本战国时代信浓国的大名，1539 年继承家督之位，1540 年迎娶武田信虎之女而与武田家结盟。

[6] 板垣信方，武田家宿老，在武田信虎统治时代以勇猛著称，负责处理与今川家的交往关系。在今川家背叛武田家而进攻甲斐时，他被追究责任，放逐到今川、武田交界的山区，在今川氏亲死后才被允许回归。

第20章

关东的混乱局势：15—16世纪

14 世纪，室町幕府组织由三部分组成：管领（即幕臣）、镰仓府和其他机构。管领支持室町幕府的足利将军。在令制国层面，奥州探题[1]、羽州探题、九州探题和守护都是对侍阶层进行行政管辖的官员。在幕府组织内，镰仓城被认为具有特殊性，其政府被称作镰仓府，由一位行政头衔被称公方[2]的主官领导。后来，足利基氏得到了这一职位，他的子孙后代也继承了该职位，慢慢脱离了室町幕府的统治。

后来，足利公方手下自称管领的管事，开始反对公方，并得到了幕府的支持。因为两者都负责管理在关东、甲斐和伊豆的 8 个令制国，所以这种派系的斗争很快将上述地区所有的侍都卷了进来。守护和地头也选择站边，但他们的领土相对较小。

在关东地区，管领上杉家、各个守护、和镰仓公方等手下的侍以及一些自由侍都开始争权夺利。上杉家族被分成三派：山内上杉家、犬悬上杉家以及后来的扇谷上杉家。

室町末期，一名侍所需要承担的任务，要根据他从领主那里获取的俸禄多寡进行严格计算。俸禄以“贯”来为单位，1 贯约等于 5 石，1 石约等于 180 公升的大米，“贯”是将大米换算成钱币后的单位。尽管侍会为不同的主人提供数量不同的战士，但按照惯例，如果一名侍的俸禄是 100 贯，他需要提供 1 名骑马的侍。图中描绘的是，一名从北条家领取 50 贯俸禄的侍正赶去集合的情景。他的队伍包括：1 名骑马的侍、1 名旗手、1 名扛火绳枪者、2 名扛长矛的人和 1 名马夫（火绳枪和长矛只有侍能用，他的随从不能使用）。江户时代，一名 250 石俸禄的侍才需要提供以上兵力。战斗中，旗帜要被插在侍胴甲背部上方的一个被称作“金属箍”的支架上。（图源：笹间良彦博士）

1423年，足利义教将军派军去讨伐目中无人的公方足利持氏。足利义教的不悦似乎因为足利持氏的道歉而平息，但接连的叛乱也使得后者最终引火自焚。1439年，管领上杉显实在足利义教将军的支持下，将足利持氏击败，足利持氏最后自杀。本来镰仓公方的失败可能会为关东地区带来和平，但后来将军足利义教的死亡却使得该地区陷入更混乱的局势。

之后，足利持氏的儿子足利成氏被幕府将军提名为公方。1450年，足利成氏和上杉家之间爆发了另一场战争。面对混乱的形势，幕府将军足利义政派兄弟足利政知前往镰仓，代替足利成氏成为公方。不幸的是，足利政知因足利成氏所在派别的强烈反对而无法进入镰仓，他不得不待在伊豆国的堀越，由此也被称为堀越公方（1457年）。

在古河公方[3]（因其搬到古河国）和上杉家之间无休止的冲突中，出现一个新的影响因素。长尾景春在关东地区的钵形城[4]掌权后，发动叛乱，反对主人上杉显定。他率军进攻了上杉显定位于五十子阵的大本营，然后就将部队撤回。这一事件具有重要历史意义。在此之前，叛乱通常都由对主人心生不满者发动，它们会吸纳主人家族中的有诉求者，例如主人的兄弟。但长尾景春叛乱的目标，就是为了除掉上杉显定。这种趋势，在战国时代会变得十分普遍，被称为“下克上”，即“下层推翻上层”。

这次叛乱最后被上杉家幕臣太田道灌镇压，太田家来自江户。在这个过程中，以古河国为大本营的公方足利成氏和管领上杉，开始与刚出现的新势力进行和解。1482年，在越后国上杉沼田的调解下，足利成氏又与幕府将军达成和解。此时，战争似乎已经完全平息。后来，上杉贞昌杀死太田道灌，太田的儿子向上杉显定寻求帮助，硝烟再起。这一次，关东北部的侍战争持续了18年。与此同时，京都支持足利义隆的管领细川政元发动了针对足利义昭的政变。足利义隆是堀越公方足利政知的儿子，当时足利义隆的兄弟足利茶茶丸已继承了堀越公方这一职位。应仁之乱造成的混乱中，关东地区的局势变得更加扑朔迷离、复杂多变，就在这时北条早云登上了历史舞台。

南北朝时期，侍的披肩可以阻挡从后方射来的暗箭，保护背部不受伤。后来，这种披肩发展成气球状的母衣，在马匹奔跑时会膨胀起来，由此在骑马者背后形成一种气垫。

冒险者：北条早云

1487年，伊势新九郎早云（后宣称自己乃北条氏后人，“早云”是其法号）和6名家臣离开伊势国前往骏河国，帮助他的外甥继承今川家的权位。据传，北条早云最初只是一名非常低级的侍和无主的浪人，后来在关东地区成为一位有影响力的大名（有些人认为他就是黑泽明电影《七武士》中人物的原型）。这个说法现在已经通过研究得到更正：北条早云其实生在冈山城的伊势家，他的妹妹嫁给了骏河国的今川义忠。但是，他是个兵痞，唯一可凭借的东西就是他的智慧和勇气。当他的妹夫今川义忠被杀之时，北条早云正从京都前往骏河国，意图扶助外甥龙王丸（后来的今川氏亲）。北条早云是否与今川范满[5]的死相关还不得而知，但因为今川范满之死，龙王丸成为今川家的继承者。北条早云被赐予一座城堡，大概是作为帮助他外甥的回报。

此时，北条早云将目光转向了伊豆国。在伊豆国，足利茶茶丸杀死了继母和同父异母的弟弟，已经继承了堀越公方的职位。管领细川政元想要向足利茶茶丸复仇，得到了幕府将军足利义隆的支持。北条早云针对堀越公方的袭击可能与此时正在京都蔓延的争斗相关。1493年，北条早云攻击了足利茶茶丸，并在两年的斗争之后将其消灭。他的进攻不仅得到了今川家的支持，还得到了扇谷上杉家的支持，后者当时正与山内上杉家彼此斗争。北条早云借着关东混乱的局面，扩张其在伊豆国的势力。

到1505年，北条早云已从大森家手中夺取了小田原，成为统治者。然后，他开始入侵关东。因为上杉家两大派间持续相互残杀，关东饱受战争之苦。1506年，北条早云前往江户攻打城池，但遭到了上杉显定的反攻，被迫撤退到小田原。其实，介入关东的机会并不难寻。1512年，趁扇谷上杉家和山内上杉家陷于相互冲突时，北条早云快速向东挺进，攻击了三浦家，最后在9月11日将其击败。他通过掌握三浦半岛的权力，成为相模国大名。北条早云马不停蹄，跨越江户湾，介入到武田家和原家在千叶的战争。他在千叶实现了和平后，似乎失去了进一步扩张领地的野心。此后，北条早云将权位交给儿子北条氏纲，然后引退到韮山城，第二年便死在那里。

重返镰仓：北条氏纲

伊势新九郎氏纲生于1487年，是北条早云的长子。他最早出现在文献资料中可以追溯到1512年，当时他与父亲联名签署了一张给家臣的感谢状。这件事说明，他已经被看作父亲的接班人。他的主要城池位于小田原。尽管北条早云曾开展第一次土地勘查（在丰臣秀吉进行检地之前），氏纲还是在小田原和伊豆又重新进行了一次，因为他已意识到经济基础对战争支持的重要作用。此时，他的注意力主要放在东方，其目标就是镇守江户城的扇谷上杉家的上杉朝兴。1522年左右，氏纲将自己的姓从“伊势”改成“北条”，让人不禁联想到200年前镰仓幕府时代的北条氏摄政。他改名的原因是在于，其雄心勃勃地想要建立幕府，以支持公方，并成为摄政王。

1524年，北条氏纲的军队向江户挺进，却在品川附近的高轮原遭到上杉军的阻挡。他们绕过上杉军，从后方对其发动攻击，上杉朝兴退至江户城。上杉朝兴在江户城的幕臣太田资高，早已在城内与北条氏纲秘密通联，此时对其打开了大门。遭到背叛的上杉朝兴逃到了板桥，然后又去了川越。北条氏纲通过夺取位于关东平原中心的江户城，得到了一个基地，由此可以大规模介入整个地区，同时彰显其权力已凌驾于管领上杉家之上。为了除掉这个管领，北条氏纲将女儿嫁给了古河公方之子。在控制江户地区后，他又返回小田原。

战国时代，北条家族的侍从小田原城中出发。他们的首领身穿毛引威[6]式最上胴[7]，这是一种甲片横向编扎在一起的铠甲。

在17年的时间里，复仇心切的上杉朝兴和北条氏纲打了十多场仗。1526年，当上杉朝兴和八条宪房的儿子八条宪宽入侵相模国时，形势开始变得对北条氏纲不利。就在这慌乱的一年的年底，里见实隆也从千叶而来，横跨江户湾，入侵镰仓。在该战役进程中，镰仓城被烧毁，鹤岗八幡宫神社被夷为平地。

就在这时，远在骏河国的今川氏辉去世，今川义元继位。今川家本来是北条家的主人，但此时今川义元却与武田信虎相处友好，与北条的结盟也到了尽头。随后，今川家和北条家之间爆发了战争，主要是为了争夺富士川以北的土地。1535年，因武田信虎对上杉朝兴的支持，北条氏纲入侵甲斐国，对武田信虎进行讨伐。就在北条氏纲离开相模国之时，上杉朝兴前去攻打相模国，北条氏纲不得不返回。同一年，北条氏纲派出相模、伊豆、下总和上总联军，讨伐上杉朝兴，最终在埼玉县的入间将其击败。1537年，上杉朝兴死在川越城，他的儿子上杉朝定继位。北条氏纲听到自己宿敌的死讯后，立即杀往川越城。最后，北条军赢得针对上杉家的胜利，夺取了川越城。扇谷上杉家的失败，意味着关东地区落入了北条氏纲的手中。

1540年，北条氏纲向下总国的国府台挺进，击败了足利义昭和里见义隆。这场战役之后，下总国归入北条家族的统治之下。

镰仓城被毁后，北条氏纲于1526年对镰仓进行了重建。该城已成为自源赖朝的镰仓幕府时代起侍武士统治的象征，重建工作显然有着政治上的影响力。1540年，镰仓城重生，次年北条氏纲死于疾病，终年55岁。

大将之才：北条氏康

尽管俗话说得好，富不过三代（源氏家族就是如此），北条家的第三代主人绝不是个一无是处的人。今天，我们认为北条氏康为人思虑周

1590年，丰臣秀吉进攻小田原的北条家时，德川家康的军队也对北条家的钵形城发动了一次协同作战。当时，日本的军队常常用木质加农炮轰击城池——发射装满油和火药的纸制弹丸，可以点燃木质为主的建筑。比起向守军发射铁制弹丸，此举会带来更致命伤害。

密，是一位优秀的管理者和睿智的将领。

他生于1515年。当父亲将姓氏从“伊势”改为“北条”时，他自己并未马上效仿，而是将原姓氏继续保留了两年。后来，北条氏纲被古河公方任命为关东管领之职，他死后，北条氏康继承了这一职位。北条氏纲死后，关东的局势变得跌宕起伏，北条家、扇谷上杉家、山内上杉家和公方之间冲突不断。北条氏康不仅要与关东域内的敌人争斗，还要与甲斐国的武田家、骏河国的今川家和越后国的上杉家等外来者战斗。

1541年，扇谷上杉朝定听闻北条氏纲的死讯，立刻前往川越城，以重新夺取该城，还进攻了江户城。但是，北条氏康成功守住了这两座城池。1545年，扇谷上杉朝定和管领上杉宪政再次攻打北条纲成[8]守卫的川越城。古河公方足利晴氏在摇摆不定之后，加入了进攻一方。他们带领8.5万人将川越城围困起来。可是，北条纲成率3000名将士成功坚守至第二年。1546年4月，北条氏康带着8000人向川越城进军，意图为北条纲成解围。他做的第一件事就是派人送信给北条纲成，告知援军正在赶来。他挑选了一位年轻的侍来执行这一任务。这名侍抓住战斗间隙，大胆穿过敌方的包围圈，进入川越城，给守城军士带去令人振奋的好消息。这名信使就是北条纲成的兄弟。

北条家编年史如此描述这场战斗（此类文献是在事件发生很久之后所写，通常并不可靠）：北条氏康先派出一名信使去见足利晴氏，称如果能够饶恕所有守军的性命，他就会带着他们撤退到小田原，将川越城留给围城大军。敌方胜券在握，拒绝了这一请求。这次和谈之后，北条氏康派忍者渗透进敌营。这些忍者返回后，称敌人认为这场战斗已近尾声，纪律松懈。于是，北条氏康决定对敌军发动一次夜袭。4月1日午夜时分，他亲率8000名士兵冲入敌方阵地。与此同时，通过事前安排，北条纲成的队伍从城内向外突袭，两股力量一起对上杉宪政和足利晴氏发动猛攻。围城大军猝不及防，开始撤退。混乱中，上杉朝友被杀，上杉宪政逃回上野平井城，足利公方也撤回古河。8000人打败了8.5万

泷川一益[9]先帮助织田信长平定了伊势北部，然后被派往甲斐国，在那里除掉了武田胜赖。但他最后在关东被北条家击败。

人，北条氏康得以将上杉家从关东驱逐出去。

1564 年，上总国武田家的内讧使得北条氏康再次回到战场。武田家邀请古河公方的兄弟足利义昭来到上总国，并对其表示支持。极力想要攻打足利义昭的古河公方对此十分不悦。与此同时，争吵使得武田氏两兄弟武田信步和武田信保之间渐生龃龉。北条家支持武田信步，安房国的里见家则与武田信保结盟。

北条氏康得到报告称，里见家军队已向市川挺进，但因为缺乏补给无法继续前进，他便立即召集家臣商议。他的命令在文献中的记载如下：“1 月 5 日（明日）午后，我军将从小田原出发。所有家臣于小田原集合，以驮马运输补给。尔等须身披铠甲。如若无法获得足够补给，可于小田原租借。此战必定短暂，无须搬运工抑或劳工。麾下士兵一旦到达，即刻手持长矛，骑马出发。”

1 月 7 日，两军在市川的国府台山遭遇。北条氏康的军队总计 2 万人，里见家只有 8000 名侍。里见家的军队一遇敌人便后撤了。北条氏康看到他们撤退，命令前线部队发起冲锋，结果却落入敌人预设的埋伏圈，损失惨重。北条氏康曾说，他一生打过 36 场仗，从未输过。此役，他一如既往地组织了一次钳形攻势[10]。北条氏康之子北条氏政联合北条纲成，绕过国府台山，从后方攻击敌人。里见军因伏击成功而备受鼓舞，并未对此提防。混乱中，里见义弘不得不挥刀杀出一条血路，突破北条军防线。就在此时，他 15 岁的儿子九郎被北条家臣松平康义所杀（此战后，松平康义未返家园，他因为杀死这个男孩而懊悔不已，后来出家为僧）。

战争支柱

北条家族为何能够不断发动战役？这个问题对于所有战国大名都

适用，因为无论生命长短，他们都在不断参与各类战事。正如前文所说，1506 年，北条早云对他的领地做了一次详细的土地勘查。到北条氏康时代，该领地内部的税收体系已经建立。不仅是农民，还有手工业者、商人、镇民都被纳入这个体系中来。战国时代晚期，税赋是根据稻谷的产量来计算的。北条早云在勘查土地时，税赋都是以钱币的形式缴纳。一般来说，村长会宣布种植的面积，相应还需要填写一份土地登记表。在这些令制国内，农民身上背负着三类税赋：农业税、稻田税和劳役税。北条家的农业税由北条氏康于 1550 年首次征缴，占整个农业收入的 6%；相较而言，稻田税占稻田收入的 8%。引入该税收体系之前，领主会征收各类税赋，所以新税制的采用减轻了农民的负担。不仅土地需要征税，农民的房屋也要评估征税。总体来说，北条家在税收方面相对宽松。当然，他们对领地内的人民慷慨大方并非毫无理由。到 1559 年，北条领地中的农业因为接连的征战已濒临崩溃，但北条家的“战争经济”却因为稳定了农民的生活而得以成功存续。

日语词“百姓”在今天指的是“农民”。有趣的是，我们发现从室町时代到江户时代，这个词的意思一直都指的是“非特定城镇的人”。因此，这个词在日本古代不仅包含农民，还包含手工业者、运输工、村民、小城镇居民。由于错误的理解，这个词原本包含的令制国非农业人口已被历史遗忘。当然，镇民、商贩、商人和渔民也需要各自交税。事实上，这是一种根据职业征收的税赋，而职业决定了一个人的社会地位。

根据静冈大学教授小和田哲男的分析，越后国的三大家族——北条、武田和上杉的稻谷产量比较接近，都在 100 万石左右。当时，尽管税赋是以钱币的形式交纳，也就是直接将大米的石数转化成货币价值，但以此来比较这些家族的财富，则具有误导性。这些家族的最大区别在于北条的领地中没有大金矿，而上杉谦信（长尾景虎）却极为倚重佐渡岛上的金矿。上杉谦信死后，他的女婿继承了前者存放在春日山城的大量金子。

上杉谦信和武田信玄的最后岁月

尽管上杉谦信拥有巨大的黄金财富，他还是无法在自己所在令制国内获得绝对的统治权。地侍仍然保持独立的姿态，如果上杉谦信倒台，他们就会立刻通过内部争斗来瓜分他的领地。这可能就是上杉谦信多次入侵关东的理由，他需要通过入侵敌方的领地，来满足手下的侍对于财富的渴求。上杉谦信通常被赞誉为一名正直的武士，从不拒绝别人的求助，但事实上，他参加各类战役的决定都是有所考量的。当武田军入侵小田原之时，北条家请求上杉谦信从后方进攻武田家的领地，以消除这一威胁。尽管双方已结成同盟，他却还是没采取任何行动。根据立教大学的教授藤井真石的分析，上杉谦信通常会选择在冬季入侵关东，因为他需要洗劫敌人收获的粮食，以养活自己令制国的农民。如果是在其他的季节，附近令制国的农民就无须害怕他的入侵。上杉谦信死后，地侍家族背叛了上杉谦信之子上杉胜赖，令他走向覆灭。

在甲斐国，武田信玄也遇到了同样的问题。尽管他是一位出色的军事领袖，他的亲戚还是对各自的土地拥有独立控制权。因此，如果从当时所处世界来分析这一现象，我们就会发现，上杉谦信和武田信玄这两位强者从来无法在同时代的领袖中卓然而立。

1560 年，上杉谦信入侵关东，前去攻打小田原的北条氏康。任命他为关东管领之职的上杉宪政，早在 15 年前就在川越被北条氏康击败。上杉谦信在春日山城中留下了 8000 人，在去小田原的路上，他将上杉宪政的前家臣纳入麾下。当他到达小田原并包围该城时，他的军队数量已增至 11.3 万人。面对这种旋风般的攻势，北条氏康决心留下来守卫自己的城池。他在城中存有大量供给物资，因此只要坐等围城的上杉军饥饿难耐即可。虽然上杉谦信从越后国而来的补给线拉得太长、效率很低，但他却只能依赖于此，而不能在当地觅食。因为他向小田原进军的过程中，采取了一种短视的“焦土政策”，已经将周遭的乡村夷为平地。1个月后，他被迫撤回越后国。

与北条家结盟的武田信玄认为摧毁北条氏康的困难极大。对北条氏康来说，从上杉谦信的入侵中吸取了教训，这将使其未来大为受益。关东地区那些原本追随上杉谦信的侍也有类似的看法。于是，他们很快倒向北条氏康，因为他们认为上杉谦信虽骁勇善战，却缺乏远见，在他帐下效力并无前途。后来，足利义辉将军在京都为上杉谦信和北条氏康进行调解，并最终达成和议。上杉谦信需要和平，因为他一直饱受家臣叛乱之扰。

1568年，武田信玄离开了踯躅崎馆[11]的宅邸，率军南下前往骏河国。8年前，今川义元在桶狭间合战中被织田信长杀死后，他的儿子今川氏真继承了骏河国这一领地。武田信玄入侵骏河国的具体原因不详，可能因为他需要入海口，特别是要确保食盐供应；也可能因为他想要阻止德川家康从东部夺取今川的领地；抑或因为织田信长迫使他这样做。自1565年起，武田信玄就一直与织田信长保持联系，后者需要在自己前往京都时确保后方无虞。织田信长向武田信玄抛出骏河国这个诱饵之后，就可以放心地离开美浓国。无论真实原因如何，武田信玄的军队最后入侵了骏河国，今川家的侍防卫不利，使得敌人得以长驱直入。今川氏真和他的妻子——北条氏康的女儿被迫步行逃出自己的宅邸以保命。

当然，北条氏康及其子北条氏政认为这是一种违反双方和平盟约的行为，打算切断武田信玄的补给线。武田信玄担心与自己领地间的联系中断，只得再次将军队撤回甲斐国。

此时，显然武田信玄在该地区最危险的对手是北条家，除非他可以让它出局，否则他就无法夺取骏河国。翌年9月，武田信玄的军队再次向东南方的小田原前进。半路上，他们试图夺取北条家在关东的钵形城

关东战争态势图
1545年，上杉朝定的进攻路线
1545年，古河公方的进攻路线
1546年，北条氏康的进攻路线
北条氏纲1540年的进攻路线和北条氏康1564年的进攻路线
1540年，里见义隆的进攻路线
1564年，里见义弘的进攻路线
1568年，武田信玄的进攻路线
1569年，武田信玄的进攻路线
1560年，上杉谦信的进攻路线
上野国
长尾能景
平井城
山内上杉家
古河城
古河公方
信浓国
川越城
武藏家
上总国
国府台城
甲斐国
钵形城
扇谷上杉家
武田家
踯躅崎馆城
江户城
太田道灌
家正城
武田信玄
相模国
北条家
里见家
下总国
今川家
小田原城
北条早云
镰仓
骏河国
堀越城
堀越公方
安房国
馆山城
骏府府邸
(为今川氏真所有)
伊豆国
N

和泷山城，却没有成功。北条家采用一贯的战术守卫小田原城。4 天的围攻之后，武田军再次撤回甲斐国，不仅因为他们的补给线面临危机，还因为此时从钵形城和泷山城一路跟随的北条野战军威胁极大。钵形城的北条氏邦和泷山城的北条氏照率兵在三桝卡伏击了武田军，但没有成功，反而损失惨重。

武田信玄和北条氏康之间的斗争一直持续到 1571 年，也即北条氏康病死之时。北条氏康死前，告诫自己的儿子北条氏政，鉴于上杉谦信为人不可靠，他应该与武田信玄结盟。北条家与武田家的盟约再次激化了北条和上杉间在关东北部的宿怨。

1572 年 10 月，武田信玄在后方因结盟而稳固的情况下，再次率领 2.5 万人，动身前往骏河国。他给足利义昭将军去信称，他将与浅井家和朝仓家联合起来消灭织田信长。武田信玄的首个目标就是三河国的德川家康，他接二连三地夺取了后者的城池。德川家康是织田信长的盟友，一直听命于后者。此时，他极力抵御武田军的入侵，坚守滨松城。

原本南进的武田军看到驻扎在色子崖的德川军，立即向西北撤退。这其实是一个圈套，意在诱使德川家康的军队进入开阔地带。德川家康的 8000 人开始追逐武田军，但极力保持一定距离，以避免陷入大规模作战。在三方原，武田军转头迎战追逐他们的敌军，用如雨而下的石头袭扰德川军的侍武士。这个挑衅行动奏效了：德川军的武士们勃然大怒，开始与敌人交锋。在冬日一个短暂的下午，4 时左右，无往不胜的武田军冒着呼啸的暴风雪向敌人俯冲而去。这一冲锋将德川家康数量不占优势的军队从中撕开。一时，尘土飞扬，士兵的喊叫声，铠甲的咔嗒声，刀刃的碰撞声，火炮的呼啸声，受伤者和垂死者的呻吟声，此起彼伏，交织在一起。后来，德川家康率残部逃回滨松城。无疑，这场失败带给德川家康的教训是不可磨灭的。

三方原合战之后，武田信玄没有乘胜进攻滨松城，而是率军向西挺进。当初，他离开领地甲斐国时，就已被病魔缠身。此时，他的健康愈加恶化，他的副将只得带领武田军向甲斐国回撤。武田信玄最终没有回到甲斐国，于 1573 年 4 月死在途中，终年 53 岁。他的死讯被封锁，直至整支军队返回领地。

后来，关东三大令制国之间的长期混战局面，被织田信长的争霸雄心终结，形成了一种与同时代的竞争贪念截然不同的秩序。

织田信长如彗星一般出现在战国后期的天空中，费尽周折地扫除了一个时代的封建思想。他性格冷静、狡黠，机智且富有远见，将贤臣能将收入麾下，最终压制了令人烦扰的地侍特权，在自己领地中树立起绝对的权威。他开始梦想着，在战争中逐个消灭彼此争斗的战国大名，一统所有割据的令制国。这不仅出于一个军阀扩张领土的原始动力，还源于创造新事物的雄心——这种雄心可能就是成为日本之王。

在权力的新征途中，织田信长对末代足利将军足利义昭极为蔑视，并在 1573 年终结了室町足利幕府的统治。上杉谦信是一个恪守陈规旧俗且尊重旧体制权威的人，他极度憎恨织田信长的野心。因为对织田信长共同的敌视，两大宿敌上杉谦信与净土真宗结成联盟，开始东进京都。

1577 年，上杉谦信率领 2 万人，在能登国包围了长氏家的七尾城。长氏家派人向织田信长求助。织田信长无法立刻答应这一请求，当时他正被京都附近的反织田运动牵制，他的军队直至 9 月才从安土城出发，可是为时已晚。织田信长在得知七尾城落入上杉谦信之手后，决定撤军。但很快，上杉谦信的军队就赶来了，开始袭扰织田军的后头部队。织田军受困于手取川湍急的水流，遭到屠戮，1000 多人战死。最终，织田军逃回安土城。旧式侍武士上杉谦信和新兴侍武士织田信长间的第一场战斗也是最后一场战斗，以前者的彻底胜利而告终，但这却无法改变历史的未来走向。

后来，上杉谦信停止对织田军的追击，返回春日山城。他打算先解

北条家族的一名侍首领正在听取传令兵的战报。该信使的右手放在背后，抓着刀鞘，以显示他无意刺杀首领——这是信使通常采取的姿势。

决关东的问题，然后再集中兵力消灭织田信长。1578 年，上杉谦信召集封臣，准备入侵关东，但最终未能成行。同年 3 月 13 日，这位“越后之龙”因中风而一病不起，终年 48 岁。

注释

[1] 奥州探题，又称奥州管领，室町幕府统辖奥州行政和军事的官职。足利尊氏为了压制南朝在陆奥地区的势力而设该职，首派同族的石塔义房担任，后来由斯波氏的同族大崎氏世袭。

[2] 公方，是前近代日本的一个称呼，即“公家”的意思，指的是统治者，体现其对国家的统治权。其起源有多种说法，一说是古代天皇及其朝廷，一说是镰仓时代或室町时代对幕府将军的称呼。

[3] 古河公方，即足利成氏。

[4] 钵形城，位于日本埼玉县大里郡寄居町，始建于 1476 年，废于 1590 年，日本百大名城之一，日本战国时代的代表性城堡。

[5] 今川范满（?—1487），即小鹿范满，是今川氏亲的父亲今川义忠的堂侄。

[6] 毛引威，是在编制小札的过程中使用的工艺，因威毛排列得非常紧密而得名。

[7] 最上胴，根据产地命名，就是素悬威或毛引威的板札，多为五枚胴（即部件数为 5）。

[8] 北条纲成（1515—1587），幼名胜千代，父亲是今川家臣远江土方城主福岛正成。福岛正成死后，纲成在家臣保护下逃至相模国小田原，受到北条家第 2 代当主氏纲的保护。后来，他从氏纲处拜领“纲”字，再加上父亲的“成”字后，改名为纲成。再后来，他又成为玉绳城主北条为昌的养子，改姓北条。官位是左卫门大夫、上总介。

[9] 泷川一益（1525—1586），是日本安土桃山时代的战国大名、关东管领，织田信长麾下最得力武将之一，与柴田胜家、丹羽长秀、明智光秀并称“织田四天王”。

[10] 钳形攻势，一种军事战术，即将己方军队分成两路，于两个方向向敌方进攻，

迫使敌方拉长战线、两面作战、以避免利剑攻势可能带来的阻力和伤亡。

[11]　踯躅崎馆，是日本古代的一座城堡，为战国时代甲斐国大名武田家族的居城。其位于山梨县甲府市古府中，今仅存石垣、土垒、堀等残迹，被日本政府指定为国定史迹“武田氏馆迹”。

镰仓时代，身着打猎服的侍。

大事年表

（以公元为纪年）

792 年：奈良政府废除藩属军队，创立“健儿制”。

平安时代早期

794 年：桓武天皇迁都京都。

935 年：平将门弑伯父平国香，夺取京都权位。
藤原纯友在九州发动叛乱。

940 年：平将门战死。

1028 年：平忠常在关东发动叛乱。

1031 年：源赖信剿灭平忠常的叛乱。

1035 年：圆成寺与延暦寺的武僧爆发冲突。

1036 年：东大寺和兴福寺之间爆发冲突。

1051 年：安倍家在陆奥国发动反对天皇的叛乱——前九年合战的开始。

1056 年：源赖义被任命为幕府将军，平定陆奥国叛乱。

1062 年：源义家最终平息安倍家叛乱。

1083 年：源义家介入出羽国的清原家内乱。

1086 年：后白河上皇在朝廷开启院政（即以“院”为名的幕后政权）。

1091 年：源义家拒绝率军进入京都。
1095 年：北面武士奉命守卫“院”。
1129 年：平忠盛清剿濑户内海的海盗。

平安时代末期

1156 年：京都的保元之乱被平息。
1159 年：平氏压倒源氏，夺取军事控制权。
1167 年：平清盛被任命为太政大臣（朝廷的宰相）。
1180 年：源赖朝和木曾义仲反对平氏，挑起源平合战。
源赖朝在镰仓幕府中建立问注所（财务部门）。
1183 年：木曾义仲大败平氏，进入京都。
1184 年：源义经在一之谷打败平氏。
源赖朝建立公文所（幕府财政部）。
1185 年：平氏家族在坛之浦的海战中覆灭。

镰仓时代

1192 年：源赖朝被任命为幕府将军。
1202 年：源赖家成为第二任幕府将军。
1203 年：北条时政在修善寺刺杀源赖家。
1204 年：源实朝成为第三任幕府将军。
1205 年：北条时政成为摄政王。
1219 年：源实朝遇刺，源赖朝一脉终结。
1221 年：后鸟羽上皇颠覆镰仓幕府的阴谋失败。
1232 年：摄政王北条泰时颁布《御成败式目》（侍准则）。
1268 年：忽必烈使节到达九州的太宰府。
1274 年：元军在九州登陆，后被击退（武宁之役）。
1281 年：元军第二次远征日本失败（弘安之役）。

1297 年：幕府下令免降债务，援助一贫如洗的侍阶层。

1321 年：后醍醐天皇取废除政，亲自管理政务。

1331 年：后醍醐天皇举兵倒幕。

1333 年：镰仓幕府倒台。

1334 年：新的帝国政府建立（建武新政）。

1335 年：足利尊氏发动叛乱，反对新政府。

室町时代

1336 年：楠木正成大败逃往九州的足利尊氏。足利尊氏反击，在凑川大败楠木正成，在京都建立幕府，将光明天皇推上位，开启南北朝时期——京都和吉野南北两朝分庭抗礼的时代。

1338 年：足利尊氏被任命为幕府将军。

1368 年：足利义满成为第三任幕府将军。

1378 年：足利义满将幕府迁入京都的室町。

1392 年：足利义满将南北两朝合二为一。

1402 年：足利义满和中国明朝建立关系。

1428 年：心怀不满的贫困阶层发动首次一揆叛乱。

1429 年：足利义教成为幕府将军。

1441 年：赤松满祐刺杀足利义教。

1457 年：太田道灌在今天的东京建立江户城。

1467 年：京都爆发应仁之乱。

1471 年：莲如开堂宣讲佛法，设立净土真宗（一向宗）。

1477 年：应仁之乱结束。

1485 年：一揆控制了山城国。

1488 年：加贺国爆发一揆叛乱。

1495 年：北条早云夺取小田原，取得关东地区统治权。

1496 年：莲如开始在大阪修建石山本愿寺。

1504 年：京都爆发德政一揆暴乱，要求免除债务。

1531 年：德政一揆军打败军阀朝仓教景。

1543 年：葡萄牙人将火器传入日本。

1549 年：圣弗朗西斯 · 泽维尔的基督教代表团来到长崎。

1553 年：武田信玄和上杉谦信在川中岛首次交战。

1555 年：毛利家消灭了陶家。

1560 年：织田信长在桶狭间合战中杀死今川义元。

1563 年：三河国爆发一向一揆运动。

1568 年：织田信长和幕府将军足利义昭进入京都。

1570 年：织田信长在姊川打败浅井家和朝仓家。

1571 年：织田信长在长岛攻击一向一揆，摧毁延暦寺。

1572 年：武田信玄在三方原大败德川家康。

1573 年：室町幕府倒台。

1575 年：织田与德川盟军在长篠城大败武田胜赖。

1576 年：织田信长开始建造安土城。

桃山时代

1582 年：明智光秀在本能寺杀死织田信长。

羽柴秀吉（丰臣秀吉）在山崎打败明智家。

1583 年：丰臣秀吉打败柴田胜家。

1584 年：长久手之战后，德川家康向丰臣秀吉投降。

1585 年：丰臣秀吉平定四国。

1586 年：丰臣秀吉成为太政大臣。

1587 年：丰臣秀吉平息九州，下令将基督教传教士逐出日本。

1590 年：丰臣秀吉在小田原消灭北条家族，统一日本。

1592 年：丰臣秀吉的军队入侵朝鲜。

1597 年：丰臣秀吉第二次入侵朝鲜。

1598 年：丰臣秀吉去世，手下军队从朝鲜撤回。

1600 年：德川家康在关原大败石田三成。

江户（德川）时代

1603 年：德川家康成为幕府将军，在江户建立幕府。

1614 年：德川家康攻打大阪城。

1615 年：第二次大阪之战，德川家康消灭丰臣家族。

1616 年：德川家康去世，德川秀忠成为第二任将军。

1623 年：德川家光成为第三任将军。

1637 年：岛原国爆发基督教叛乱。

1639 年：幕府禁止葡萄牙船只访问日本。

1641 年：幕府将荷兰贸易站迁至长崎的出岛。

1736 年：俄国船只出现在千叶。

1793 年：俄国代表团到达北海道。

1796 年：英国船只访问日本。

1801 年：俄国代表团访问长崎，要求被赋予贸易权。

1825 年：幕府下令向外国船只开火。

1853 年：美国海军准将佩里率船停靠平贺港。

1854 年：《神奈川条约》被签订。

1860 年：日本与美国签订通商条约。

1863 年：长州藩向下关城附近的英国海军中队开火。

1864 年：英、荷、法、美舰船炮轰下关城。
幕府首次发动针对长州藩的讨伐战役。

1866 年：第二次针对长州的讨伐远征战役失败。

1867 年：幕府将军德川庆喜交还权力，恢复明治天皇的皇权统治。

1868 年：萨摩藩和长州藩的军队在鸟羽、伏见大败德川庆喜的幕府军。

新政府军大败会津藩的叛乱者。

明治时代

1869 年：新政府在江户成立，江户更名为东京。

1877 年：西乡隆盛在九州发动侍阶层叛乱，最终失败，同年去世。

术语解释

这里未列出有关铠甲、武器等专业术语，详见书中相关解释。

恶党：指镰仓和室町时代晚期的强盗或没有土地的侍、武僧和小偷。通常，他们在京都和奈良大寺庙的庄园或住所出没。

足轻：普通的步兵。

幕府：本意是主将的野战指挥部，引申为幕府将军统治下的政府机构。

大名：日本令制国的大封建主。

土一揆：农民要求减免税赋的起义活动，主要出现在近畿地区。有时，叛乱者会将令制国的行政官或封建主驱逐出去。

下克上："下层阶级推翻上层阶级"——始于15世纪80年代室町时代的社会动乱时期，恰巧与战国时代（各令制国陷入混战的年代）早期重合。

御家人：通过与镰仓幕府间的直接封建关系而拥有土地的侍——"被授权的侍"。

御所：帝王宅邸或皇庭。

法皇："引退的天皇"（见下文"上皇"一词），不住在寺庙中但在天皇的朝廷中拥有专用官邸的人。在这些特殊寓所兼办公地，他可以颁布法律，拥有与天皇一样的影响力。

院：法皇或上皇在朝廷中的官邸。

地头：令制国的行政长官，由中央政府任命，负责征税、管理土地和维持治安。

上皇：退位的天皇，通常是现任天皇的父亲。他可以隐退或成为一名法皇（见上文“法皇”一词）。

地侍：大名的封臣，在令制国内拥有土地并掌控自己家族的军权。

の（No）：日语中，“の”这一后置词通常插在家族姓氏和个人名字之间，意思是“……的”或“来自……”。例如，源义家，意思就是“来自源氏家族的义家”。有时，此词不发音。为求简洁，本书中的男性名字常省去该词。

浪人：隔绝于封建封地体系之外的无主且无土地的侍，也可指一种雇佣兵。

侍：原意是“服务”。最初，拥有这种身份的人是一种职业斗士，后来成为封建军事阶级的一员。

幕府将军：最初，指远征军中临时的总指挥；后来，指世袭的军事独裁者，与皇室同时对国家实施管治。

守护：令制国的行政长官，由中央政府任命，负责治安和执行军事任务。

守护大名：实力雄厚且拥有独立土地权的行政长官。

德政一揆：一种要求幕府下令免除所有债务的起义活动。“德政”原本是一种幕府政令，在元军远征日本后，宣布免除御家人的债务，以解除他们的负担。但在室町时代，农民和社会底层也常揭竿而起，逼迫幕府颁布律令免除他们的债务。

倭寇：室町时代的日本海盗。他们曾侵扰中国和朝鲜半岛以及整个东南亚。

参考文献

Akuto no seiki, Arai Takashige; Yoshikawa Kobunkan, 1997

Botshin senso, Sasaki Suguru; Chuko Shinsho, 1997

Bunroku-Keisho no eki, Che Guan; Kodansha, 1994

Bushi no seiritsu, Bushizo no soshutsu, Takahashi Masaaki; Tokyo daigaku, 1999

Bushi no tanjo, Seki Yukihiko; NHK books, 2000

Chuusei buke no saho, Futaki Kenichi; Yoshikawa Kobunkan, 1999

Edojidai no mikataga kawaruhon, Amino Yoshihiko et al; Yosensha, 1998

Genpei kassen no Kyozo wo hagu, Kawai Yasushi; Kodansha, 1996

Hideyoshi no yabo to gosan, Kasaya Kazuhiko et al; Buneido, 2000

Hideyoshi to Momoyama bunka, Watanabe Takeshi et al; Osakajo Tenshukaku Museum, 1997

Ikusa, Fukuda Toyohiko; Yoshikawa Kobunkan, 1993

Jidai shozoku; Kyoto shoin, 1995

Kamakura bushi monogatari, Konno Nobuo; Kawade shobo shinsha, 1991

Kassen engi emaki, Yoshida Seiichi et al; Heibonsha, 1979

Katchyu no subete, Sasama Yoshihiko; PHP kenkyujo, 1997

Moko shurai ekotoba, Komatsu Shigemi; Chuokoronsha, 1990

Moko shurai, Amino Yoshihiko; Shogakukan, 1992

Moko shurai, Kaitsu Ichiro; Yoshikawa Kobunkan, 1997

Nagashino-Shitaragahara kassen no shijitsu, Nawa Yumio; Yuzankaku, 1999

Nazotoki chuseishi, Imatani Akira; Senyosha, 1997

Nihon chuseishizo no saikento, Amino Yoshihiko et al;Yamakawa shuppan, 1998

Nihon kassen zenshu, Kuwata Tadachika; Akiyama shoten, 1990

Nihon kassen zuten, Sasama Yoshihiko; Yuzankaku, 1997

Nihon no bijutsu no.146, Miya Tsugio; Shibundo, 1946

Nihon no kassen bugu jiten, Sasama Yoshihiko; Kashiwa shobo, 1999

Nihon no katchyu; Kyoto Museum, 1987

Nihon no rekishi, Ienaga Saburo; Horupu sha, 1982

Nihon rekishi; Gakken, 1991

Nihon senjin saho jiten, Sasama Yoshihiko; Kashiwa shobo,2000

Nobunaga no sengoku gunjigaku, Fujimoto Masayuki; Yosensha, 1997

Onin no ran, Takano Kiyoshi et al.; Gakken, 1994

Osakanojin, Takano Kiyoshi et al.; Gakken, 1994

Sekigahara kassen, Kasaya Kazuhiko; Kodansha, 1994

Sekigahara kassen, Owada Tetsuo et al; Shinjinbutsu oraisha, 2000

Sekigahara, Nakai Hitoshi et al.; Gakken, 2000

Sengoku kassen no joshiki ga kawaru hon, Fujimoto Masayuki; Senyosha, 1999

Sengoku kassen no Kyojitsu, Suzuki Naoya; Kodansha, 1998

Sengoku kassen, honto wa kodatta, Fujimoto Masayuki; Yusenshya Mook, 1996

Teppo denrai, Udagawa Takehiko; Chuko shinsho, 1997

Teppo to Nihonjin, Suzuki Masaya; Yosensha, 1997

Toyotomi Hideyoshi kassen soran, Yasui Hisayoshi et al; Shinjinbutsuorai sha, 1986

Toyotomi Hideyoshi, Nagaoka Keinosuke et al; Gakken,1996

Toyotomi Hideyoshi, Yasui Hisayoshi; Shinjinbutsuorai Sha,1996

Yoroi to kabuto, Yamagami Hachiro et al; Colour books

Yumiya to token, Kondo Yoshikazu; Yoshikawa Kobunkan,1997

Zohyo tachino senjo, Fujiki Hisashi; Asahishinbun sha, 1996

译名对照表

铠甲与武器	
base garment	底甲
braid	绪
do maru	胴丸
ebira	箙
etchufundoshi	缠腰带
fukigaeshi	吹返
fusubekawatsutsumi haramaki	烟熏皮革腹卷
gorget plate	颈甲板
gyoyo	杏叶板
hachiaki	包头巾
haidate	佩楯，护腿
hakama	袴
hampo	猿颊
happuri	面当
haramaki	腹卷
hitatare	直垂
hoko	戟
horo	幌
hyogo kusari	兵库锁
ikaboshi Kabuto	严星兜
iroiro odoshi	色糸威
iroiro odoshi haramaki	色糸威腹卷
iyo zane	伊予札
iyo zane kuroito sugake odoshi do maru	伊予札黑糸威胴丸

kaburaya	镝矢
karutakane gusoku	骨牌金属具足
kawatsutsumi	裹革风格
kawazutsumi yoroi	胴丸包革铠甲
kebiki odoshi	毛引糸威
kinkozane kurenai itodoshi nakajiro haramaki	金札红穗中白腹卷铠甲
koshigatana	腰刀
kosode	小袖
kote	笼手
kusazuri	草折
kusazuri panel	草折板
kuwagata	锹形前立
kyubi	鸠尾板
mabizashi	眉庇
mabizashi peaked helmet	装配帽舌式头盔
maedate	龙形前立
manchira	背心甲
menpo	面铠
menuki	目钉
mijika-yoroi	短铠
nagamaki	长卷刀
naginata	薙刀
Nanbando gusoku	南蛮胴锁具足
nodachi	战刀
nodowa	喉轮
oguchi-hakama	大口袴

okubyo-ita	臆病板，懦夫板
oyoroi	大铠
plate armor	板甲
sane	札，札片
sanmai uchi no yumi	三枚击弓
sendan	旃檀板
shigeto	四击弓
Shikami	狮啮
shikoro	錣
shikoru	护颈
shokaku	翔鹤式
sode	袖
suji kabuto	筋兜
suneate	护胫套
tachi	太刀
takahimo	高纽
tanko	反古风
tateage	立举
tatehagi okegawado	竖胫桶侧胴
tentsuki wakidate-tsuki-kuronurizunari-kabuto	天刺胁立黑漆五重兜
tomaki no yumi	斗卷弓
torso pieces	躯干部件
tosei gusoku	当世具足
tsuba	镡
tsubo sode	壶形袖甲
tsurubashiri	弦走尾
tsurugi	剑刀
uchigatana	打刀
utsubo	靫
waidate	胁盾
wakidate	胁立
warabite katana	蕨手刀
waraji	草鞋
Yabusame practice	流镝马练习
Yari	日本枪或长刺枪

yokihagi hishitoji okegawado	横胫菱织桶侧胴
yugake	防护手套
人名	
Abe Yoriyoshi	安倍赖时
Adachi Morimune	安达盛宗
Adachi Yasumori	安达康盛
Akaboshi Nobuie	赤星信家
Akashi Teruzumi	明石全登
Akechi Mitsuhide	明智光秀
Akechi Samanosuke	明智左马之介
Amako Haruhisa	尼子晴久
Amako Kunihisa	尼子国久
Amako Yoshihisa	尼子义久
Ankokuji Eiki	安国寺惠琼
Arima Harunobu	有马晴信
Arima Naozumi	有马直纯
Asai Nagamasa	浅井长政
Asakura Yoshikage	朝仓义景
Asano Nagamasa	浅野长政
Asano Yukinaga	浅野幸长
Ashikaga Chachamaru	足利茶茶丸
Ashikaga Haruuji	足利晴氏
Ashikaga Masatomo	足利政知
Ashikaga Mochiuji	足利持氏
Ashikaga Motouji	足利基氏
Ashikaga Shigeuji	足利成氏
Ashikaga Tadayoshi	足利直义
Ashikaga Takauji	足利尊氏
Ashikaga Yoshiaki	足利义昭
Ashikaga Yoshihisa	足利义尚
Ashikaga Yoshimasa	足利义政
Ashikaga Yoshimi	足利义视
Ashikaga Yoshimitsu	足利义满
Ashikaga Yoshimochi	足利义持
Ashikaga Yoshinori	足利义教

Ashikaga Yoshitaka	足利义隆
Ashikaga Yoshitane	足利义植
Ashikaga Yoshiteru	足利义辉
Baba	马场家
Baba Yorichika	马场赖义
Baba Yorikane	马场赖兼
Benkei	弁庆
Charles Richardson	查尔斯 · 李察逊
Chiba Shutaro	千叶终太郎
Chosokabe Morichika	长曾我部元亲
Date Masamune	伊达政宗
Egami	江上家
Engetsubo	圆月坊
Enomoto Takeaki	榎本武扬
Era Yoshifusa	江良荣房
Francis Xavier	弗朗西斯 · 泽维尔
Fujisawa Yorichika	藤泽赖亲
Fujiwara Michinaga	藤原道长
Fujiwara Nobuyori	藤原信赖
Fujiwara Sumitomo	藤原纯友
Fujiwara Yoshihira	藤原泰衡
Fukuhara Nagataka	福原长尧
Fukushima Masanori	福岛正则
Gamo	蒲生家
Go-Daigo Emperor	后醍醐天皇
Goto Shojiro	后藤象二郎
Hachijo	八条家
Harada Naomasa	塙直政
Hashiba Chikuzen-no-kami Hideyoshi	羽柴筑前守秀吉
Hashiba Hidenaga	羽柴秀长
Hashiba Hideyoshi	羽柴秀吉
Hattori Koheita	服部小平太
Hino Tomiko	日野富子
Hishigari	菱刈家
Hojo Masako	北条政子

Hojo Sadatoki	北条贞时
Hojo Takatoki	北条高时
Hojo Tokimasa	北条时政
Hojo Tokimune	北条时宗
Hojo Tokiyuki	北条时行
Hojo Tsunashige	北条纲成
Hojo Ujikuni	北条氏邦
Hojo Ujimasa	北条氏政
Hojo Ujiteru	北条氏照
Hojo Ujiyasu	北条氏康
Hojo Yasutoki	北条泰时
Hojo Yoshitoki	北条义时
Honda Tadatomo	本多忠朝
Honen Shonin	法然上人
Honjo Saneyori	本所实赖
Hosokawa Katsumoto	细川胜元
Hosokawa Masamoto	细川政元
Ii Naomasa	井伊直政
Ii Naosuke	井伊直弼
Ikeda Tarumasa	池田樽正
Ikeda Terumasa	池田辉政
Imagawa Nakaaki	今川仲秋
Imagawa Norimitsu	今川范满
Imagawa Ryoshun	今川贞世（今川了俊）
Imagawa Ujizane	今川氏真
Imagawa Yoshimoto	今川义元
Imagawa Yoshitada	今川义忠
Inoue Motokane	赤川元保
Inukake Uesugi	犬悬上杉家
Ishida Mitsunari	石田三成
Ishiki	一色家
Ishiki Noriuji	一色纪氏
Itagaki Nobukata	板垣信方
Ito	伊藤家
Joko Go-Toba	后鸟羽上皇
Julius Caesar	尤利乌斯 · 恺撒

Kanasasi	金刺家
Kaneko Ienori	金户家宣
Kanmu Emperor	桓武天皇
Katagiri Katsumoto	片桐且元
Kato Kiyomasa	加藤清正
Katsu Kokichi	胜小吉
Katsu Rintaro	胜海舟
Katsura Kogoro	桂小五郎
Katsura Motozumi	桂元澄
Kikkawa Hiroie	吉川广家
Kikuchi	菊池家
Kikuchi Jiro Takefusa	菊池武房
Kinoshita Tokichiro	木下藤吉郎
Kinoshita Yaemon	弥右卫门
Kiso Koma	木曾驹
Kita-no-mandokoro	北政所
Kiyowara Takenori	清原武则
Kobayakawa Hideaki	小早川秀秋
Kobayakawa Takakage	小早川隆景
Koh Moronao	高师直
Kondo Isami	近藤勇
Konishi Yukinaga	小西行长
Kono Michinobu	河野通信
Kuchiki	朽木家
Kumagai Jiro Naozane	熊谷次郎直实
Kuroda	黑田家
Kuroda Hidetada	黑田秀忠
Kuroda Nagamasa	黑田长政
Kuroda Ryosuke	黑田久助
Kusaka Genzui	久坂玄瑞
Kusunoki Masashige	楠木正成
Kyogoku	京极家
Maeda Gen-i	前田玄以
Maeda Toshiie	前田利家
Maeda Toshitsune	前田利常
Mashita Nagamori	增田长盛
Masuda Jinbei	益田好次
Matsuda Yasuyoshi	松平康义
Matsudaira Katamori	松平容保
Matsudaira Motoyasu	松平元康
Matsudaira Shungaku	松平春岳
Matsudaira Tadayoshi	松平忠吉
Matsukura Katsuie	松仓胜家
Matsukura Shigemasa	松仓重政
Miake Tojuro	三宅藤十郎
Minamoto no Noriyori	源范赖
Minamoto Sanetomo	源实朝
Minamoto Yorimasa	源赖政
Minamoto Yorinobu	源赖信
Minamoto Yoritomo	源赖朝
Minamoto Yoriyoshi	源赖义
Minamoto Yoshiie	源义家
Minamoto Yoshinaka	源义仲
Minamoto Yoshitomo	源义朝
Minamoto Yoshitsune	源义经
Miura	三浦家
Miyoshi	三好家
Miyoshi Shinzo	三吉慎藏
Mori Hidemoto	毛利秀元
Mori Hiromoto	毛利弘元
Mori Katsunaga	毛利胜永
Mori Komatsumaru	毛利幸松丸
Mori Motonari	毛利元就
Mori Okimoto	毛利兴元
Mori Shinsuke	毛利新介
Mori Takamoto	毛利隆元
Mori Terumoto	毛利辉元
Mori Toyomoto	毛利丰元
Murakami Yoshikiyo	村上义清
Nabeshima Naoshige	锅岛直茂
Nabeshima Nobunari	锅岛信生
Nagao Harukage	长尾晴景

Nagao Kageharu	长尾景春
Nagaoka（Nakaoka）Shintaro	中冈慎太郎
Nagatsuka Masaie	长束正家
Narimatsu Nobukatsu	成松信胜
Niho Uemon	仁保右卫门
Nijo Emperor	二条天皇
Nioh Do	仁王丸
Nitta Yoshisada	新田义贞
Niwa Nagahide	丹羽长秀
Nobutaka	织田信孝
Nomi Munekatsu	乃美宗胜
Oda Hidenobu	织田秀信
Oda Nobuhide	织田信秀
Ogasawara Nagatoki	小笠原长时
Ogasawara Nobusada	小笠原信定
Ogigayatsu Uesugi	扇谷上杉家
Ohgami	大神家
Oi Sadakiyo	大井定清
Oi Sadataka	大井贞隆
Oichi-no-kata	织田市
Okubo Toshimichi	大久保利通
Ono Harunaga	大野治长
Ota Dokan	太田道灌
Ota Guichi	贵池大田
Ota Suketada	太田资高
Otani	大谷家
Otani Yoshitsugu	大谷吉继
Otomo Chikayo	大友亲世
Otomo Masachika	大友政亲
Otomo Sadachika	大友亲贞
Otomo Shioichimaru	大友正一丸
Otomo Sorin	大友宗鳞
Otomo Yasuyori	大友保典
Otomo Yoriyasu	大友赖泰
Otomo Yoshiharu	大友义鉴
Otomo Yoshinao	大友能直

Otomo Yoshishige	大友义镇
Otomo Yoshisuke	大友义右
Ouchi	大内家
Ouchi Masahiro	大内政弘
Ouchi Moriharu	大内盛见
Ouchi Teruhiro	大内辉弘
Ouchi Yoshioki	大内义兴
Ouchi Yoshitaka	大内义隆
Prince Mochihito	以仁王
Rennyo	莲如
Ryumaru	龙王丸
Ryuzoji Iekane	龙造寺家兼
Ryuzoji Masaie	龙造寺政家
Ryuzoji Takanobu	龙造寺隆信
Ryuzoji Tanemitsu	龙造寺胤荣
Saeki	佐伯家
Saeki Korenori	佐伯惟教
Sagara	相良家
Saigo Takamori	西乡隆盛
Saito Tatsuoki	斋藤龙兴
Sakakibara Yasumasa	榊原康政
Sakamoto Heihachi	坂本海一
Samboshi	三法师
Sanada Yukimura	真田幸村
Sanada Yukitaka	真田幸隆
Sarutake Nobumitsu	猿渡信光
Sato Suekiyo	高木季平
Satomi Sanetaka	里见实隆
Satomi Yoshihiro	里见义弘
Seiwa Emperor	清和天皇
Shibata Katsuie	柴田胜家
Shibukawa Yorimitsu	涩川满赖
Shikoro	阳伞形护颈
Shima Katsutake	岛胜猛
Shimazu Iehisa	岛津家久
Shimazu Nariakira	岛津齐彬

Shimazu Tadahisa	岛津忠久
Shimazu Takahisa	岛津忠时
Shimazu Ujihisa	岛津氏久
Shimazu Yoshihiro	岛津义弘
Shimazu Yoshihisa	岛津义久
Shinra Saburo	新罗三郎
Shiro Tokisada	天草四郎时贞
Shishido Ietaka	肉户隆家
Shishido Motoyori	肉户元秀
Shizuka-gozen	静御前
Shoni Fuyuhisa	少弐冬尚
Shoni Fuyusuke	少弐冬资
Shoni Mitsusada	少弐光贞
Shoni Sukemoto	少弐资元
Shoni Yorihisa	少弐赖尚
So Sukekuni	宗资训
Sue Harukata	陶晴贤
Sue Takafusa	陶隆房
Sugi Takamitsu	杉高光
Suwa Yorishige	诹访赖重
Tachibana Muneshige	立花宗茂
Taira Hiraga	平贺家
Taira Kiyomori	平清盛
Taira Kunika	平国香
Taira Masakado	平将门
Taira Tadatsune	平忠常
Taira Tokusi	平德子
Taira Yoritsuna	平赖纲
Tairano Kagetaka	平景隆
Takahashi Soun	高桥绍运
Takakura Emperor	高仓天皇
Takato Yoritsugu	高远赖继
Takechi Zuisan	武智瑞山
Takeda Katsuyori	武田胜赖
Takeda Nobuharu	武田晴信
Takeda Nobumasa	武田信保

Takeda Nobushige	武田信繁
Takeda Nobutaka	武田信步
Takeda Nobutora	武田信虎
Takeda Shingen	武田信玄
Takeda Yoshinobu	武田义信
Takenaga Sueaki	竹崎季长
Takenaga	竹崎家
Takigawa Kazumasu	泷川一益
Takita Shigekane	田北镇周
Terasawa	寺泽家
Terasawa Hirotaka	寺泽广高
Thomas Glover	托马斯 · 格洛弗
Todo	藤堂家
Todo Takatora	藤堂高虎
Togashi Masachika	富樫政亲
Togawa Michiyasu	户川达安
Tokugawa Hidetada	德川秀忠
Tokugawa Iemitsu	德川家光
Tokugawa Iemochi	德川家茂
Tokugawa Ieyasu	德川家康
Tokugawa Yoshikatsu	德川庆胜
Tokugawa Yoshinobu	德川庆喜
Torii Mototada	侍鸟居元忠
Townsend Harris	汤森 · 哈里斯
Toyotomi Hideyori	丰臣秀赖
Toyotomi Hideyoshi	丰臣秀吉
Tsuchi-mikado	土御门天皇
Tsuchimochi	土持家
Ueno Hirai	野平井城
Uesugi Akisada	上杉显定
Uesugi Asatomo	上杉朝友
Uesugi Fusasada	上杉沼田
Uesugi Kagekatsu	上杉景胜
Uesugi Katsuyori	上杉胜赖
Uesugi Kenshin	上杉谦信
Uesugi Norimasa	上杉宪政

Uesugi Sadamasa	上杉贞昌
Uesugi Sadazane	上杉定实
Uesugi Tomosada	上杉朝定
Ukita Hideie	宇喜多秀家
Unno	海野家
Urushima Tokikuni	侍漆间时国
Wada Yoshimori	和田义盛
Wakizaka Yasuharu	胁坂安治
Yamada Arinobu	山田有信
Yamana Mochitoyo	山名持丰
Yamana Sozen	山名宗全
Yamanouchi Uesugi	山内上杉家
Yamanouchi Yodo	山内容堂（山内丰信）
Yamanouchi Yozan	山内治宪
Yi Sun Sin	李舜臣
Yodogimi	淀殿
Yokoi Shonan	横井小楠
Yoshida Shigekatsu	吉田重胜
Yoshihiro Kabei	吉弘加兵卫
地名	
Aizu	会津
Aizu Wakamatsu	会津若松城
Amakusa Districts	天草地区
Amamioshima Island	奄美大岛
Anegawa	姊川
Ankokuji	安国寺
Aoyama	青山城
Ariake Sea	有明海
Atsukashi	笃借城
Awa	安房国
Azuchi	安土城
Beppu	别府
Bingo	备后国
Bungo	丰后国
Chausuyama Hill	茶臼山
Chikugo	筑后国

Chikuma River	信浓川
Chikuzen	筑前国
Chinju	晋州城
Chubu	中部地区
Chugoku	中国地区
Dan-no-ura	坛之浦
Dazaifu	太宰府
Dejima Island	出岛
Echizen	越前国
Enryakuji	延历寺
Fuji River	富士川
Funai	府内国
Gifu	岐阜城
Gionyama	祇园城
Goryokaku	五棱郭
Goryu	五龙城
Goto	五岛
Goto Islands	五岛列岛
Hachigata	钵形城
Hagi	萩
Hakata	博多
Hakodate	函馆城
Hamamatsu	滨松城
Hara	原城
Hayashi	林城
Higashiyama	东山区
Higo	肥后国
Hirato	平户
Hitachi	常陆国
Hizen	肥前国
Hokuriku	北陆地区
Honnoji	本能寺
Hozen	法善寺
Ibaragi	茨城县
Ichijogadani	一乘谷
Ichinotani	一之谷

Ima Mountain	今山
Imane	丸根
Ina	伊奈城
Ina Basin	伊奈盆地
Innoshima	因岛
Iruma	入间
Isawa	胆沢城
Ise	伊势
Ishiyama Honganji	石山本愿寺
Itabashi	板桥
Itsukushima	严岛
Iwaya	岩屋城
Kaga	加贺国
Kagoshima	鹿儿岛
Kai	甲斐国
Kakuto	兜城
Kanayama	金山城
Kasahara	笠原城
Kasugayama	春日山城
Kasugayama	川中岛
Katsurao	葛尾城
Kawagoe	川越
Kazusa	上总
Kii	纪伊国
kinkakuji	金阁寺
Kinki	近畿地区
Kitayama	北山
Kiyosu	清洲城
Kofu	甲府
Koga	古河国
Kohiriyama	栗山城
Kojinyama	荒神山城
Komaki	小牧
Komyoji Temple	光明寺
Konodai Hill	国府台山
Koriyama	郡山城

Koyusan	大华严寺
Kozuke	上野国
Kufukuji	兴福寺
Kumano Shrine	熊野神社
Kunitomo	国友
Kurama Mountains	鞍马山
Kurikara	俱利伽罗峠
Kurotaki	黑泷城
Kurushima	来岛
Kushibiki Hachimangu	栉引八幡宫神社
Kutsukake	沓挂
Kuwabara	桑原城
Lake Biwa	琵琶湖
Marune	丸根砦
Matsumae	松前城
Mikatagahara	三方原
Mikawa	三河国
Minatogawa	凑川
Mino	美浓国
Miura peninsula	三浦半岛
Mizugae	水江城
Moji	门司城
Momokubari	桃配山
Nagakute	长久手
Nagano	长野
Nagato	长门国
Nakasendo	中仙道
Namamugi	生麦
Nanao	七尾城
Narumi	鸣海
Negoro	根来寺
Nirayama	韭山城
Nishijin quarter	西阵区
Nohbi Plain	浓尾平原
Noshima	野岛
Obaru	大冶

Odaka	大高
Odawara	小田原
Ogaki	大垣城
Okayama	冈山城
Okehazama Mountain	桶狭间山
Omi	近江国
Omi District	近江地区
Otani	大谷城
Owari	尾张国
Pyok-je-yek	碧蹄馆
Rengogawa	连吾川
River Tatara	多多罗河
Rokuonji	鹿苑寺
Rokuwara	碌原
Ryugasaki	龙崎城
Sach’ong	泗川
Sado Island	佐渡岛
Saga	佐贺城
Sagami	相模国
Saiga	西下
Saiga	西下地区
Saitama	埼玉
Sakai	堺城
Sakai	堺城
Saku	佐久城
Sasao	笹尾
Sawayama	佐和山城
Shiga	志贺城
Shiga Island	志贺岛
Shimabara Pennisular	岛原半岛
Shimoda	下田城
Shimofusa	下总
Shinshu	信州
Shiojiri Pass	盐尻卡
Shizugatake	贱岳
Shokokuji Zen Temple	相国寺

Suruga	骏河国
Suwa	诹访
Suwa Shrine	诹访大社
Takajo	高城
Takanawa	高轮原
Takashima	高岛
Takato	高远城
Takiyama	泷山城
Tatarahama	多多良滨
Tengu	天狗山
Tenno-ji	四天王寺
The Fortress of Tange	丹下砦
Tochio	枥尾城
Toda	户田城
Todaiji	东大寺
Tokaido	东海道
Tomita	富田城
Tsukumi	津久见城
Tsushima	对马岛
Tsutsujigasaki	踯躅崎馆
Ueda	上田
Uedahara	上田原
Uji Jinmeigu Shrine	宇治上神社
Ujigawa River	宇治川
Washizu	鹫津砦
Woosan	釜山
Yamaguchi	山口
Yamanashi	山梨县
Yamashiro	山城国
Yamato	大和地方
Yodo River	淀川
Yoshino	吉野
Zenkoji Plain	善光寺平原

职位	
ashigaru	足轻
banrui	藩兵

chief tandai	大探题
Chinzei Tandai	镇西探题
daijodaijin	太政大臣
deputy shugo	守护代
fudai	谱代家臣
hokumen no bushi	北面武士
ji-samurai	地侍
jito	地头
jurui	宗兵
Kamakurafu	镰仓府
kanpaku	关白
Kanrei	管领
kebiishi	检非违使
keichi	检地
kokujin	国人，地侍
kokushi	国司
kubo	公方
kunishu	国众
Kyushu Tandai	九州探题
Oshu Tandai	奥州探题
saimen-no-bushi	西面武士
Seiitai Shogun	征夷大将军
shugo	守护
shugo daimyo	守护大名
tozama	外样大名
UshoTandai	羽州探题
战役	
Genpei War	源平之战
Gosannen War	后三年合战
Operation Woodpecker	啄木鸟行动
The Battle of Itsukushima Island	严岛之战
The battle of Mitakagahara	三方原合战
The Battle of Okita Nawate	冲田畷之战
The Battle of Oshikibata	折敷畑合战
The Campaign of Okehazama	桶狭间合战

其他	
Amaterasu omikami	天照大神
Azuchi-Momoyama	安土桃山时代
Ban Dainagon	《伴大纳言绘词》
bansho	番所
Daikakuji Sect	真言宗大觉寺派
Do-ikki	土一揆
eboshi	乌帽子
Furejo/Chakutojo	触状，着到状
Gekokujo	下克上
gosho	御所
Hagakure Text	《叶隐入门》
Han system	藩国体制
Hayahito	隼人
Heijinoran	平治之乱
hoo	法皇
ikki	一揆
Ikko-ikki	一向一揆
Ikko-shu	一向宗
In	院
Jimyoji Sect	神明寺派
jinbaori	阵羽织
Jodo-shin-shu	净土真宗
Joi	抗夷派
joko	上皇
kago	驾笼
Kaientai	海援队
Kameyamashachu	龟山社中
Kameyamashachyu Company	龟山社中公司
Kanrin Maru	咸临丸
Kumaso	熊袭（人）
Mimawarigumi	京都见回组
Nanboku-cho jidai	南北朝时代
Negoro-shu	根来宗
ninja	忍者

noh	能剧
opportunist policy	机会政策
pincer movement	钳形攻势
Sengoku period	战国时代
Shinsengumi	新选组
Shinto	神道教
shirabyoshi	歌舞伎

Sohei	僧兵
Taiseihokan	大政奉还
Takeminakata-no mikoto	建御名方神
Tosakinnoto party	土佐金土地派
wako	倭寇
wheel attack	车轮战
yamabushi	山伏

战舰图文史

（共3册）

用图片和文字描绘世界海洋强国的历史脉络